성경 속의 전쟁들

Battles Of The Bible

BATTLES OF THE BIBLE

by Martin J. Dougherty, Michael E. Haskew, Phyllis G. Jestice and Rob S. Rice

Copyright © 2008 Amber Books Ltd., London

All rights reserved.

Korean translation rights ⓒ 2012 by Poiema, a division of Gimm-Young Publishers, Inc.

This translation of BATTLES OF THE BIBLE first published in 2008 is published by

arrangement with Amber Books Ltd. through Amo Agency Korea.

성경 속의 전쟁들

마틴 도헤티 · 마이클 하스큐 · 필리스 제스티스 · 롭 라이스 지음 | 전의우 옮김

1판 1쇄 인쇄 2012. 11. 2 | 1판 1쇄 발행 2012. 11. 9 | 발행처 포이에마 | 발행인 김도완 | 등록번호 제300-2006-190호 | 등록일자 2006. 10. 16
서울특별시 종로구 북촌로 63-3 우편번호 110-260 | 마케팅부 02)3668-3249, 편집부 02)730-8648, 팩시밀리 02)745-4827

값은 뒤표지에 있습니다.
ISBN 978-89-97760-17-6 03230

독자의견 전화 02)730-8648 | 이메일 masterpiece@poiema.co.kr | 좋은 독자가 좋은 책을 만듭니다.
포이에마는 독자 여러분의 의견에 항상 귀를 기울이고 있습니다.

Battles Of The Bible

아이 성 정복에서
마사다 항전까지

일반 전쟁사가와 저널리스트가 입체적으로 재구성한 이스라엘 전쟁사

성경 속의 전쟁들

I

마틴 도헤티·마이클 하스큐·필리스 제스티스·롭 라이스

전의우 옮김

포이에마
POIEMA

CONTENTS
목차

INTRODUCTION

기록으로 전해 오는 세계 최고最古의 군사 작전은 BC 24세기에 벌어진 이집트의 가나안 침략이다. 지중해 동쪽 변두리에 자리한 가나안의 역사는 오랜 세월 잦은 격전으로 점철되었고, 폭력 이야기는 오늘까지 이어진다. 이 지역은 가나안 여러 족속, 블레셋 족속, 이스라엘 민족, 앗수르, 바벨론, 그리스, 로마를 비롯해 여러 세력이 지배했으나, 오늘날의 지리학자들은 로마인들이 불렀던 대로 '팔레스타인'이라 부른다. 딱히 부유하거나 인구가 많았던 적이 없었지만, 팔레스타인은 그 위치 때문에 정복자가 되려는 숱한 통치자들의 탐나는 표적이었다.

전차 원형. BC 13세기에 이집트에서 제작된 2인용 전차다. 이집트 전차는 히타이트 전차보다 가볍고 빨랐으나 안정성은 떨어졌다.

팔 레스타인은 유라시아와 아프리카를 잇는 중요한 육교로서, 메소포타미아에서 지중해로 통하는 길목에 자리한다. 지리적 위치 때문에, 팔레스타인에서는 고대 여러 제국에 맞설 정도로 강한 국가가 형성되지 못했고, 외세에 정복당하고 저항하는 역사가 오랫동안 되풀이되었다.

팔레스타인이 역사에 처음 등장할 때, 이 지역 주민은 셈족 계열의 가나안 족속들이었다. 이들은 페니키아인으로도 알려져 있으며, 독립된 도시국가들을 형성했다. 팔레스타인은 지형이 매우 다양했

기 때문에, 서로 독립된 정치 지형을 형성하기에 아주 적합했다. 팔레스타인은 해발 2,774미터의 헤르몬 산부터 해수면보다 389미터 낮은 사해에 이르기까지 고도의 편차도 아주 심하다. 그뿐 아니라 해안 평지, 구릉지, 요단 골짜기의 깊은 지구대(남북으로 길게 뻗어 있어 팔레스타인을 둘로 가른다), 요단 강 건너편 고원 지대 등 지형에 따라 기후대도 다양하다. 초기 가나안 성읍들은 주로 해안 평지에 자리했다.

가나안의 남쪽에는 이집트, 동쪽에는 미타니(Kingdom of Mitanni, 후리안이 메소포타미아 유프라테스 강 중류 연안

▼성경이 묘사하는 전투는 거의 언제나 이데올로기적 요소를 내포한다. 람세스 3세가 신들을 예배하는 장면을 묘사한 BC 12세기 이집트 벽화에서 나타나듯이, 이스라엘의 적들은 다신론자였기 때문이다.

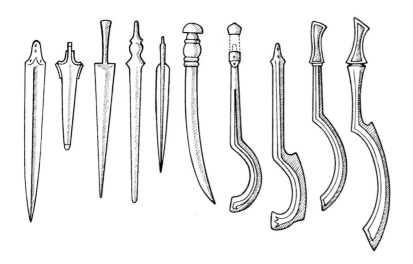

▲ 고대 근동에서 청동기 시대와 철기 시대 초기에 사용된 절단 무기. 오른쪽은 초기 낫칼이며 왼쪽으로 갈수록 보다 개량되고 긴 형태의 단검이다.

에 세운 왕국이다. 전성기였던 BC 17 ~ BC 15세기에는 소아시아 남동부, 북시리아, 티그리스 동부까지 세력이 미쳤다 — 옮긴이), 북쪽에는 히타이트가 위치했다. BC 18세기에 이집트 북부를 정복했으며 셈족 계열로 더욱 신비에 싸인 힉소스 족 (Hyksos, 힉소스 족은 나일 강 동부 델타 유역을 점령한 민족으로, BC 17세기에 세력을 확장해 고대 이집트 중왕조의 제15, 16 왕조 때, 대략 BC 1648-1540년에 108년간 이집트를 통치했다 — 옮긴이)이 그러했듯이, 이들 세 큰 나라도 하나같이 육교 역할을 하는 팔레스타인을 손에 넣고 싶어 했다. 가나안 도시국가들이 미약하게나마 독립을 유지했던 까닭은 오로지 서로 경쟁하는 거대 제국들 틈바구니에서 어부지리를 챙기는 능력이 뛰어났기 때문이었다. 이들은 이 과정에서 새로운 군사 기술을 받아들였다.

예를 들면, BC 18세기에 힉소스 족은 팔레스타인에 전차와 더불어 복합궁(composite bow, 여러 재료를 이용해 만든 활이다 — 옮긴이)을 들여왔는데, 동시에 '낫칼sickle sword'도 들여왔을 것이다. 낫칼은 칼보다는 도끼에 가까웠으나 자루와 날을 하나로 주조해 전투 중에 분리되지 않게 했다는 점에서 전통적인 전투용 도끼에 비해 크게 개량된 무기였다. 또한 전차는 팔레스타인에서 특수 타격대 역할을 했다. 대개 궁수들이 올라타 활을 쏘는 이동 발사대로 활용되었다.

이집트 신왕국New Kingdom의 파라오들은 팔레스타인에서 힉소스 침입자들을 몰아내고 훨씬 더 공격적인 정책을 펼쳐 이집트 침략을 방지하는 완충지대로 팔레스타인을 활용했다. 이 때문에, 이집트는 남진 정책을 펴던 히타이트 족(헷 족속)과 정면으로 충돌했다. 이어지는 여러 사건을 재구성하고 남을 만큼 자세한 정보가 담긴 최초의 전투 기록에 따르면, BC 1274년 이집트와 히타이트는 팔레스타인의 가데스에서 전투를 벌였다.

히브리인들의 팔레스타인 정착

성경에 나오는 팔레스타인 역사는 BC 13세기에 시작된다. 학자들은 대부분 인종적으로나 언어적으로 가나안 족속들과 유사한 유목 민족인 히브리인들이 이 무렵 팔레스타인을 차지하기 시작했다고 본다. 당시 히브리인들이 침투한 지역은 큰 혼란을 겪고 있었다.

가나안 도시들은 대부분 해양 민족들에게 유린되고 무너졌는데, 이 바다의 약탈자들은 BC 13세기에 지중해 동부 전역을 뒤흔들어 놓았다. 아나톨리아Anatolia의 강력한 히타이트 제국을 무너뜨렸고, 이집트를 크게 약화시켰다. 해양 민족들 가운데 일부는 마침내 팔레스타인 남부 해안에 정착했다. 블레셋Philistines이라 불렸던 이들은 내륙으로 들어가지는 않았다. 결과적으로, 히브리인들이 들어올 때 팔레스타인에는 권력 공백이 있었다.

성경 여호수아서는 히브리인들의 팔레스타인 정착 과정을 기술하는데, 군사 작전에 관한 기록으로는 아쉬움이 많다. 군사 작전을 자세히 기술하는 것이 저자의 주된 관심사가 아니었기 때문이다. 하지만 성경 기록과 현대 고고학을 결합해 히브리인들의 팔레스타인 정착 과정을 폭넓게 재구성해 볼 수 있다. 히브리인들은 정교한 전투력을 갖추지 못했던 게 분명하다. 이들은 전차 부대도 없었고, 원거리 전투 때도 정교한 활이 아니라 무릿매slings를 사용했던 것으로 보인다. 그러나 히브리인들은 책략에 능했고 지형을 잘 활용해서, 수가 많고 조직도 잘 갖춘 적의 이점을 상쇄했다. 예를 들면, 므깃도 전투에서 이스라엘은 강력한 전차 부대까지 갖춘 시스라 장군의 가나안 군대와 맞붙었다. 이스라엘군 사령관 바락은 적의 전차가 오르지 못하는 고지대를 선점하고 있다가 폭우로 전차가 꼼짝달싹 못할 때 기습했다.

히브리인들은 팔레스타인에 터전을 잡으려고 했다. 그러나 이들의 가장 큰 약점은 공성전(攻城戰, 성이나 요새를 중심으로 벌어지는 전투다 ─ 옮긴이)에 문외한이라는 점이었다. 가나안에는 성곽 도시가 많았다. 성경은 이스라엘이 여리고 성을 돌자 "성벽이 무너져

내렸다"고 말한다. 역사가들은 이러한 성경 기록 뒤에 숨겨진 군사적 사실을 놓고 지금껏 여러 세대에 걸쳐 논쟁을 펼쳤다. 여하튼 이스라엘은 여리고를 비롯해 가나안의 요새화된 성들을 함락한 게 분명하다. 그러나 일반적으로, 가나안의 요새화된 도시들은 길게는 300년이 지나도록 정복되지 않았고, 히브리인들은 인구 밀도가 낮은 고지대에 정착했다.

초기 전투에 이스라엘은 패배한 적에게 동정을 거의 베풀지 않을 만큼 잔인했다. 앗수르군의 잔혹 행위에 충격을 받는 현대 독자라면, 여호수아의 군대가 여리고를 점령했을 때처럼, 이스라엘도 사

▼이스라엘과 이집트 국경에 자리한 네게브 사막. 이곳을 보면, 고대 이스라엘 여러 지역에서 전차병(chariot warriors)이 겪었을 어려움이 능히 짐작된다. 네게브의 험한 지형은 적이 남쪽에서 침략하지 못하게 막는 역할도 했다.

이탈리아 조각가 로렌초 기베르티
(Lorenzo Ghiberti)가 15세기에
제작한 청동 부조 작품이다. 여기
서 보듯이, 다윗이 골리앗에게 거
둔 승리는 '작은 사람'이 자신보다
훨씬 강하고 잘 무장한 적에게 거
둔 승리를 상징했다.

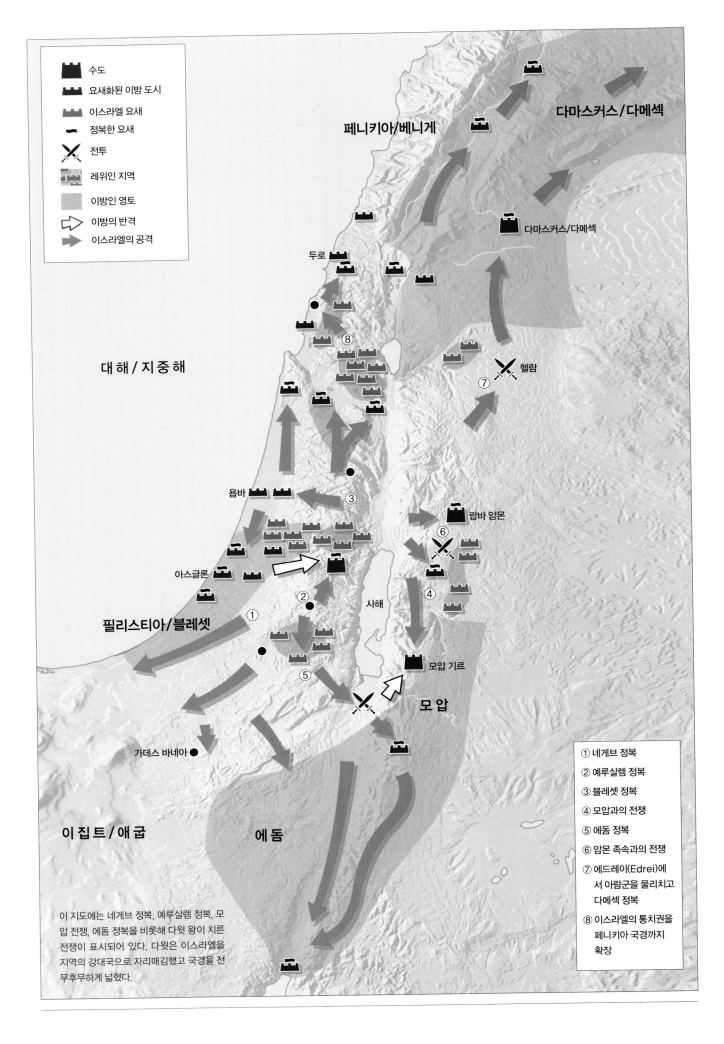

범례

- 수도
- 요새화된 이방 도시
- 이스라엘 요새
- 정복한 요새
- 전투
- 레위인 지역
- 이방인 영토
- 이방의 반격
- 이스라엘의 공격

페니키아/베니게

다마스커스/다메섹

다마스커스/다메섹

두로

대 해 / 지 중 해

헬람 ⑦

욥바 ③

랍바 암몬

⑥

아스글론

⑧

④

사해

필리스티아/블레셋

② ①

⑤

모압 기르

모압

가데스 바네아

이 집 트 / 애 굽

에 돔

① 네게브 정복
② 예루살렘 정복
③ 블레셋 정복
④ 모압과의 전쟁
⑤ 에돔 정복
⑥ 암몬 족속과의 전쟁
⑦ 에드레이(Edrei)에
   서 아람군을 물리치고
   다메섹 정복
⑧ 이스라엘의 통치권을
   페니키아 국경까지
   확장

이 지도에는 네게브 정복, 예루살렘 정복, 모압 전쟁, 에돔 정복을 비롯해 다윗 왕이 치른 전쟁이 표시되어 있다. 다윗은 이스라엘을 지역의 강대국으로 자리매김했고 국경을 전무후무하게 넓혔다.

로잡은 적의 남녀와 아이까지 모두 살해하는 일이
빈번했다는 사실을 기억해야 한다.

블레셋의 위협

남쪽 해안선을 따라 건설된 블레셋 도시국가들은
이스라엘에게 더 큰 난관이며 위협이었다. 블레셋은
군사 기술이 발달했고, 지중해 동부 전역에서 해양
민족들을 아주 치명적인 세력으로 성장시킨 최초의
진짜 베는 검(slashing sword, 나우에 2형 검the Naue Type II)을
사용했다. 블레셋인들은 히브리 산지인들과 본격
적으로 충돌할 무렵 철제 무기까지 갖추었다. 쇳
조각을 이어 붙인 철제 갑옷까지도 흔하게 착용한
게 분명한데, 이러한 철제 갑옷은 청동제 무기를 막
는 기본적인 보호 장구 역할을 했다. 반면에, 이스
라엘의 무기는 아주 단순했다. 그 시대에, 이스라
엘에는 단검, 장검, 갑옷은 물론이고 활조차 귀했
다. 다윗이 무릿매만으로 거인 골리앗을 상대했다
는 전설적인 대결은 초기 이스라엘군의 현실과 그
리 동떨어진 이야기가 아니지 싶다. 초기 이스라엘
군대는 사사들의 명령을 따랐고(사사들은 이스라엘 지파들
에 대해 느슨하지만 예언자적인 권위를 행사했다), 지도자들이 거
느린 사병과 더불어 각 지파에서 차출한 병력으로
구성되었다.

BC 1020년 무렵, 히브리인들은 블레셋에 괴멸
될 심각한 위기에 처했다. 이를 계기로 그때껏 각자
독립적으로 지내던 지파들이 이 난관을 돌파하기
위해 전쟁 지도자 한 사람, 곧 사울을 중심으로 연
합했다. 사울은 군사 조직을 크게 개편했다. 이후
로도 후계자들은 거듭 조직을 개편하여 신흥국가
이스라엘은 점차 군사 체계를 갖추고 현대화되었
다. 새 왕은 약 3,000명 규모의 군대를 조직했는데,
새 왕국에서 전문 전투부대 창설로 이어지는 첫걸
음이었다. 사울과 그의 아들 요나단은 블레셋과
싸워 몇 차례 승리했으나 이들의 군사 조직은 블레
셋과 전투를 벌이기에는 역부족이었다. 군대 지휘

관으로서 사울의 이력은 길보아 산 전투에서 갑자
기 끝나는데, 그는 이 전투에서 패했고 세 아들과
함께 전사했다. 블레셋은 사울과 요나단의 시신을
성벽에 내걸었다. 이들이 적국 이스라엘을 어떻게
생각하는지 뚜렷이 보여 준 본보기였다.

사울의 후계자 다윗 왕(BC 1000-970년)은 사울이
거둔 성공과 자신이 떠돌이 군대를 이끌었던 경험
을 기초로 이스라엘을 철저한 군사 국가로 탈바꿈

▲이스라엘 통일 왕국은 솔로몬 왕 때 전성기를 맞았다. 솔로몬은 예루살렘에 거대한 성전을 세웠고, 아버지가 정복한 지역을 확고히 통치했다. 이것은 솔로몬과 그의 성전을 묘사한 빅토리아 시대의 작품이다.

▼ 이 부조(BC 700년경)에 나오는 앗수르 궁수들은 단순궁을 들고 있다. 그러나 앗수르군은 복합궁을 사용했으며, 포위 공격(공성전) 장면에서 중무장한 모습으로 자주 묘사된다.

시켰다. 성경은 이스라엘 군대가 보다 오래된 근동 국가들의 틈바구니에서 최초로 경쟁력을 갖춘 것은 다름 아닌 다윗 때문이었다고 분명하게 밝힌다. 이러한 발전은 본질적으로 국가 조직을 갖추는 문제였다. 다시 말해, 이스라엘 왕국은 군인을 모집하고 이들을 무장시키며 이들에게 급여를 지불할 만큼 복잡해졌다.

다윗의 군대에는 용병도 많았는데, 이들이 최신 군사 훈련법과 군대와 관련한 전문 지식을 팔레스타인에 들여왔다. 보병은 창과 투창 javelins으로 무장했고, 적어도 지휘관에게는 칼이 보편화되었다. 고고학자들은 이보다 훨씬 후대에 사용된 납탄을 발굴했는데, 이로써 무릿매가 여전히 흔하게 사용된 무기였다는 사실을 알 수 있다. 복합궁도 이미 다윗 시대에 도입된 듯하다. 투구와 방패, 심지어 청동이나 철제 비늘갑옷 같은 방어용 무기와 장비도 사용되었다.

다윗은 이처럼 새로운 군사력을 중심으로 각 지파에서 징발된 병력까지 포함하는 군대 체계를 구축하고 이를 토대로 작은 나라의 영토를 빠르게 넓혀 갔다. 물론, 각 지역을 정복할 때마다 거기서 얻은 이익을 활용해 군대를 지속적으로 재편했다. 다윗의 주요 업적 가운데 예루살렘 정복을 빼놓을 수 없다. 예루살렘은 접근이 쉽지 않은 고지대에 자리한 강력한 요새였으나, 다윗은 이러한 예루살렘을 정복해 수도로 삼았다.

다윗은 예루살렘을 중심으로 사방을 정벌해 나가는 전략을 폈다. 해안에 자리한 블레셋 도시국가들에게 패배를 안겼으며, 동남쪽으로는 에돔을 정복해 직할 통치 아래 두었다.

한마디로, 다윗은 여러 주변국의 혼란을 틈타 이스라엘 영토를 역사상 가장 크게 넓혔다. 성경 기록에 따르면, 다윗은 통치 말년에 전차 부대까지 두었는데, 이것은 이제 이스라엘이 지역에서 훨씬 오래되고 견고한 나라들과 군사적으로 경쟁할 준비가 되었다는 뜻이었다. 다윗의 아들 솔로몬(BC 970년경-931년)은 아버지가 정복한 지역을 더욱 확고히 통치했다. 솔로몬은 여러 요새를 건설하고 전차 부대를 두었다. 하지만 솔로몬의 통치 말년에, 이스라엘 백성은 군대와 건축에 자금과 인력을 끝없이 요구하는 왕에게 크게 분개했다.

역사와 성경
최근 몇 십 년 동안 역사가들은 초기 이스라엘 역사

의 여러 부분을 두고 논쟁을 벌였는데, 다윗 왕국의 군사적 발흥도 쟁점에 속했다. 한편으로, 모드카이 지촌Mordechai Gichon을 비롯한 학자들은 초기 이스라엘의 전쟁에 관한 성경 기록이 기본적으로 정확하다고 주장했다. 이러한 주장은 무엇보다도 성경이 지형과 전술을 구체적으로 기술한다는 사실에 근거한다. 이들은 이처럼 정확한 기사들이 훨씬 후대에 작성되었을 리 없다고 말한다.

그러나 어떤 역사가와 고고학자들은 구약성경 기사들이 실제 사건보다 몇 세기 후에 기록되었다면서, 사람들이 함께 기억하는 기사들이 오랜 세월 구전을 통해 그렇게 정확히 전해 내려올 수 있는지에 의문을 제기한다. 고고학자들은 이른바 다윗과 솔로몬의 거대한 왕국에 관한 흔적을 거의 발견하지 못했다. 이들은 다윗이 산악 지대의 게릴라 지도자에 지나지 않았으나 나중에 민족의 영웅이 되었을 것이라고 했다.

그러나 어느 정도 과장되었을 가능성은 인정하

▼ 이스라엘의 웨스트뱅크(West Bank, 1991년). 사마리아에 위치한 고대 텔-사바스티아(Tel-Sabastia) 유적과 현대 이스라엘 정착촌 샤비 쇼므론(Shavi Shomron)이 보인다. 지금도 이스라엘 사람들은 고대 북왕국 이스라엘의 영토였던 이곳에 당시 사마리아의 수도가 있었다고 본다.

▼앗수르 왕 산헤립이 왕좌에 앉아 있다. 산헤립이 유다의 라기스에서 거둔 승리를 기리는 니느웨의 부조(현재 대영박물관 소장)를 모사한 그림이다. 산헤립이 피살된 직후에 훼손된 것으로 보이는 얼굴을 복원 전문가가 복원했다.

더라도, 이스라엘의 군사적 발흥에 관한 성경 기사는 대체로 믿을 만하다. 여호수아서와 사사기는 여러 사건을 압축해 놓았을 테지만, 이스라엘이 서서히 산지에서 내려와 가나안 족속들뿐 아니라 해안 평지의 블레셋과 벌인 전투를 매우 단순하게 그려 낸 것이 분명하다. 이보다 훨씬 정교한 군사 작전은 블레셋 같은 위협적인 적을 만났을 때만 등장할 법한 국가 체제에서나 가능했을 것이다.

다윗의 존재를 확인해 주는 기록이 성경 밖에도 있는데, 후대의 어느 앗수르 비문은 '다윗 집안의' 유대 왕을 언급한다. 성경 기사가 후대의 업적 가운데 일부를 다윗과 솔로몬에게 돌렸을지도 모른다. 그러나 주변 여러 나라가 강하게 압박하는 상황에서 아주 단 기간에 이스라엘을 한 국가로서 기틀을 잡고 유지시켰다는 것만도 큰 업적이었다.

분열된 왕국

BC 931년에 솔로몬이 죽은 후 나라가 급속히 분열된 사실에서도 확인되듯이, 이스라엘이 한 나라로 조직되는 과정은 극도로 빠르게 진행되었고 본질적으로 인위적이었다. 솔로몬의 아들 르호보암(BC 928년경-911년)은 남부 유다의 왕이 되었다. 그러나 르호보암이 북부로 올라가 나머지 상속지에 대해서도 권리를 주장하자, 북부 지도자들은 백성에게 부가된 과도한 세금과 부역을 중지하지 않으면 그를 받아들이지 않겠다고 했다. 르호보암은 양

보하길 거부했고, 반란을 주도한 여로보암은 저항군을 조직하고 북부 지역을 분리해 이스라엘 왕국을 세웠다. 더 강하고 인구도 많은 북부 이스라엘과 작은 남부 유다는 각기 왕정을 이어 갔다. 이스라엘과 유다는 같은 하나님을 섬겼다. 그러나 서로 끊임없이 싸웠고, 분열된 왕국을 다시 통일하는 왕이 어느 쪽에서도 나오지 않았다.

북부 이스라엘이 남부 유다보다 군사력이 강했다. 오므리 왕(BC 883-872년경)은 전략적 요충지 사마리아에 새로운 수도를 건설하고 견고하게 요새화했다. 오므리는 사마리아를 중심으로 사방에 여러 요새를 건설했다. 이러한 여러 요새는 여러 나라가 치열하게 경쟁하는 중동에서 이스라엘이 독립을 유지하는 열쇠였다. 실제로, BC 9세기 말, 시리아(Syria, 개정역에는 '수리아'라고 옮겼으나 여기서는 '시리아'로 통일했다 — 옮긴이)가 사마리아를 포위했으나 성에 진입하지 못했고, 그저 사마리아를 포위한 채 성안의 사람들이 굶주리다 지쳐 항복하길 기다렸다. 시리아군은 결국 포기하고 퇴각했으나, 그 무렵 성안에서는 굶주리다 못해 사람을 잡아먹는 잔혹한 일이 벌어졌다.

유다도 군사력이 점점 강해졌으며, 작은 주변 국가들을 빠르게 닮아 갔다. 왕국이 분열된 직후, 이집트 파라오 시삭Shishak이 팔레스타인을 침략했다. 그는 주로 북쪽 이스라엘을 겨냥했다. 그러나 남쪽 유다의 르호보암 왕은 이러한 공격을 틀림없는 경고로 받아들였고, 그래서 주요 방어망을 구축하기 시작했다. 역대하에 따르면, 르호보암은 예루살렘으로 향하는 길목을 지키는 강력한 라기스 요새를 비롯해 15개의 요새를 건설했다.

이스라엘과 유다 모두 다메섹이나 에돔과 자주 싸우기는 했으나 그래도 대체로 주변의 작은 나라들에 맞서 자신의 지위를 고수했다. 오므리 왕은 페니키아 해변의 한 도시국가와 대단한 결혼 동맹을 맺을 만큼 힘이 있었다. 그의 아들 아합을 두로

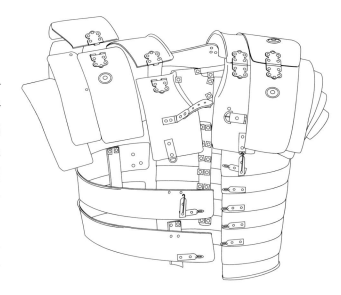

▲BC 1세기와 AD 1세기 로마 군단의 병사들은 로리카 세그멘타타(lorica segmentata)라는 몸통 갑옷을 입었다. 금속판을 고리로 이어 붙이고 가죽 끈을 채워 연결한 보병 갑옷으로 유연하고 전투에 효과적이었다.

의 이세벨과 결혼시킨 것이다. 아합은 중동의 실력자가 분명했다. BC 9세기 중엽의 비문에 따르면, 아합은 전차 2,000대를 동원할 수 있었는데, 전차 한 대당 세 사람이 필요했다. 그뿐 아니라, 아합 휘하에는 보병도 1만 명이나 있었다. 이러한 군사력 덕에, 아합은 비문에 등장하는 군사 동맹, 즉 앗수르 제국의 공격을 막아 내기 위해 결성된 군사 동맹국 중에 가장 강했다.

앗수르의 위협

신앗수르 제국Neo-Assyrian Empire이 BC 911년 세워져 BC 612년 망할 때까지, 앗수르인들은 중동에서 가장 막강한 군사력을 지닌 민족이었다. 세계사에서 그 어느 나라도, 심지어 고대 스파르타조차도 앗수르처럼 철저히 전쟁을 중심으로 움직이지는 않았다. 앗수르는 전쟁 이데올로기에 몰두했다. 정복 전쟁을 통해 군대 조직을 확충하고 점령지를 잔혹하게 착취해 전쟁에 필요한 인력과 물자를 확보했다. 앗수르의 전쟁 찬양은 여러 앗수르 궁전의 부조에서 확인된다. 부조에는 군대를 훈련하는 장면부터 여러 도시를 약탈하고 포로를 잔인하게 처형하는 장면까지 전쟁의 모든 면모가 그려져 있다. 이런 부조는 고대 전쟁을 연구할 때 최고의 사료로 꼽힌다.

앗수르 왕들은 오래지 않아 팔레스타인에 눈을

▼ 로마에 있는 티투스 아치(Arch of Titus)의 얕은 부조다. 티투스가 1차 유대 반란을 진압한 것을 기념해 티투스의 병사들이 개선 행진을 하고 있다. 예루살렘 성전에서 약탈한 보물을 나르는데, 성전에 있던 일곱 갈래의 촛대 '메노라'가 보인다.

돌렸다. 주요 교역로뿐 아니라 앗수르의 가장 강력한 라이벌인 이집트로 가는 길도 팔레스타인을 거쳐야 했다. 그러나 이집트보다 더 인접한 유대인 국가 이스라엘과 앗수르의 관계는 한동안 모호했다. 살만에셀 3세(BC 858-824년)는 BC 852년 유프라테스 강 서쪽을 정복하기 시작했다. 발라와트Balawat의 청동문에는 당시 앗수르 군대의 형상이 새겨져 있는데, 그중에는 3인승 전차와 기병과 보병(일부는 중장보병)도 포함되어 있다. 그러나 살만에셀의 첫 공격은 이스라엘 왕 아합이 주도한 작은 나라들의 연합군에 막혀 수포로 돌아갔다. 그러나 이스라엘의 왕좌를 찬탈한 예후는 앗수르에 대항하는 연합군에 합류하는 대신, 기회를 포착해 앗수르와 손을 잡았다.

뒤이은 이스라엘 왕들은 거대한 강대국 앗수르 앞에서 독립을 유지하기 위해 복잡하고 위태로운 외교적 줄타기를 감행하면서 다른 한편으로 국토를 계속 요새화해 나갔다. 특히, 구식 포곽 성벽(casemate walls, 포곽형의 빈 공간에 흙이나 자갈을 채워 만든 성벽)을 더 튼튼한 석재石材 성벽으로 대체했다. 유다 왕들도 8세기에 이집트, 앗수르, 북쪽 이스라엘을 비롯한 여러 주변국의 위협에 대비해 여러 요새를 더 건축했다.

유다 왕 웃시야(BC 786-758년)는 철저한 군사 개편에 착수했는데, 군대에 무기를 지급하고 수도 에루살렘의 방비를 강화했다. 히스기야(BC 726-697년)는 한 걸음 더 나가, 지하 수로 518미터를 파서 에루살렘의 주요 수원水源과 연결했다.

앗수르 왕들은 약 5만 명의 야전군을 동원할 수 있었는데, 이스라엘과 유다처럼 작은 나라를 치기에는 압도적인 군사력이었다. 침입에 대응하는 길은 방어뿐이었다. 다시 말해, 성안에 들어앉아 적이 성벽을 뚫지 못하길 바라는 수밖에 없었다. 그러나 앗수르군은 포위 공격(공성전)의 달인이었다. 앗수르군은 대규모 궁수부대를 두었을 뿐 아니라 요새화된 대부분의 팔레스타인 도시를 뚫고 들어갈 수 있는 공병대까지 갖추었다. 앗수르군에는 궁수들을 보호하는 특별한 방패병들도 있

있는데, 궁수들은 이들의 보호를 받
으면서 성벽 위의 방어군을 강력한 복
합궁으로 쉽게 쓰러뜨렸다. 그뿐 아니
라 앗수르군은 공성퇴와 인상적인 공성
루 같은 보다 정교한 무기도 갖추었다.

앗수르 왕들은 약 50,000의 야전군을
동원할 수 있었는데, 이스라엘과 유다처럼
작은 나라를 치기에는 압도적인 군사력이었
다. 침입에 대응하는 길은 방어뿐이었다. 다
시 말해, 성안에 들어앉아 적이 성벽을 뚫지 못
하길 바라는 수밖에 없었다. 그러나 앗수르군
은 포위공격의 달인이었다. 앗수르군은 대규모
궁수부대를 두었을 뿐 아니라 요새화된 대부분
의 팔레스타인 도시를 뚫고 들어갈 수 있는 공병대
까지 갖추었다. 앗수르군에는 궁수들을 보호하는
특별한 방패병들도 있었는데, 궁수들은 이들의 보
호를 받으면서 성벽 위의 방어군을 강력한 복합궁으
로 쉽사리 쓰러뜨렸다. 그뿐 아니라 앗수르군은 공성
퇴와 인상적인 공성루(siege towers, 포위망루) 같은 보다 정
교한 무기도 갖추었다.

속국의 지위
바벨론이 앗수르에 이어 중동의 강대국으로 부상했으나
그 영광은 길지 못했다. 바벨론은 예루살렘을 정복하고 파
괴했다. 그러나 그로부터 50년도 채 지나지 않아, 페르시아
(Persia, 바사) 제국의 키루스(Cyrus, BC 559-530년)가 바벨론 제국의
나머지 영토와 팔레스타인까지 장악했다. 키루스는 유다 '포
로들'과 그 후손들의 귀환뿐 아니라 예루살렘 성전 재건까지 허
락했다. 그러나 그 지역은 여전히 페르시아가 임명한 총독이 다
스렸고 한동안 조용한 벽지로 남아 있었다. 키루스의 아들 캄비
세스Cambyses는 이집트를 정복했으나 팔레스타인에서는 아무런
전투도 벌이지 않았다.

그러나 마케도니아의 알렉산드로스 대왕(Alexander the Great, BC 356-
323년)의 침략으로 팔레스타인의 주인이 다시 바뀌었다. 알렉산드로스
의 첫 목표는 그리스인들이 세운 해변 도시국가들을 해방하는 것이었

▼마케도니아 중장보병은 고대 보병 중에 으뜸으로 꼽힌다. 마케도니아의 팔랑크스(phalanx, 밀집 장창보병대)는 그보다 앞선 그리스의 팔랑크스보다 훨씬 긴 창으로 무장했으며, BC 2세기에 로마 군단이 등장하기 전까지 모든 형태의 군대에 맞서 위력을 입증했다.

다. 그러나 곧 알렉산드로스는 페르시아 제국도 손에 넣을 수 있다고 확신했다. 페르시아 왕 다리오 3세Darius III가 늦게 대응하는 틈을 타서, 알렉산드로스는 지중해 동부 해안까지 진격해 페르시아의 해군 기지, 곧 고대 페니키아의 가장 주목할 만한 도시 두로를 수중에 넣었다. 두로는 포위당한 채 7개월을 버티다가 함락되었다. 팔레스타인의 성읍들은 대부분 싸워보지도 않고 항복했다. 알렉산드로스가 죽은 후, 혼란스런 싸움이 벌어졌고 팔레스타인은 알렉산드로스의 셀레우코스Seleucus 장군에게 돌아갔다. 그는 거대한 셀레우코스 제국Seleucid Empire을 세웠다. 그러나 이집트를 다스리는 새로운 헬라 통치자 프톨레마이오스Ptolemy 장군도 팔레스타인에 대한 권리를 주장했다.

헬라 제국을 계승한 두 나라는 BC 274년부터 168년까지 적어도 6차례 '시리아 전쟁'을 벌였다. 이 기간에는 팔레스타인의 주인이 자주 바뀌었다. 전투는 그리스 여러 섬의 지배권을 놓고 대부분 해상에서 벌어졌다. 그러나 두로, 시돈, 가사 같은 해안 도시의 지배권을 놓고도 중요한 전투가 여러 차례 벌어졌으며, 자료가 빈약하기는 하지만 내륙으로 진출하는 군사 작전이 있었다. 최후의 승자는 셀레우코스 제국Seleucid Empire이었다.

마카베오 항쟁

시리아 전쟁이 끝날 무렵, 셀레우코스 제국(처음부터 인위적인 조직이었다)은 동쪽과 서쪽에서 여러 지방이 떨어져 나가면서 분열 양상을 보였다. 안티오코스 에피파네스 4세(Antiochus IV Epiphanes, BC 175-164년)는 모든 피지배 민족에게 그리스 신들을 섬기라고 강요했는데, 더 큰 문화적 일체감을 조성하기 위해서였을 것이다. 그러나 팔레스타인의 유대인들은 당연히 이러한 강요에 저항했고, 안티오코스는 이들의 저항을 응징하며 예루살렘 성전을 더럽혔고, 그리스 신들에게 제물을 바치지 않는 유대인뿐 아니라 아들에게 할례를 베푸는 부모들까지 가혹하게 벌했다. BC 167년, 유대 제사장 마타티아스(Mattathias, 맛다디아)와 다섯 아들이 저항하기 시작했는데, 이들 중에 유다 마카베오Judas Maccabeus가 가장 유명하다(마카베오는 '망치'라는 뜻이다).

마카베오들은 전통적인 전술로는 이길 가망이 없음을 알았

다. 셀레우코스 왕조는 대규모 코끼리 부대에 기병까지 갖춘 고도로 훈련된 직업군인을 두었을 뿐 아니라 6미터짜리 창으로 무장하고 밀집 대형을 갖춘 보병까지 거느렸다.

그래서 초기에 이스라엘 사람들이 했던 것처럼, 유다 마카베오와 그 형제들은 팔레스타인의 험한 지형을 활용해 기습 공격을 감행하고 적을 기만하는 게릴라전으로 전술을 폈다. 유다 마카베오는 전력이 압도적인 셀레우코스군에 맞서 싸우다가 결국 전사했으나 그의 형제들이 전면적인 독립 전쟁을 계속했다. 시간이 흐른 뒤, 이들은 하스몬 왕조가 다스리는 독립국을 세웠고, 하스몬 왕조는 BC 37년까지 존속했다.

로마군, 팔레스타인에 주둔하다

하스몬 왕조의 유대는 조그맣고 중요하지도 않은 나라로 남아 강력한 주변국 로마의 지배를 받았다. 이미 BC 168년에, 로마 특사는 안티오코스 4세에게 (그가 침입했던) 이집트에서 나가라고 단호히 명령해 그에게 모욕을 안겼다. 로마는 근동에 점차 노골적으로 개입했고, 유대의 하스몬 왕들은 얼마 후에 로마의 예속왕client kings으로 전락했다.

그러다 BC 63년, 로마 장군 대 폼페이(Pompey the Great, BC 106-48년)가 치열한 하스몬 내전에 개입하면서 왕권은 그야말로 법적으로만 존재할 뿐 유명무실해졌다. 폼페이 장군은 예루살렘을 2개월간 포위한 끝에 함락하고 공물을 부과했으며, 구경꾼 신분으로 지성소에 들어감으로써 성전마저 더럽혔다.

하스몬 왕가는 여전히 내분 상태였고, BC 37년 로마는 하스몬 왕조의 마지막 통치자를 폐위하고 헤롯 대왕을 그 자리에 앉혔다. 두 세대가 흐른 후, 팔레스타인은 여러 지역으로 분할되어 로마 지방장관(procurator, 총독)의 통치를 받았는데, 이들은 이런 변방에 어울리는 별 볼일 없는 관리였다.

유대인들은 로마의 통치를 달갑게 여기지 않았다. 그래서 AD 1-2세기 여러 차례 항쟁을 일으켰는데, AD 66-73년 대항쟁, AD 115-117년 키토스 전쟁Kitos War, AD 132-135년 바르 코크바 항쟁Bar Kokhba's Revolt이 대표적이다. 유대인들은 예루살렘과 마사다 등지에서 용감하게 저항했으나 결국 모든 곳에서 로마군에게 패했다. 성전과 예루살렘이 황폐화되었고, 많은 유대인이 지중해와 중동 전역으로 강제 이주되었다.

Battles of the Bible

BC 1400~AD 73

여호수아의 빼어난
전략이 돋보였던
아이 성 정복에서부터
로마군에 끝까지 저항했던
마사다 전투에 이르기까지

아이 성 정복

BC 1400년경

Conquest of Ai

전투 개요

누가 : 모세의 후계자 여호수아가 이끄는 유랑 민족 이스라엘은 '약속의 땅'에 더 깊이 들어갔고, 오래된 잔해 더미에 자리한 어느 가나안 전초기지에서 뜻밖의 강한 저항에 부딪혔다.

무엇을 : 여호수아가 파견한 정찰대는 상황을 지나치게 낙관적으로 보고했고, 이스라엘군은 이를 믿고 성급히 공격했다가 강력한 저항에 부딪혔다.

어디서 : '폐허'를 뜻하는 아이 성은 이스라엘의 새로운 동맹인 기브온과 여리고 사이에 위치했고, 이스라엘에게는 목에 걸린 가시 같았다.

언제 : 이집트를 떠난 지 40년이 지난 BC 1400년경

왜 : 아이 성은 이스라엘에 적대적인 가나안 거주민들이 이스라엘의 움직임을 감시하고 차단하는 거점이었다. 이스라엘이 보기에는 고립된 전초기지였고, 따라서 손쉽게 함락할 수 있을 듯했다.

결과 : 아이 성 수비대는 처음에 이스라엘의 공격을 물리쳤고, 그래서 지나친 자신감에 빠졌다. 여호수아는 영리한 전술로 이들을 성에서 끌어내 완벽하게 제압했다.

▶ 다시 무너진 폐허더미. 고고학자들은 아이 성 터를 발굴했다. 여호수아를 기준으로 1,300년 전에, 이곳은 웅장한 산악 요새가 자리했었으나 그 뒤로 내내 방치되었다. 그러다가, 여호수아 때에 새 요새가 구축되었고 새로운 사람들이 이곳을 방비했다.

이스라엘 지파 연합군은 파괴된 지 오래된 도시의 잔해 더미에서
결연한 소수의 수비대와 맞닥뜨려 처음으로 후퇴했다.
그러나 이스라엘 지도부는 뜻밖의 도전에 적절하게 대처했다.

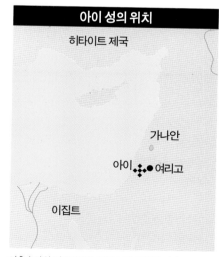

여호수아 같은 훌륭한 지도자는 아무 일에서든 기세 유지가 중요하다는 것을 안다. 여리고는 폐허가 되었다. 이스라엘은 여세를 몰아 낯설고 적대적인 땅에서 고립된 민족의 처지를 벗어날 기회를 잡았다. 이들은 영토를 차지하고 유지해야 했는데, 히타이트나 재부상하는 이집트처럼 침략하기 어렵고 침략하더라도 큰 대가를 치러야 하는 곳이 이상적이었다.

40년에 걸친 광야 생활을 통해, 징집 연령대 남자들은 가장 뛰어나고 충성스런 경보병輕步兵으로 단련되었으나 중장보병이 펼치는 전투나 잘 짜인 대규모 공성전 기술은 거의 익히지 못했다. 내륙의 높은 산악 지대는 이스라엘이 부리는 무기에 유리했다. 그래서 여호수아는 '약속의 땅' 중심부와 군사 목표물로 백성을 인도했다.

그 지역 거주민들은 여리고가 함락된 사실을 알았고, 코앞에 닥친 낯설고 호전적인 민족도 잘 알았다. 헷(히타이트) 족속, 아모리 족속, 가나안 족속, 브리스 족속, 히위 족속의 통치자들이 방어 동맹을 결성했고, 기브온 네 도시의 통치자들은 여리고를 무너뜨린 이스라엘과 손잡을 생각을 했다. 벧엘도 반이스라엘 동맹에 가담했는데, 여호수아의 진군 행로에서 가까웠다. 현대적인 군사 전략 분석과 성경 내러티브와 고고학적 증거를 토대로 볼 때 벧엘 주민들이 아이 성의 폐허 더미를(히브리어로 아이는 '폐허'를 뜻한다) 전초기지로 요새화한 장본인이었다.

여호수아 때를 기준으로 1300년 전, 아이 성이 자리한 터는 웅장한 산악 요새였다. 원래 구조물이 적잖게 남아 있었고, 그래서 벧엘 주민들은 최소 비용으로 효과적인 요새와 방어 거점을 구축했다. 벧엘의 물자는 자체 방비를 갖추느라 거의 소진되었을 것이다. 고대 폐허 더미 안에서, 여자와 아이들을 포함해 최대 240명이 이스라엘의 진군을 기다렸을 것이다.

여호수아의 준비

진군을 앞둔 준비과정에서 보듯이, 여호수아는 정탐꾼을 보내 여리고의 약점을 탐지했던 모세에게서 배운 대로 행했다. 여호수아가 파견한 정찰대는 산길로 올라가 아이 성 부근에 이르렀다. 정찰대는 낙관적으로 보고했다.

백성을 다 올라가게 하지 말고 이삼천 명만 올라가서 아이를 치게 하소서. 그들은 소수이니 모든 백성을 그리로 보내어 수고롭게 하지 마소서(수 7:3).

신新 히타이트 궁수

값싼 전쟁: 투구를 쓰고 칼을 찬 궁수는 운이 좋으면 활 솜씨와 민첩함 덕분에 전투나 공성전에서 제 몸을 지켜 낼 수 있었다. 활을 잘 쏘려면 수년을 연습하고 활에 친숙해야 했다. 보다 부유한 나라나 개인이라면 잘 깎은 나무에 뿔을 비롯해 여러 재료를 겹겹이 붙여 제작해 사거리가 훨씬 길고 위력도 강한 복합궁을 갖추었을 것이다. 칼은 막사에서 쓰는 도구이자 적이 너무 가까이 있어 활을 쓰지 못할 때 활용하는 최후의 호신 무기였다.

아이 성의 위치

히타이트 제국

가나안

아이 ♦♦● 여리고

이집트

여호수아와 이스라엘은 아이 성에 막혀 골짜기로 들어가지 못했다. 그곳에서는 적들이 이스라엘을 기다리며 대비하고 있었다.

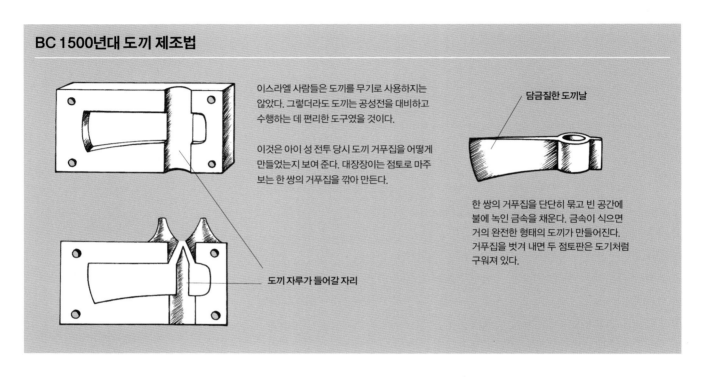

BC 1500년대 도끼 제조법

이스라엘 사람들은 도끼를 무기로 사용하지는 않았다. 그렇더라도 도끼는 공성전을 대비하고 수행하는 데 편리한 도구였을 것이다.

이것은 아이 성 전투 당시 도끼 거푸집을 어떻게 만들었는지 보여 준다. 대장장이는 점토로 마주 보는 한 쌍의 거푸집을 깎아 만든다.

담금질한 도끼날

한 쌍의 거푸집을 단단히 묶고 빈 공간에 불에 녹인 금속을 채운다. 금속이 식으면 거의 완전한 형태의 도끼가 만들어진다. 거푸집을 벗겨 내면 두 점토판은 도기처럼 구워져 있다.

도끼 자루가 들어갈 자리

양측 병력

가나안군(추산)

첫째 날 : 수비대	200명
둘째 날 : 증강병력	1만 2,000명
합계	**1만 2,200명**

이스라엘군(추산)

첫째 날 : 경보병	2,000–3,000명
둘째 날 : 증강병력	8,000명
합계	**1만–1만 1,000명**

여호수아는 공격하는 쪽은 공격할 때마다 전력이 조금씩 약해진다는 것을 알았다. 따라서 병력을 가장 효율적으로 활용해 전력을 유지하는 게 대단히 중요했다. 그래서 여호수아는 수집한 첩보를 근거로 병력 2-3 에레프(1,000명으로 구성된 이상적인 규모의 부대를 말한다)를 보냈다.

여호수아로서는 아이 성 수비대가 여리고의 운명을 잘 알고 있다고 믿을 이유가 충분했다. 또한 아이 성에서 벧엘이 멀지 않았고, 따라서 아이 성 수비대가 완전히 항복하지 않는다면 벧엘로 퇴각하리라고 예상할 수 있었다. 아이 성에서 손쉽게 승리한다면, 향후 진로도 유리할 터였다. 게다가 여호수아는 자신이 공격을 직접 지휘할 이유가 없다고 보았다.

그러나 아이 성 전투는 아주 오랜 후에 압도적으로 많은 적군에 용감하게 맞서 싸운 아주 유명한 전투에 비길 만했다. 1879년, 소수의 영국군은 로크스 드리프트Rocke's Drift에서 규모가 압도적으로 큰 줄루 족 3,000명에 용감히 맞서 싸웠다. 전투에 참가한 여호수아의 병력과 줄루 족의 병력도 엇비슷했다.

여호수아의 군대는 1차 공격을 개시했으나, 처음으로 퇴각했다. 성경에 따르면, 정면 공격은 실패했고 히브리인 36명이 전사했다. 이스라엘군이 여리고 평지에서 가파른 고갯길을 오르느라 지친 것도 공격이 실패한 요인 중 하나였을 것이다. 반면, 방어자들은 기운이 생생했고, 높은 고대 폐허 더미 덕에 적군의 창으로부터 안전했으며, 공격해 오는 자들을 향해 멀리 힘차게 화살을 날릴 수 있었다.

그 다음에 벌어진 일과 관련해서는 현대사에서 놀랄 만큼 유사한 사례들을

'하나님의 손' 혹은 지진 때문에, 요단강 건너편에 자리한 여리고의 성벽이 무너졌다.
아이 성 수비대는 임시 방어시설에 몸을 숨긴 채 여호수아의 첫 공격을 막아 냈다.

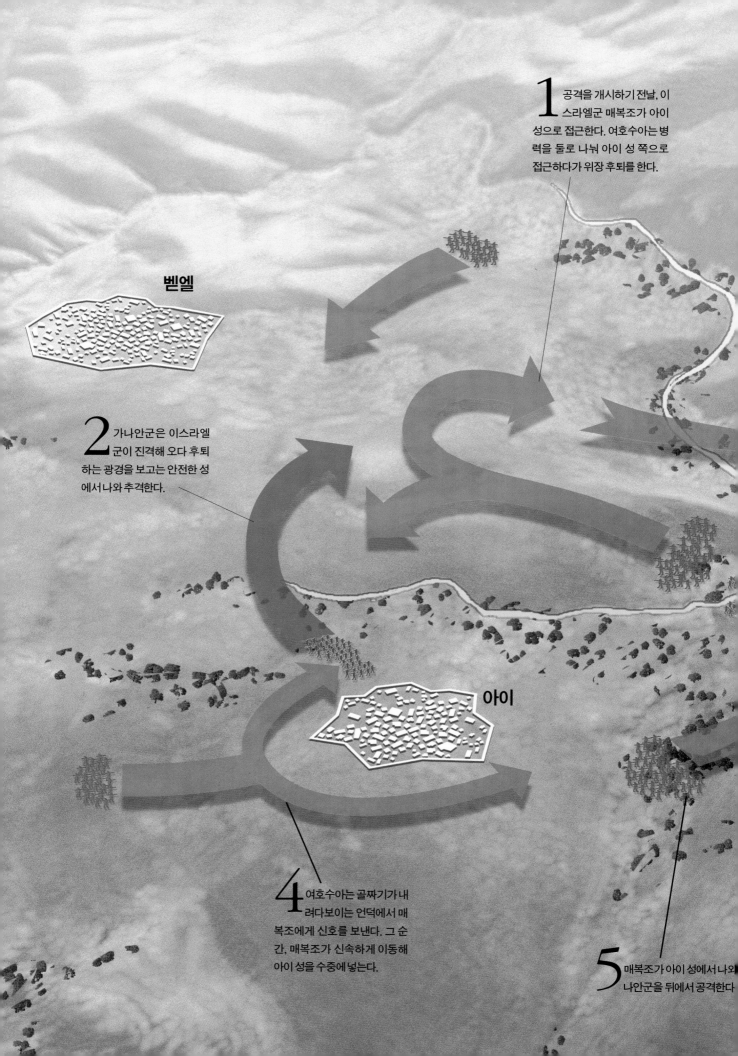

벧엘

아이

1 공격을 개시하기 전날, 이스라엘군 매복조가 아이 성으로 접근한다. 여호수아는 병력을 둘로 나눠 아이 성 쪽으로 접근하다가 위장 후퇴를 한다.

2 가나안군은 이스라엘군이 진격해 오다 후퇴하는 광경을 보고는 안전한 성에서 나와 추격한다.

4 여호수아는 골짜기가 내려다보이는 언덕에서 매복조에게 신호를 보낸다. 그 순간, 매복조가 신속하게 이동해 아이 성을 수중에 넣는다.

5 매복조가 아이 성에서 나와 나안군을 뒤에서 공격한다

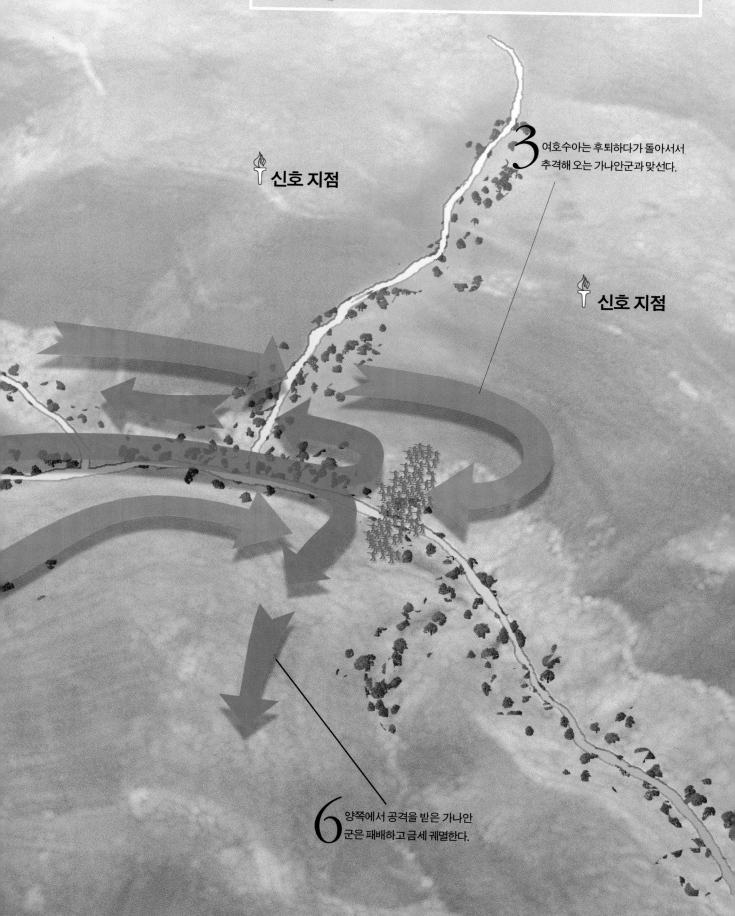

아이 성 정복(BC 1400년경)
Conquest of Ai 1400BC

신호 지점

3 여호수아는 후퇴하다가 돌아서서 추격해 오는 가나안군과 맞선다.

신호 지점

6 양쪽에서 공격을 받은 가나안 군은 패배하고 금세 궤멸한다.

▶ 여호수아는 자신을 후계자로 세운 모세의 결정이 탁월했다는 것을 증명했다. 정찰대의 낙관적인 보고로 판단을 그르쳤지만, 낙담한 백성을 규합했고 매복 작전으로 아이 성 방어군을 끌어내 무찔렀다.

찾아볼 수 있다. 1916년, 독일군은 공성포(攻城砲, 성이나 요새를 공격할 때 쓰는 화포) 공격으로 프랑스의 베르됭 요새를 완전히 파괴했으나 프랑스군이 부서진 요새의 뼈대 틈에서 맹렬히 저항하는 바람에 옴짝달싹 못했다. 1944년, 연합군은 독일군이 요새로 삼았던 몬테 카시노 수도원을 폭격해 무너뜨렸으나 그렇게 생겨난 건물 잔해는 수도원 자체보다 더 함락하기 어려운 방어 시설이 되었다. 그로 인해 이탈리아에서 연합군의 진격은 무려 5개월이나 지체되었다.

신앙의 위기
하나님은 이스라엘에게 가나안에서 승리하고 땅을 차지하게 해 주겠다고 약속하셨고, 이스라엘은 이러한 하나님의 약속을 믿고 버티었다. 실제로, 이스라엘이 요단강을 건너 가나안에 들어섰을 때, 여호수아는 모든 남자들에게 할례를 명했으며, 여리고 공격은 종교 전쟁의 모든 특징을 고스란히 갖추었다. 이스라엘은 믿음에서 용기를 얻어 가나안 족속들을 맹렬히 공격했다. 그러나 이제 하나님의 약속이 파기된 것 같았고, "백성의 마음이 녹아 물 같이 되었다"(수 7:5).

거듭거듭, 성경은 이스라엘의 실패나 패배를 하나님이 이들의 죄에 대해 내리시는 징벌로 해석한다. 따라서 여호수아는 하나님이 진노하신 원인을 찾아 제거하는 과정을 지체 없이 진행했고, 갈미의 아들 아간과 그 가족에게 원인이 있다는 사실을 신속하게 밝혀냈다. 아간은 여리고 전투의 전리품을 마땅히 하나님께 바쳐야 했던 보물을, 자기 몫으로 두둑이 챙긴 사실이 들통 났고, 곧바로 가차 없이 처형되었다.

이로써 하나님의 진노는 누그러졌고, 여호수아는 2차 공격의 성공을 장담하면서 직접 선봉에 서겠다고 했다. 성경은 하나님이 새롭게 승리를 약속하셨다고 말한다. 앞서 여리고 성을 칠 때처럼, 아

이 성도 폐허로 만들고 전리품은 이스라엘의 하나님께 바쳐야 했다.

분할 정복
아이 성 수비대는 이스라엘군에게 첫 승리를 거둔 후 병력을 증강했을 것이다. 승리한 지점을 보강하고 패배한 지점에서 후퇴하는 것이 군대의 오랜 관행이기 때문이다. 벧엘 주민들은 도시 내부보다는 입증된 방어 거점에서 도시를 방어하는 쪽을 선택했다. 성경에 따르면, 그날 아이와 벧엘의 수비대가 모두 들판에 있었다.

한편, 여호수아가 세운 2차 공격 계획은 단순히 지친 소수의 수비대를 머릿수로 밀어붙이는 게 아니라 좀 더 정교했다.

이스라엘에게는 여러 이점이 있었다. 이스라엘은 지도자에게 복종했고(이러한 복종은 갈미의 아들 아간이 받은 처벌로 강화되었다), 공통된 민족성을 지녔으며, 군대로서 함께 싸웠다. 따라서 여호수아와 사사들은 이따금 전혀 뜻밖의 승리를 거두었다. 이들은 자신의 명령이 언제나 이행되리라고 확신했으며, 그래서 병력을 독립적이지만 효율적인 여러 부대로 쪼갤 수 있었다. 강한 적과 마주한 상황에서는 병력을 쪼개지 않는 게 상식이지만, 공격적이고 운이 좋은 장수에게는 위험과 성공 가능성이 공존하는 경향이 있다.

공격을 개시하기 전날 밤, 여호수아는 직접 뽑은 30개 부대elafim를 먼저 내보냈다. 벧엘에서 나오는 길목에 매복했다가 이스라엘이 공격할 때 아이 성 수비대 중에 일부라도 안전한 방어 시설에서 나오면 배후에서 성을 탈취하거나 적의 후미에서 병력 증강을 지연시키라는 것이었다.

여호수아는 직접 군대를 이끌고 아이 성 가까이 진군했고, 이전과 달리, 군사들이 먼 고갯길을 오르느라 녹초가 되지않을 만한 곳에 진을 쳤다.

언제나 용의주도했던 사령관 여호수아는 골짜

▼도시의 성벽은 무자비한 창과 검을 막아 줄 최후 방어물이었다. 아이 성 성벽은 이미 무너진 폐허 더미였고, 이 폐허 더미는 이스라엘의 1차 공격을 물리친 가나안 사람들의 대피처이자 은폐물이었다.

기를 사이에 두고 적군과 마주하는 위치에 진을 침으로써 야간 공격에도 대비했다.

지나친 자신감

여호수아는 아이 성 수비대가 이번에도 이스라엘군이 정면 공격 외에 다른 전술을 쓰리라고 예상할 빌미를 주지 않도록 조심했다. 여호수아는 동틀 녘에 아이 성 앞에 도착하도록 진군 시간을 조정했고, 자신이 이끄는 주력부대에서 다시 5개 부대를 떼어 이미 매복한 부대 쪽으로 이동시켰다. 매복 부대는 주력부대의 공격을 배후에서 지원하거나 주력부대가 적을 교란하는 2차 공격을 감행하는 동안 성안에 남은 적을 처치하려고 대기 중이었다.

다음날 아침, 아이의 왕이 보니, 여호수아가 이끄는 이스라엘 주력부대가 요새 정문을 향해 언덕길을 올라오고 있었다. 그래서 수비대 병력을 대부분 성 밖으로 내보내 이스라엘군을 쳐서 적의 공격을 교란하기로 했다. 내리막길을 내달리는 기세를 활용하면 더 강력하고 효과적인 공격력을 발휘하리라고 기대했다. 이것을 현대 군사 용어로 '파쇄공격spoiling attack'이라 한다. 어쨌든, 한 번 달아난 군대라면 또 달아나리라고 예상할 이유가 충분했다. 아이 성의 병력이 보강되었다면, 효과적으로 운용되지 못할 만큼 많은 병력이 기습 공격에 투입되었을 것이다.

성경은 여호수아가 이런 상황을 정확히 계획했고, 자신이 세 패로 나눈 병력을 믿었던 것이 전적으로 옳았다고 아주 분명하게 말한다. 아이 성 수비대가 자신들을 향해 달려 내려오자, 이스라엘군은 일부러 흐트러진 대열로 후퇴했다. 아이 성 수비대는 도망치는 '나약한' 적을 최대한 도륙하려고 자신만만하게 돌진했고, 그러면서 그때껏 유지했던 기강이 다 무너지고 무질서한 군대로 전락하고 말았다.

▼ 모세는 이스라엘 자손을 약속의 땅 가나안 어귀까지 인도했다. 그러나 가나안을 실제로 정복하려면 전략을 잘 세우고, 열정이 있으며, 상황에 잘 대처하는 지도자가 필요했다. 여호수아는 이 모두를 갖춘 지도자였고, 계속되는 전투를 승리로 이끌어 이것을 입증했다.

아이 성 함락

"여호수아가 그의 손에 잡은 단창을 들어 그 성읍을 가리키니"(수 8:18). 여호수아의 창에 달린 깃발을 보았든지, 번쩍이는 창끝을 보았든 간에, 매복 중이던 부대가 곧바로 행동을 개시했다.

아이 성 수비대는 성을 완전히, 또는 부분적으로 비웠고, 이를 틈타 이스라엘군은 경보병이라도 수행 가능한 기본 전술로 요새를 점령했다. 두 병사

가, 또는 힘센 병사라면 혼자라도, 방패를 머리 위로 들면, 다른 병사가 방패를 밟고 성벽을 올랐다. 이스라엘군이 일단 성벽에 오르자, 방어자들이 점했던 높이의 이점이 빠르게 사라졌고, 주택 지붕이나 방루(防壘, blockhouses)를 비롯한 구조물은 이스라엘군이 저항을 훨씬 덜 받으면서 방어벽을 넘어 진입하는 비교적 손쉬운 수단이 되었다.

여호수아의 명령으로, 이스라엘군의 두 진영은 아이 성으로 진격해 성을 모두 불태웠고 닥치는 대로 도륙했다. 연기가 구름처럼 피어오르는 가운데, 공격자들은 창으로 진흙 벽에 구멍을 내어 집집마다 방방마다 목표물을 확인하며 모든 저항을 진압했다.

망치와 모루

뒤에서 불길이 일고 연기가 솟구치자, 이스라엘 주력부대를 추격하던 아이 성 수비대는 자신들에게 닥친 위험을 깨닫고 정신이 번쩍 들었다. 하지만 아이 성과 벧엘 수비대에 대한 여호수아의 공격은 여기서 끝나지 않았다. 세 진영으로 나뉘었던 이스라엘군이 하나로 결집해 가나안군을 공격했다. 수비대 사령관이 전열을 조금이라도 정비해 보려 했으나 때는 이미 늦었다. 사령관은 곧 사로잡혀 근처 나무에 달렸으며, 그의 시신은 나중에 잔해 더미에 던져졌다.

이스라엘이 종일 계속된 살육을 끝냈을 때, 아이 성에 남은 거라고는 가축과 노획물뿐이었다. 성경 기사에 따르면, 1만 2,000명의 남녀가 도륙되었다. 벧엘이 함락되었는지에 관해서는 구체적인 언급이 없다.

그러나 벧엘 수비대가 아이 성 전투에서 죽었다면, 벧엘의 함락은 필연이었다. 이스라엘 자손은 '약속의 땅'에 확고히 자리를 잡으면서 더 많은 도시를 점령하고 더 많은 군대를 무찌르며, 더 많은 동맹을 체결할 터였다.

▼ "그가 또 아이 왕을 저녁때까지 나무에 달았다"(수 8:29). 여호수아서의 한 장면을 묘사하는 이 삽화를 보면, 포위한 자들도 포위를 당한 자들도 자비를 베풀지 않는다. 이스라엘의 승리에 충격을 받은 기브온 족속이 동맹을 제의한다.

메롬 물가 전투

BC 1400년경

Waters of Merom

모세가 죽은 후, 히브리 민족은 북으로
향했고 어느 지역을 통과할 때면
그곳 거주민들에게 공격을 받기도
했다. 여호수아의 인도 아래,
히브리인들은 치열하게 싸워 북부
가나안 족속들을 무찌를 수 있었다.

전투 개요

누가 : 여호수아가 이끄는 이스라엘군과
가나안 연합군이 충돌했다.

무엇을 : 적이 전투를 준비하는 사이, 히브
리인들이 공격했다.

어디서 : 갈릴리 메롬 물가 골짜기

언제 : BC 1400년경

왜 : 히브리인들은 유목민이었고 새로운 거
처를 찾고 있었다.

결과 : 히브리인들이 가나안 족속을 물리치
고 그들의 땅을 차지했다.

▲ 이집트 18왕조 '파헤리의 무덤(Tomb of Paheri)'
의 부조에는 당시 병사들 모습이 나온다. 궁수와 전곤
(mace, 철퇴를 닮은 무기)으로 무장한 보병의 모습이
뚜렷하다. 복장은 통일되어 있다.

히 브리인들이 가나안(지금의 팔레스타인)에 이르렀을 무렵, 가나안은 몇 백 년째 전
쟁터였다. 가나안은 땅이 비옥하고 지형도 평탄해 누구라도 뿌리내리고 싶
은 지역이었고, 그래서 꽤 강력한 여러 나라가 이곳에 터전을 닦았다.

가나안은 때로 이집트 소유였다. BC 1550년경, 이집트는 18왕조가 들어설 때
부터 가나안을 정벌했다. 먼저, 이집트는 패배한 힉소스 족을 팔레스타인까지 추
격해 몰아내고 팔레스타인을 이집트 제국에 복속시켰다.

가나안은 전차의 땅이었고, 이집트는 전투에서 경전차를 활용하는 법을 가나
안 원주민들에게 배웠다. 이집트는 전차와 복합궁을 혁신적으로 결합해 전투에서
결정적 우위를 점했고, 투트모세 1세 Tuthmosis 는 불과 몇 년 만에(BC 1507-1494년) 적들
을 유프라테스 강까지 몰아냈다.

그러나 몇 세기가 흐르면서, 가나안에 대한 이집트의 영향력이 점점 약해졌다.
파라오들이 팔레스타인을 강력히 통치할 때도 있었고, 반란을 일으키는 팔레스
타인 군주들을 진압하려고 군대를 보내야 할 때도 있었다. 정복 전쟁 자체는 그리
어렵지 않았으나 문제는 멀리 떨어진 정복지를 효과적으로 통치하려면 감당하기
어려울 만큼 엄청난 자원이 필요했다는 것이다.

가나안 전차

전차는 가나안에서 발명되었다. 가나안 평지는 기동전(起動戰)에 이상적이었다. 당시의 말은 기병(騎兵)이 직접 타고 달리기에는 작고 약했으나 수레를 끌고는 상당한 속도로 달릴 수 있었다. 전차병은 이동식 발판 위에서 활이나 투창이나 끈 달린 무기로 싸웠다. 이 시대 전차는 800년 후에 등장하는 앗수르 중전차에 비해 가볍고 약했다. 그러나 가나안 족속들은 전차 덕에 다양한 전술을 구사하고, 전장 어디서든 전투력을 발휘하며, 불리할 때는 즉시 후퇴할 수 있었다. 전차 부대는 후대의 기병과 같은 역할을 했고 군대 내부에서 후대의 기마대와 유사한 특권을 누렸다.

결과적으로, 가나안은 이집트의 지배에서 거듭 벗어났고, 혈기왕성한 파라오가 재정복에 나서면 한동안 다시 이집트에 복속되었다. BC 1457년, 파라오 투트모세 3세(BC 1426년 사망)가 이런 이유로 가나안 정벌을 시작했으며, 이집트의 봉신에서 벗어나려는 가나안 군주들이 결성한 동맹을 분쇄했다.

투트모세의 정벌 전쟁은 이집트군의 힘을 보여 주는 절정이었고, 므깃도 전투에서 거둔 승리는 역사에 제대로 기록된 최초의 전투였다. 그는 대규모 전차 전투에서 가데스의 왕이 이끄는 연합군을 무찌르고, 이집트 국경을 다시금 유프라테스 강까지 넓혔다.

그 다음으로, 이집트는 상부 메소포타미아의 미타니 왕국과 충돌했다. 가데스 반란을 지원했던 미타니 왕국도 국력이 절정에 달했다. 두 나라는 시리아의 지배권을 두고 충돌했고, BC 1410년에 평화조약이 체결될 때까지 충돌은 계속되었다.

한편, 이집트와 미타니 왕국 양쪽 모두와 오래 경쟁해 왔던 히타이트가 국내 문제에서 비롯된 오랜 정체기를 벗어나고 있었다. 히타이트가 존재감을 드러내기 시작하자 미타니 왕국은 히타이트 문제를 해결하는 쪽으로 관심을 돌렸다. 이집트도 내부 문제를 처리해야 했기에 가나안 지배는 또 다시 느슨해졌다.

메롬 물가의 위치

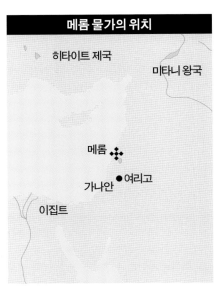

가나안은 이집트군이 반란을 진압하러 가거나 앗수르군이나 히타이트군과 싸우러 나갈 때 지나야 하는 길목에 자리했다. 그래서 가나안은 군대가 지나갈 때마다 고통을 겪었다.

1. 이 그림은 초기에 나무둥치로 튼튼한 전차 바퀴를 만드는 과정을 보여 준다.

2. 둥치를 중간 부분만 잘라 내 널빤지로 만든다. 널빤지 양끝을 잘라 낸다.

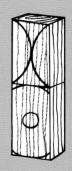

3. 절반으로는 바퀴 중심부를 만들고, 나머지 절반은 다시 잘라 바퀴 가장자리를 만든다.

4. 나무 조각 셋을 이어 전체를 가로지르는 두 버팀대로 고정해 완전한 형태의 바퀴를 완성한다.

가나안 족속과 아모리 족속

여러 민족이 가나안에 자리 잡았고, 헷갈리게도 일부는 시대마다 다른 이름으로 불렸다. 서부, 곧 지중해 근방에 거주하는 사람들은 일반적으로 가나안 족속이라 불리고, 동부 깊이 자리한 산지와 주변 지역에 거주하는 사람들은 이따금 아모리 족속이라 불린다. 그러나 문화적으로나 인종적으로 정확한 호칭이 아니다. 사실, '아모리Amorite'는 '서쪽 사람Westerner'을 뜻하는 아카디아어 단어인데, 가나안 지역 동쪽에 자리한 여러 나라들을 가리키는 데 사용되었다.

어쨌거나, 아모리 족속과 가나안 족속은 문화와 언어에서 크게 혼합되었으므로, 어느 지역이 어느 시대에 어느 민족의 지배를 받았는지 정확히 못 박기란 어렵다. 그러나 이들의 문화가 후기 청동기

시대 수준의 기술을 보였고 타 지역에 비해 조금 뒤처졌던 것은 분명한데, 이집트군이 반란을 진압하고 문제 지역들을 재정복하러 올 때마다 일어난 잦은 혼란이 주원인이었다.

가나안 민족들은 깊은 우물과 튼튼한 성벽을 갖춘 거대한 도시를 건설할 줄 알았다. 그러나 부자들의 석조 주택과 가축우리나 다름없는 하층민의 집이 극명하게 대조되는 고고학적 증거가 암시하듯이, 빈부 격차가 심했다. 당시에는 도시국가가 일반적인 정치 형태였고, 각 도시는 각자 영향이 미치는 작은 지역을 다스렸으며 군주나 도시국가의 왕city-king을 통해 이집트에 충성했다.

도시국가는 오랫동안, 주로 평지를 중심으로 늘어났다. 그러나 각각의 도시국가는 강력한 국가의 일부가 아니라 홀로 지탱해야 했다. 이집트가 힘이 있을 때는 봉신을 보호해 줄 수 있었다. 하지만 BC 1400년, 이집트의 지배가 다시 느슨해졌고, 가나안 도시국가들은 유입되는 신흥 세력에 취약해졌다. 이번에는 히브리인들이 남쪽에서 올라왔다. 히브리인들은 가나안에서 좋은 땅을, 소유권이 느슨한 좋은 땅을 많이 찾아냈다. 새로운 보금자리를 건설할 완벽한 기회였다.

양측 병력

이집트군(추산)		히타이트군(추산)	
전차	2,000명	전차	3,000명
보병 증강병력	1만 8,000명	보병 증강병력	2만 명
합계	2만 명	합계	2만 3,000명

히브리인들의 등장

히브리인들은 이집트의 노예로 살다가 탈출해 오랫동안 유랑 생활을 했다. 이들은 북쪽으로 가나안을 향해 이동했다. 비록 가나안에 대한 이집트의 지배력이 약해졌다고는 해도 자신들을 지배했던 자들이 여전히 가나안에 대한 권한을 주장하고 있고 그들이 영향력을 미치는 범위가 넓다는 사실을 틀림없이 알고 있었을 것이다. 그러나 다른 한편으로, 히브리인들의 신앙에 따르면, 가나안은 여호와가 이들에게 약속하신 땅이었다.

물론 히브리인들은 유랑 생활 후기에서야 여호와를 섬기기 시작했다. 모세가 출애굽 때 시내 산에서 언약과 율법을 받았다고 기록되어 있다. 하지만 여호와라는 이름은 히브리인들의 출애굽과 가나안 입성 이전의 기록에는 전혀 나오지 않는다.

여호와 신앙은 가나안 여러 종교와 공존할 수 없었다. 가나안 종교에서, 만신전萬神殿의 우두머리는 비교적 활동이 없는 엘티이었으나 그래도 가장 중요한 신은 바알이었다. 가나안 신들 중에는 다산의 여신들도 있었는데 전쟁의 여신을 겸하기도 했다. 가나안 종교에 흔한 난잡한 의식은 여호와의 분노를 살 수밖에 없었다. 결국 히브리인들이 가나안 족속들과 충돌할 가능성이 가뜩이나 높은 상황에서 종교적 차이까지 더해졌다.

모세가 죽은 후, 여호수아는 히브리인들의 지도자가 되었고, 이들을 이끌고 북으로 이동해 가나안에 들어갔다. 히브리인들은 가나안 원주민과 불가피하게 충돌했고, 몇몇 도시국가를 차례로 무너

▼ 플랑드르 화가 야코프 요르단스(Jacob Jord- aens)의 1624년 작품이다. 히브리인들이 홍해를 건너 이집트를 탈출하는 광경이다. 파멸의 위기를 벗어난 히브리인들은 새로운 터전을 찾거나 쌓아야 하는 난관에 부딪혔다.

메롬 산

4 여호수아가 가나안 연합군 사령관 하솔 왕을 직접 죽인다. 히브리인들은 용기백배하고 가나안군은 혼란에 빠진다.

3 여호수아는 가나안 북부 연합군이 전열을 미처 정비하기 전에 여러 방향에서 무차별 공격을 가한다. 허를 찔린 가나안군이 자신들의 주력 무기인 전차를 미처 사용할 틈도 없이 히브리인들이 들이닥친다.

2 히브리인들은 전차가 없었고, 따라서 불리해 보인다. 여호수아는 하나님께서 히브리인들이 승리하고 적의 전차를 부수리라고 하셨다고 선언한다.

1 히브리인들이 가나안으로 진격해 오자 가나안 족속들은 두려움을 느끼고 연합군을 결성해 맞선다. 여러 부족과 도시에서 파견한 병력이 메롬 물가에서 집결한다.

가나안 수비대

ͳͳͳͳͳͳ

메롬 물가

5 가나안군은 일관된 명령 체계를 잃어 효과적으로 대응하지 못한다. 연합군의 일부는 궤멸되고, 일부는 공격을 받기도 전에 대열을 이탈해 달아난다.

메롬 물가 전투 (BC 1400년)
Waters of Merom 1400BC

▲히브리 지도자들은 하나님에게 받은 초자연적 능력을 행하는 모습으로 그려질 때가 많다. 여호수아는 동맹국인 기브온성을 지키는 싸움에서 해와 달을 향해 자신을 도우라고 명령한다.

뜨렸다.

히브리인들이 가나안을 정확히 어떤 식으로 정복했는지 단정 짓기는 어렵다. 어느 자료에 따르면, 가나안 정복은 신속하고 주도면밀하며 치밀하게 계획된 정벌이었다. 반면에 어느 자료에 따르면, 가나안 정복은 주로 각 지파가 영토를 서서히 확장해 가는 형태로 진행되었다. 진실은 그 중간 어디쯤에 있지 않을까 싶다.

당시 전투는 아주 잔인할 때가 많았다. 도시를 수비하는 자들을 몰살하거나 도시를 완전히 잿더미로 만드는 경우도 드물지 않았다. 히브리인들도 이런 방식을 취했다는 기록이 있으며, 따라서 히브리인들이 도시를 하나씩 정복할 때마다 다음은 자

기 차례가 될까 봐 두려웠던 인근 도시국가들이 서둘러 자기들끼리 동맹을 맺었을 것이다.

이렇게 결성된 새로운 연합군이 공격해 오면, 히브리인들은 방어하기 위해 이들을 무찔러야 했다. 그러면 또 다른 도시들이 다시 결집해 침입자에 맞섰다. 따라서 이스라엘의 가나안 정복은 부분적으로 자기충족적인 예언의 문제였다.

히브리인들의 가나안 정복

히브리인들이 가나안 전체를 단숨에 정복하지는 못했다. 일부 지역은 훨씬 나중에야 정복할 수 있었다. 당시 기록을 문자 그대로 옮기면, 히브리인들은 600,000명이나 되는 군사를 가지고 있었는

데, 이것은 의심의 여지가 많다. 어쨌거나, 이들이 에스드라엘론 평원(Plain of Esdraelon, 투트모세 3세가 50년 전 므깃도 전투 후에 차지한 땅)이나 해안 평지를 탈취하지 못했던 사실은 그다지 이상하지 않다.

그럼에도 불구하고, 히브리인들은 전투를 치르며 북상했고, 어떤 도시들은 정복하고 어떤 도시들과는 동맹을 맺었다. 히브리인들은 이런 식으로 기브온 연맹을 흡수하는 한편 다른 집단들도 비슷한 방식으로 합병하면서 점점 강해졌다. 이들 중에는 삶의 터전에서 쫓겨나 광야를 방황하다 히브리인들을 만나 여호와 신앙으로 개종한 민족들도 있었고, 나중에 이스라엘 영토가 되는 지역에 들어온 무리들도 있었다. 어떤 성읍과 마을들은 기존의 지배세력에 이골이 났기에, 히브리 족장들의 종교적 열정에 끌려 새로운 이민족에게 자신의 운명을 기꺼이 맡기고 히브리 문화에 편입되었고, 마침내 이스라엘의 일원으로 융화되었다. 그 와중에도 히브리인들은 가나안 정복을 계속했다.

여호수아와 그를 따르는 군사들이 이르렀을 때, 이 지역에 이미 히브리인들이 살고 있었을 가능성도 있다. 그렇다면 히브리인들이 자기보다 수가 몇 배나 되고 요새를 건설할 줄 아는 사람들을 어떻게 정복했는지 어느 정도 설명이 된다. 히브리인들은 무장이 변변치 못했고 공성무기 비슷한 것조차 없었으나 일부 '내부자'의 도움으로 성벽 안으로 진입할 수 있었다. 일단 성벽만 통과하면, 승산이 있었다.

북부 동맹

가나안 북부의 도시국가들은 침입해 오는 히브리인들이 두려웠다. 히브리인들은 자신들에게 합세하지 않고 자신들의 신을 섬기지 않는 도시는 모조리 불태울 힘이 있어 보였다. 해결책은 동맹을 결성해 침입자를 물리치는 것이었다. 그래서 북부 가나안 민족들은 곧바로 동맹에 착수했다. 하솔 왕 야빈과 마돈 왕 요밥을 비롯해 몇몇 도시국가 왕들이

동맹에 가담했다. 헷(히타이트) 족속, 여부스 족속, 브리스 족속, 아모리 족속, 히위 족속, 가나안 족속을 비롯해 많은 도시국가와 부족이 군대를 파견했다. 이들은 메롬 물가 골짜기에 집결해 큰 군대를 이뤘는데, 대규모 보병과 전술적으로 중요한 전차들도 포함되었다.

히브리인들은 전차가 없었다. 따라서 가나안 연합군은 기동력에서 상당히 유리했다. 잘 활용하기만 한다면 정찰력도 갖춘 셈이었다. 그러나 연합군은 적어도 이론적으로는 지위가 동등한 여러 지도자가 파견한 부대로 구성되었기에 조직력이 그리 뛰어나지는 못했을 것이다.

전투 전날

히브리인들이 맞닥뜨린 적은 위압적이었다. 가나안 연합군은 병력뿐 아니라 기술도 우세했다. 하지만 히브리인들도 이제는 어설프게 무장한 오합지졸이 아니었다. 히브리인들은 이미 숱한 도시를 점령했고 전투 경험을 쌓았을 뿐 아니라 적에게 탈취한 무기로 무장했다. 보병은 적에 못지않게 무기로 무장했을 것이다.

히브리인들은 또 다른 이점이 있었다. '승리하는 습관'이었다. 이것은 여호와의 약속을 믿는 강렬한 종교적 신앙과 결합해 사기를 엄청나게 높였다. 구약성경에 따르면, 하나님은 여호수아에게 다음날이면 적이 몰살될 테니 그들을 두려워하지 말라고 하셨다. 히브리인들은 적의 전차를 끄는 말들의 오금줄을 끊고 전차를 불사를 터였다.

어디서 나왔든 간에, 썩 괜찮은 전략이었다. 여호수아는 선제공격을 감행하기로 했다. 적극적이고 과감한 선제공격으로 병력과 무기

그 다음으로, 여호수아는 군대를 이끌고 하솔로 향했고, 본보기로 하솔을 잿더미로 만들었다. 하솔 주민들을 도륙했고, 하솔과 동맹한 여러 도시의 주민들도 도륙했으나 도시를 불태우지는 않았다. 대신에, 엄청난 가축과 재물을 전리품으로 취했다.

그후

이제 히브리인들은 요단 평원과 이스라엘 산지와 레바논 골짜기를 비롯해 가나안의 대부분을 점령했다. 그러나 이들의 정복은 아직 완결되지 않았다. 히브리인들은 저항을 계속하는 도시국가를 하나씩 격파하고 그 왕을 죽였다. 히브리인들과 동맹하고 이들의 지배를 받아들인 도시들만 살아남았다.

잔인하다고 생각될지 모른다. 하지만 여호수아에게는 이 모두가 정당한 일이었다. 이것은 그가 모세를 통해 받은 하나님의 뜻이었고, 적은 여호와를 모욕하는 종교를 신봉하는 이교도였다. 잊지말아야 할 중요한 사실이 더 있다. 당시에는 이러한 전쟁 방식이 이를테면 규범이었다. 당시에, 민간인을 존중하고 관대하게 대하는 경우는 지극히 드물었다. "무엇이든지 남에게 대접을 받고자 하는 대로 너희도 남을 대접하라"는 현대의 표현을 고대 히브리어로 보면 의미가 조금 달라진다. "남이 너희를 대접할 그대로 너희도 남을 대접하라." 두 표현은 꽤 다른 의미를 함축하며, 그 차이는 의미심장하다.

히브리인들은 최근에야 노예 신분에서 벗어났고, 가나안에 이르는 길에 곤경과 공격을 숱하게 겪었으며, 전투에서 패하면 적의 손에 전멸당할 상황도 맞았었다. 따라서 이들의 정복은 지독하고 철저하며 극도로 잔인했을는지 모른다. 그러나 어쨌든, 이들은 자신들이 패할 때 적에게 당할 법한 그대로 적에게 했을 뿐이다.

▲히타이트 전차를 묘사한 부조. 전차병은 활과 창으로 무장했다. 바퀴축이 뒤에 있는데, 최적의 위치였다.

의 열세를 뛰어넘으려 했다.

메롬 물가 전투

한데 모이기는 했으나 명확한 지휘 체계가 없었던 봉건시대 연합군이 그러했듯이, 가나안군은 전열을 정비하느라 지체했고, 여호수아의 전사들은 이를 틈타 공격을 감행했다. 구약성경은 매복 공격이었다고 말하지만, 야음을 틈타 적진에 근접한 후 기습을 감행했을 가능성이 더 높다. 아주 대담한 전략이 먹혀들었다. 가나안군은 무방비 상태로 기습을 당했고 제대로 저항하지 못했다.

히브리인들은 갑작스럽고도 맹렬하게 적을 덮쳤고, 여호수아가 선두에서 싸웠다. 여호수아는 하솔 왕과 직접 맞붙어 싸워 그를 베었다. 가나안군은 더 버티지 못하고 전열이 무너진 채 흩어졌다. 히브리인들은 달아나는 적을 끝까지 추격했다. 구약성경은 히브리인들이 "살아남은 사람이 한 사람도 없을 때까지"(수 11:8, 새번역) 공격했다고 말한다.

히브리인들은 적을 추격하는 과정에서 과거에 모세가 명했던 그대로 했다. 말이나 전차를 챙기지 않았고, 명령대로 말 뒷발의 힘줄을 끊고 전차를 불태웠다.

▼여호수아서는 히브리인들이 아모리 족속에게 거둔 승리가 아모리 족속에게는 대재앙이었다고 묘사한다. 프랑스 예술가 귀스타브 도레(Gustave Doré)의 판화 작품으로, 그 총체적 재난을 잘 보여 준다.

시스라에게 거둔 승리

BC 1240년경

Victory over Sisera

전투 개요

누가 : 대사사 드보라와 바락 장군이 이끄는 이스라엘군과 시스라 장군이 이끄는 가나안군이 충돌했다.

무엇을 : 전쟁 직전에 비가 내려 땅이 젖는 바람에 가나안 전차가 무용지물이 되었다.

어디서 : 이스라엘 다볼 산 근처

언제 : BC 1240년

왜 : 대사사 드보라가 이스라엘을 규합해 가나안 족속의 압제에서 벗어나게 하려 했다.

결과 : 가나안 족속이 패배하고 군사 강국의 힘을 잃었다.

가나안을 정복한 후, 이스라엘은 적응하고 발전하는 시기를 거쳤다. 이스라엘은 과거에 유랑민이었으나 이제 삶의 터전이 생겼다. 정착 초기, 이스라엘은 특히 건축과 금속 제련을 비롯해 정착민에게 필요한 여러 기술이 부족했다. 이스라엘 지파들은 여호수아 시대에 정복한 적에게서 많은 것을 챙겼고, 이제 자급자족에 필요한 전문 기술을 발전시키기 시작했다.

여러 부분에서 중요한 기술이 발전했다. 예를 들면, 회반죽을 활용해 저수지 바닥에 방수 처리를 했고, 따라서 여러 지역에서 물 저장량이 크게 늘었으며 성읍 인구도 덩달아 늘었다. 낙타와 선박을 이용해 교역을 했고, 숲을 개간해 농사를 짓고 성읍을 건축했다. 이스라엘은 인구와 부가 상당히 늘었다.

당시 이스라엘 지파들은 서로 잘 협력하지 못했으나, 모두를 다스리는 왕을 세울 마음은 없었다. 사회 질서는 지파 연맹체에 기초했고, 각 지파가 다소간 자신이 원하는 대로 했다. 따라서 문제가 생길 때 합의를 끌어내기 어려웠다.

윌리엄 홀먼 헌트(William Holman Hunt)의 그림에 나오는 나사렛 근처에서 바라본 에스드라엘론 평원. 이 평원의 주민들은 히브리인들에게 적대적이었고, 가나안 북부와 남부의 교류를 가로막았다.

이스라엘 지파들은 제대로 조직화되지 않았기에 카리스마를
갖춘 지도자가 없이는 하나로 뭉쳐 일치된 행동을 취할 수 없었다.
이스라엘 사람들이 왕을 세우려 하지 않던 시대에, 지도자가
필요하게 되자 사사들이 등장했다.

카리스마를 지닌 지도자가 등장해 큰일을 짧은 기간에 이끌 수는 있었다. 그러나 각 지파는 결국 각자 일로 다시 돌아갔다. 외부 상황이 달랐다면, 이스라엘은 이집트에게 다시 정복되었을 것이다. 하지만 이집트는 내부 문제로 어려움을 겪고 있었다.

해양 민족들이란 당시에 지중해 연안을 습격하던 매우 다양한 집단을 일컫는 느슨한 이름이었는데, 이집트는 마침내 이들을 몰아냈다. 그러나 이집트는 19왕조가 붕괴되면서 혼란에 빠졌고 아시아에 대한 지분을 모두 잃었다.

그러나 이집트는 마침내 안정을 되찾았고, 잃어버린 영토를 되찾으려 했다. 하지만 에스드라엘론 평원 너머는 다시 정복하지 못했고, 곧 해양 민족들과 리비아 부족들에게 다시 공격을 받았다. 그러자 이집트는 아시아에서 눈을 돌렸고, 이스라엘은 자체 문제만 해결하면 가나안에 대한 지배력을 든든히 할 기회를 잡았다.

결국, 전쟁에 지친 이집트는 아시아에서 다시 힘을 쓰지 못했다. 그러나 블레셋

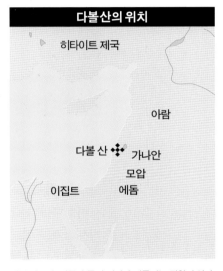

다볼산의 위치

히타이트 제국

아람

다볼 산 가나안

모압

이집트   에돔

지형 때문에, 전투가 특정 지역에 집중되는 경향이 있다. 지금의 이스라엘에 해당하는 해안 평지에서 숱한 전투가 벌어졌는데, 그중에 상당수는 같은 지역에서 벌어졌다.

히브리 보병

이스라엘 병사들은 개인 소유의 무기와 장비를 되는 대로 챙겨 들고 나온 보통 사람들이었다(당시에 다른 민족들도 다르지 않았다). 칼을 차거나 투구를 쓴 병사는 거의 없었고, 가장 기본적인 장비, 곧 창과 방패로 무장한 병사가 대부분이었다. 이들은 팔랑크스 대형으로 싸우는 잘 훈련된 창병(槍兵)이 아니었다. 연대감, 자신이 속한 지파에 대한 충성심, 곁에서 함께 싸우는 친구들에 대한 의리, 지도자들의 카리스마가 이들을 하나로 묶었다.

▶석양이 비치는 다볼 산 정상. 다볼 산은 종교적, 문화적 의미를 갖고 있는데, 주변에서 일어난 굵직한 사건들 때문일 것이다.

이 점점 강해졌고, 해양 민족들이 해안 지역 상당 부분을 지배했으며, 아람인들이 시리아로 들어왔다. 이로써 이스라엘의 위치도 흔들렸다.

여호수아가 죽고 이스라엘이 가나안을 정복한 지 여러 해 후에, 사사들이 등장했다. 이 시대에, 이스라엘은 여러 적에게 괴롭힘을 당했다. 역사에서 숱하게 되풀이 되었듯이, 이스라엘은 여호와 신앙을 버리고 패배한 가나안 족속들이 좋아하는 바알을 비롯해 지역의 여러 신을 따르기 시작했다.

성경에 따르면, 늘 그렇듯이, 이스라엘은 참된 길에서 벗어났기 때문에 고통을 겪었다. 이번에는, 먼저 도적떼와 강도떼에게 약탈을 당했고, 뒤이어 블레셋 족속과 아모리 족속을 비롯해 이스라엘에게 지배받길 거부하는 가나안 족속들의 공격에 연거푸 패배했다. 의로운 히브리인들이 여호수아의 지휘 아래 이교도 적들과 싸워 놀랍게 승리했던 바로 그곳에서, 그 다음 세대는 침략자에게 상당한 영토를 잃었다.

사사들의 등장

이스라엘이 적들의 손에 비참한 시기를 보내고 있을 때, 사사들이 등장했다.

사사들은 위대한 이스라엘 지도자였다. 이들은 유대 사회에서 종교적 역할과 정치적 역할과 영웅적 역할을 복합적으로 감당했다. 백성은 사사들의 개인적인 카리스마와 위대한 행위를 하나님이 베푸시는 은혜의 표시로 해석했다. 어쨌거나 모든 권위의 원천은 하나였다. 사사들이 수행하는 최고 행정관의 역할도 부분적으로는 종교적이었다. 이스라엘에서는 일상생활만큼이나 법도 종교의 일부였기 때문이다.

이스라엘의 법(율법)은 모세에게서 시작되었고, 모세가 시내 산에서 가져온 십계명에서 비롯되었다. 모세는 그 법에다 많은 내용을 덧붙였고, 필요할 때마다 각기 다른 인물이 모세의 역할을 이어 갔다. 유대 전통에서 입법자들은 크게 존경받았다. 법은 여호와에게서 비롯되고 적어도 부분적으로 신의 뜻을 표현한다고 믿었기 때문이다. 그러므로 입법자들은 하나님을 대신해 말하고 그분의 축복을 담아 말하는 셈이었다.

지극히 일상적인 문제는 각 지파나 마을 장로들이 전통과 율법에 따라 판결했고, 제사장들은 보다 까다로운 사건을 맡았다. 이러한 종교와 일상 법률의 혼재는 당시 유대 사회를 반영하는 것이었다.

이스라엘의 위대한 입법자요 지도자인 사사들

양측 병력

이스라엘군 (추산)
전원 보병
합계 1만 명

가나안군
알려져 있지 않지만 1만 명 이상이었을 것이다.

▼이스라엘의 다볼 산. 갈릴리 산지 정상으로 올라가는 구불구불한 도로가 보인다. 드보라 선지자가 이곳에서 이스라엘군 1만 명을 이끌고 우상을 숭배하는 적을 무찔렀다고 한다.

시스라에게 거둔 승리 (BC 1240년경)
Victory Over Sisera 1240BC

4 이스라엘군이 돌격해 칼과 창과 투창으로 전차를 공격한다. 이러한 접근전은 보병에게 유리하다.

7 시스라는 뛰어서 도망친 끝에 피난처를 발견하지만, 잠든 사이 살해당한다. 이것으로 드보라의 예언이 모두 이루어지고 전쟁이 끝난다.

므깃도

1 드보라와 바락이 이끄는 이스라엘군이 기손 강변 저지대 습지로 들어가 가나안군을 가로막는다.

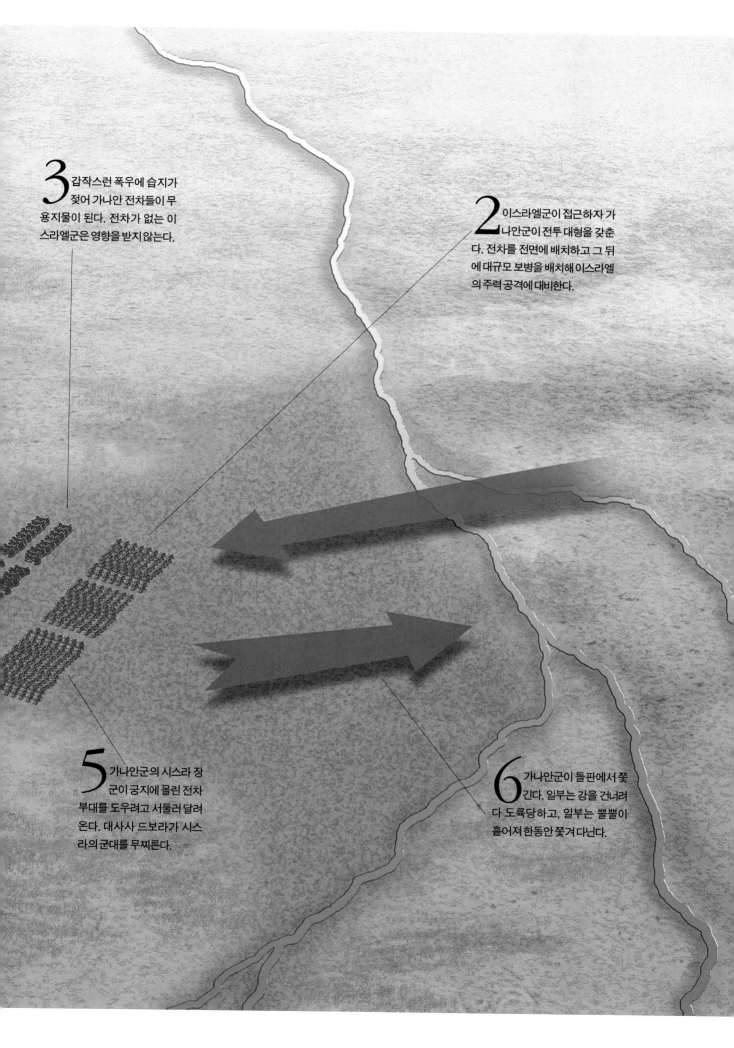

3 갑작스런 폭우에 습지가 젖어 가나안 전차들이 무용지물이 된다. 전차가 없는 이스라엘군은 영향을 받지않는다.

2 이스라엘군이 접근하자 가나안군이 전투 대형을 갖춘다. 전차를 전면에 배치하고 그 뒤에 대규모 보병을 배치해 이스라엘의 주력 공격에 대비한다.

5 가나안군의 시스라 장군이 궁지에 몰린 전차 부대를 도우려고 서둘러 달려온다. 대사사 드보라가 시스라의 군대를 무찌른다.

6 가나안군이 들판에서 쫓긴다. 일부는 강을 건너려다 도륙당하고, 일부는 뿔뿔이 흩어져 한동안 쫓겨 다닌다.

▼대사사 드보라. 사사의 자리는 극소수만 누린 영예였다. 카리스마와 열정적인 신앙과 승리가 필수였다.

▶이탈리아 화가 프란체스코 솔리메나(Francesco Solimena)의 작품이다. 드보라와 그녀의 이름으로 이스라엘군을 지휘한 바락 장군이 만나는 장면이다. 히브리인들은 여자 사사는 받아들일 수 있었으나 전투를 이끌 남자가 필요했던 게 분명하다.

은 비중이 가장 큰 사건을 맡아 처리했다. 사사의 역할은 지금의 판사 judge 역할과는 사뭇 달랐다. 사사는 법률적인 문제를 다뤘을 뿐 아니라 여러 방식으로 백성을 이끌었다. 사사는 세습직도 아니고 선출직도 아니었으며, 단지 개인적인 카리스마가 있고 그에 걸맞은 큰일을 처리하는 인물이었다.

일단 사사가 되면 엄청난 권력을 행사했지만, 그렇다고 왕은 아니었다. 사사는 통치하기보다 이끌었으며, 백성의 유익을 돌보지 않았을 때 '왕'이라 불린 적이 한 번 있었다(삿 9:16—옮긴이). 그러나 사사의 직무는 왕의 직무와 매우 비슷했다. 다시 말해, 사사는 전시에는 백성을 이끌고 전쟁터에 나갔고 평시에는 백성을 지도했다.

사사는 백성의 '장로'였다(그렇다고 장로들이 하나같이 나이가 아주 많지는 않았다. 나이 많은 사람이 아니라 지혜롭고 존경받는 사람이 장로였다). 구약성경에 따르면, 사사는 백성을 의義로 돌아오게 해야 하는 사명을 받았다. 백성이 사사에게 귀를 기울이고 올바른 신앙으로 돌아오면, 이스라엘은 평탄했다. 그렇지 않으면, 고통을 당했다.

대사사 드보라

사사기에는 모두 12명의 사사가 등장하는데, 그중 5명은 '대사사'라 불린다. 대사사와 나머지 사사를 구분하는 기준은 그리 명확하지 않다. 해당 사사가 대규모 군사 작전을 성공적으로 지휘했느냐가 주요 기준으로 보인다. 하지만 대부분 사사는 이런저런 적과 맞서 싸웠다. 옷니엘은 대사사가 아니었으나, 에돔 사람으로 짐작되는 '구산 리사다임'과 싸웠다. 첫 대사사 에훗은 모압을 무찔렀다.

사사기에 등장하는 위대한 인물 중에 여자는 드보라가 유일하다. 드보라의 삶은 거의 알려지지 않았다. 드보라는 결혼해서 에브라임에 살았던 것 같다. 드보라는 에브라임에서 지혜를 베풀고 판결을 내리며 시를 썼다고 알려졌을 뿐이다.

드보라 시대에, 이스라엘은 에스드라엘론 평원을 정복하지 못해 허리가 끊어진 형국이었다. BC 12세기 중반, 이스라엘에 적대적인 가나안 부족들과 도시국가 연맹체가 에스드라엘론 평원을 지배했으며, 인접한 이스라엘 몇몇 지파까지 지배하고 강하게 억압했다. 연맹체의 우두머리는 하솔 왕 야빈이었는데, 그의 조상은 과거에 여호수아의 칼에 죽었고 도시는 불탔었다. 따라서 이들이 이스라엘에게 깊은 증오심을 품은 데는 그럴 만한 까닭이 있었다.

하솔은 인접한 이스라엘의 몇몇 지파를 무자비하게 다스려 통치권을 유지했다. 이 지역 이스라엘 지파들은 깊은 두려움과 절망에 빠져 저항은 꿈도 꾸지 못했다. 이런 상황에서, 드보라가 나타나 자기 백성을 해방했다.

이스라엘 전체를 이끌고 전장에 나간 사사는 없었다. 그러기에는 이스라엘의 지파 연맹이 너무 느슨했다. 하지만, 여기에는 장점도 있었다. 드보라 같은 위대한 지도자가 나서면 각 지파 장로들이 자기 지파가 참여해야 한다고 믿든지 믿지 않든지 간에, 모든 지파에서 적어도 어느 정도는 지원을 이끌어 낼 수 있었다. 일부 지파는 소수만 참여했으나, 이번 전투가 승산이 있고 참여할 만하다고 판단한 지파들은 많은 전사를 파견했다.

이렇게 해서, 이스라엘군은 가나안 연합군과 싸우기 위해 모였다. 가나안군 수장은 야빈 왕 휘하의 시스라 장군이었다. 이스라엘군은 바락의 지휘 아래, 가나안군과 싸우려고 다볼 산으로 향했다.

다볼 산 전투

전에도 자주 그랬듯이, 이스라엘군은 가나안군에 비해 전력이 약했다. 이스라엘군은 각 지파에서 차출한 병력으로 구성되었는데, 이들은 갑옷도 없이 주로 창과 방패로 무장했으며 일부만 칼을 지녔다. 가나안군도 보병은 상황이 다르지 않았으나, 이들은 전차가 많았다. 당시 전차는 상당히 가벼웠고, 근접 전투용 장비는 아니었다. 그 대신, 전차가 전장을 질주하면 전차에 탑승한 병사들이 활을 쏘거나 창을 던지는 식이었다.

이러한 기동성 덕분에, 가나안군은 필요한 지점을 집중해 공격하고, 위험하면 재빨리 퇴각해 백병전을 피할 수 있었다. 엄청난 규모의 전차부대가 천둥소리를 내고 흙먼지를 일으키며 달리면, 적에게 두려움을 안기는 심리적 효과도 있었다.

압도적 전력과 기동성을 갖춘 적 앞에 이스라엘군은 무방비로 노출되었다. 그저 잘되기만 바랄 뿐이었다. 하지만 이스라엘군은 한 가지 장점이 있었다. 여호와께서 대사사 드보라를 통해 이스라엘의 승리를 약속하셨다는 것이었다.

드보라는 가나안군이 패배하겠지만 완전히 패배하지는 않으리라고 예언했다. 드보라는 시스라 장군이 여인의 손에 죽으리라고도 했다. 다소 이상한 예언으로 들렸는데도, 이스라엘은 드보라의 말에 용기백배해 싸움터로 나갔다.

전투가 벌어지기 직전, 갑자기 엄청난 폭우가 쏟아져 인근 강물이 범람했다. 이 때문에 가나안 전차는 무용지물이 되었고, 이를 틈타 이스라엘 전사들은 이들을 직접 타격할 수 있었다.

용기백배한 이스라엘군이 저돌적으로 근접 공격을 펼치자, 가나안군은 무너지기 시작했다. 시스라는 전열을 재정비하려 애썼다. 구약성경에 따르면, 시스라의 목소리는 가장 용맹한 적이라도 두려워 달아나게 하고 성벽을 흔들며 들짐승을 죽일 만큼 대단했다. 그러나 드보라는 이러한 시스라의 목소리를 견뎌 냈고, 시스라는 군사들이 흩어지는 것을 막을 수 없었다. 이스라엘군은 전면적인 승리를 거두지는 못했으나 전장 너머까지 적을 추격해 엄청난 피해를 안겼다.

그 후

시스라는 전투에서 녹초가 되어 달아나다가 겐 사람 헤벨의 장막에 피했다. 헤벨의 아내 야엘은 음식을 차려 주고 잠자리까지 내주었다. 그런데 시스라가 잠든 사이, 야엘은 천막 말뚝을 그이 관자놀이에 박았다. 말뚝은 관자놀이를 꿰뚫고 땅에 박혔고, 이로써 드보라의 예언이 이루어졌다.

이스라엘이 에스드라엘론 평원을 완전히 정복하지는 못했으나, 드보라와 바락 장군의 승리로 가나안 족속들은 힘이 꺾였다. 이후 이스라엘은 별다른 시달림 없이 평안히 정착할 수 있었다. 그 평원은 더는 여행자들에게 방해물이 되지 않았고, 이스라엘 남북 간의 소통과 교역도 훨씬 수월해졌다.

구약성경에 따르면, 시스라가 이끄는 가나안군을 처부순 후, 이스라엘은 한 세대 동안 이들과 싸울 필요가 없었다.

◀드보라의 예언대로,
가나안군의 수장 시스라
는 여인의 손에 죽었다.
시스라가 잠든 사이, 겐
사람 헤벨의 아내 야엘
이 그의 관자놀이에 말
뚝을 박았다.

하롯 샘 전투

BC 1194년

Spring of Harod Campaign

기드온은 하나님이 정말 자신을 사용해 이스라엘을 구원하실 것인지 확실히 알고자 기적을 구했다. 한번은 양털에만 이슬이 내리고 땅은 마르게 해 달라고, 또 한번은 양털만 마르고 땅에 이슬이 내리게 해 달라고 간구했다.

전투 개요

누가 : 기드온이 이끄는 이스라엘군과 미디안 족속이 맞붙었다.

무엇을 : 기드온은 이스라엘을 지키려고 큰 군대를 동원했으나 그 가운데 일부만 실전에 배치했다.

어디서 : 하롯 샘 근처

언제 : BC 1194년

왜 : 미디안 족속과 그 동맹군이 이스라엘을 끊임없이 지독하게 공격했다.

결과 : 미디안군은 교묘한 기만전술에 당했고, 그 뒤 전투에서 궤멸했다.

이스라엘은 가나안 정착 초기에 위기 상황을 연거푸 만났다. 주변 나라와 부족들이 이스라엘을 끊임없이 공격했고, 이따금 이스라엘 지파 연맹체의 생존을 심각하게 위협했다. 지파 연맹체는 핵심 지도부가 없는 느슨한 구조였기 때문에 외부 공격에 조직적으로 대응하지 못했다. 외부에서 위협받는 지파들은 스스로 문제를 해결해야 했다. 전에 도움을 받았거나 같은 적에게 위협을 느끼는 주변 지파들이 도와주기도 했다. 카리스마 있는 지도자가 도움을 요청할 때, 특히 그러했다.

기드온은 카리스마 있는 지도자였다. 기드온은 미디안 유목민이 이스라엘을 맹렬히 습격하는 상황에서 지도자로 추대되었다. 습격자들은 사막 민족이라 낙타를 타고 출몰했는데, 아말렉 족속과 동방 사람들Bene Oedem이 이들을 지원했다.

새로운 현상이었다. 한동안 낙타는 아라비아에서 길렀다. 그러다가 이스라엘 남부와 동부의 부족들이 낙타를 널리 활용하게 되었다. 이들 부족은 낙타 덕분에 기드온은 전력이 우세한 미디안 족속에 맞서 기만전술과 심리전을 활용해 이들을 무찌른다. 기드온의 머리에서 나왔든 구약성경의 기록대로 하나님에게서 나왔든 간에, 작전은 대성공이었다.

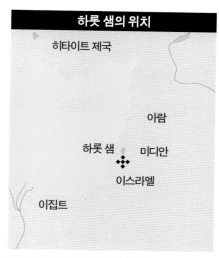

하롯 샘의 위치

히타이트 제국

아람

하롯 샘 · 미디안

이스라엘

이집트

하롯 샘 전투는 이스라엘이 이전 여러 세대에서 전투를 벌인 바로 그곳에서 벌어졌다. 당시는 여러 부족들이 이동하는 혼란기였다.

기동성이 훨씬 좋아져, 원하면 어디든지 습격했다.

이것만으로도 이스라엘은 상황이 아주 좋지 않았다. 더군다나 습격자들은 수확 철에 조직적으로 공격하면 이득을 가장 크게 챙길 수 있음을 금세 알았다. 이들은 상당한 노획물을 챙겼을 뿐 아니라 에스드라엘론 평원과 주변 지역에 거주하는 이스라엘 여러 지파의 경제에 심각한 타격을 입혔다. 이런 상황이 계속되면, 이스라엘이 무너질지도 몰랐다.

구약성경에 따르면, 때로는 이스라엘이 어려운 상황을 자초했다. 이스라엘은 민족의 번영과 안전이 여호와 신앙을 지키는 것에 달렸다는 것을 다시 잊어버렸다. 이스라엘은 온갖 거짓 신과 우상을 다시 섬겼고, 따끔한 교훈이 필요했다. 하나님이 이번에는 이스라엘을 벌하는 도구로 미디안 족속과 아말렉 족속을 사용하셨다.

이스라엘의 적

미디안 족속은 이스라엘이 우상으로 규정한 바알브올을 비롯해 여러 신을 섬겼다. 그러나 미디안 족속 가운데 적어도 일부는 여호와를 섬겼으리라는 주장도 있다. 이스라엘과 빈번하게 접촉했다는 점을 감안하면, 가능성이 충분하다.

미디안 족속은 과거에 더 넓게 퍼져 살다가 가나안 동쪽, 곧 요단 강 건너편에서 들어왔다. 미디안 족속은 과거에 이스라엘과 평화롭게 지내던 때도 있었으나 유혈 충돌을 벌이기도 했다. 모세는 이스라엘에게 미디안과 싸우라고 명했고, 그 결과 무지막지한 충돌이 벌어졌다.

이스라엘의 무릿매꾼

무릿매는 활이나 단창(투창)에 비해 만들기 쉽고 휴대도 간편해 이스라엘 사람들이 선호하는 무기였다. 무릿매 자체는 천 조각에 지나지 않아 접어서 휴대하기 편했으며, 탄환(돌)은 어디서든 구할 수 있었다. 따라서 무릿매는 들에서 일하는 사람들이나 위험한 길을 다니는 여행자들이 들짐승이나 위험한 사람들에 맞서 자신을 방어하는 도구로 활용할 수 있었다. 히브리인들은 전쟁에 나갈 때 자기 소유의 도구 중에 무기로 쓸 만한 것을 가지고 나가야 했으므로, 전쟁터에서도 무릿매를 볼 수 있었다.

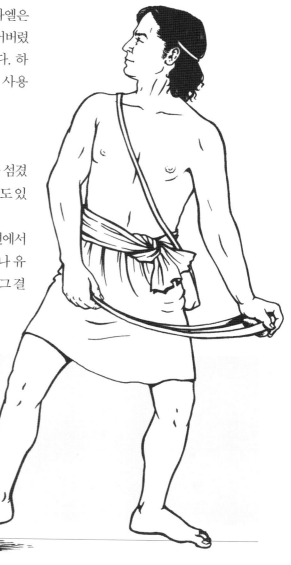

▼ 19세기 독일 목판화 작품이다. 기드온은 기적을 구하고 받았으며, 이를 통해 자신이 참으로 하나님의 은혜를 입었다고 확신했다. 천사가 기드온에게 사사의 지위를 부여하는 것으로 보인다.

▲ 황소가 끄는 해양 민족의 전차. 이들은 오랫동안 가나안 해안 지대를 습격했다. 해양 민족의 정확한 기원은 여전히 수수께끼지만, 당시 이집트 부조에 이들이 나타난다.

미디안 족속은 과거에 다섯 부족이었으나 기드온 시대에는 두 부족만 언급된다. 나머지 부족은 모세에게 궤멸되었거나 다른 지역으로 이동했을 것이다. 어느 쪽이든, 살문나 왕과 세바 왕이 두 부족을 다스렸고 오렙 장군과 스엡 장군이 미디안군을 이끌었다. 어느 자료는 이들을 '군주princes'로 표현하는데, 당시에 장군general과 군주prince는 흔히 같은 의미로 사용되었다.

미디안 족속은 노획물을 얻거나 복수를 위해 이스라엘을 공격했을 것이다. 이들은 스스로를 정복자로 인식했을 가능성도 있다. 당시 시혼의 멍에를 벗어던진 지 얼마 되지 않았던 그들로서는 이스라엘 침공이 위대한 새 시대로 가는 출발점이라고 생각했을 수도 있다.

아말렉 족속과 이스라엘 사이에도 갈등의 역사가 있었다. 아말렉 족속은 시내 광야를 방랑하던 히브리인들을 공격했고, 이후 양쪽은 간헐적으로 전쟁을 벌였다. 몇몇 충돌은 매우 심각했을 것이다. 지금도 아말렉 족속은 이스라엘의 치명적인 적으로 거론되며, 아말렉은 이스라엘의 적을 뜻하는 단어로 사용되기도 한다. 아말렉 족속은 때로 아각 족속으로도 알려져 있는데, 모든 아말렉 왕을 아각이라 불렀기 때문이다.

기드온의 등장

기드온이 등장할 무렵, 미디안 족속은 요단 강 서쪽에 진을 치고 이스라엘 영토 깊숙이 침입했다. 주변 몇몇 지파는 이들에게 복속되어 압제를 당했다. 이스라엘은 6년째 수확기에 이들에게 습격을 당했고, 이제 위기 상황이 닥쳐오고 있었다.

구약성경에 따르면, 여호와가 보통 사람으로 살던 기드온을 이스라엘의 구원자로 선택하셨다. 기드온은 자신의 소명에 회의적이었기에 기적을 증거로 요구했고, 그의 요구대로 되었다. 또 다시 증거를 요구했고 두 번째 기적이 일어났다. 그

양측 병력	
이스라엘군(추산)	
전진 부대	300명
주력부대	1만 명
합계	**1만 300명**

미디안군(추산)
알려져 있지 않지만 병력이 이스라엘군보다 훨씬 많았을 것이다.

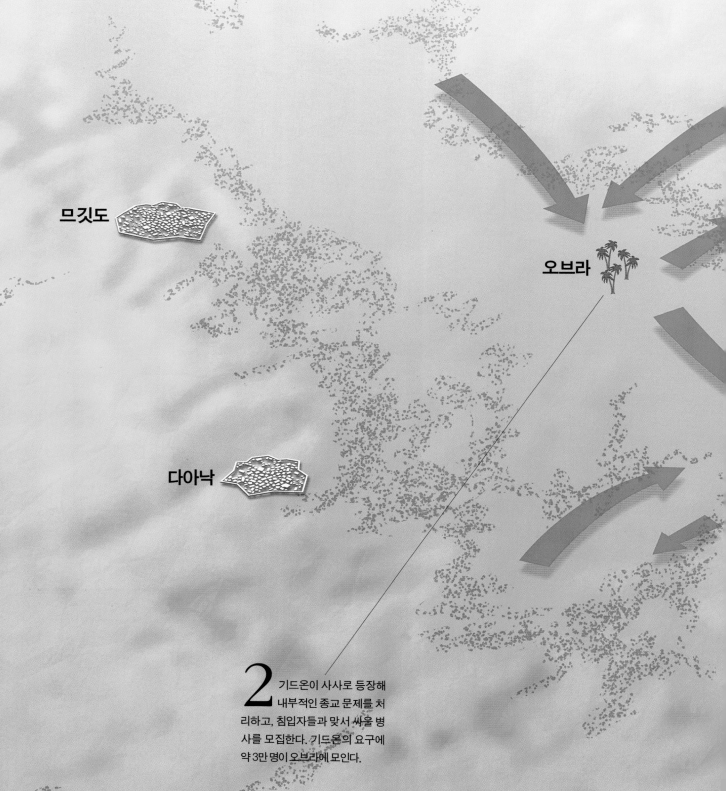

하롯 샘 전투 (BC 1194년)
Spring of Harod Campaign 1194BC

므깃도

다아낙

오브라

2 기드온이 사사로 등장해 내부적인 종교 문제를 처리하고, 침입자들과 맞서 싸울 병사를 모집한다. 기드온의 요구에 약 3만 명이 오브라에 모인다.

4 기드온은 소규모 부대를 이끌고 적진의 배후로 들어가 나팔을 불고 횃불을 흔들며 시끄러운 교란 작전을 감행한다.

5 미디안군은 자신들이 맹렬한 공격을 받고 있다고 생각하여, 잠이 덜 깬 상태로 겁을 먹고 우왕좌왕하며 아군끼리 싸우기 시작한다. 미디안군은 전열이 흐트러졌고 병사들은 달아난다.

1 낙타를 탄 미디안 침입자들이 이스라엘 영토에 진을 치고 약탈을 시작한다.

모래 언덕

하롯 샘

6 미디안군은 기드온의 군대가 버티고 있는 곳으로 내몰린다. 싸울 준비를 갖추고 기다리던 이스라엘 용사 수천이 겁에 질려 흩어지는 미디안군을 도륙한다.

3 기드온은 병사들을 하롯 샘에 집결시킨다. 이들 중에 1만 명을 야전군으로 추려 내고, 미디안 진영을 공격하기 위해 다시 300명을 선발한다.

기드온이 물을 마시는 병사들을 지켜보고 있다. 손으로 물을 떠 마시며
적을 살피고 경계하는 병사들만 공격 부대에 뽑혔다.

제야 자신이 하나님의 이름으로 행하도록 선택되었다고 확신했다.

이스라엘은 늘 종교적 탈선 탓에 어려움을 겪었기 때문에 기드온은 군사 작전을 개시하기 전에 집 안부터 바로잡아야 했다. 첫째, 기드온은 고향 마을의 바알과 아세라 제단을 부수었고, 참 하나님에게 등을 돌린 사람들을 꾸짖었다. 의심할 여지없이, 기드온은 이스라엘이 우상숭배로 겪었던 어려움을 숱하게 열거했을 것이다. 이 모든 경우에, 이스라엘은 참된 길로 돌아선 후에야 비로소 승리를 얻었고 새로운 평화와 번영을 누렸다.

이런 방식의 극적인 조치와 뒤이은 불같은 설교는 이스라엘 역사에서 위대한 지도자들이 보이는 특징이었다. 이로부터 얼마 후, 기드온은 사사로 인정받기 시작했다. 이전 다른 사사들처럼, 기드온도 자신의 지파뿐 아니라 다른 지파들에게서도 지원을 끌어냈다. 기드온은 주변 지파들에게 전령을 보내 도움을 요청했고, 곧 많은 사람이 모였다.

이스라엘 군대의 집결

기드온이 속한 므낫세 지파는 물론이고 아셀 지파, 납달리 지파, 스불론 지파도 병력을 파견했다. 집결한 병력은 3만 명이 넘었는데, 기드온의 계획에는 너무 많은 숫자였다. 구약성경에 따르면, 하나님은 승리의 공로를 어느 누구하고도 나누실 마음이 없었다. 이스라엘로 하여금 진정한 신앙이 없이는 승리하지 못한다는 것을 깨닫게 하기 위해서였을 것이다.

3만 명이라면 하나님이 돕지 않아도 넉넉히 이길 만큼 큰 군대였다. 따라서 승리의 공을 자신들에게 돌릴 우려가 있었다. 이는 이스라엘에게 하나님의 도움이 필요하다는 사실을 일깨우려는 하나님의 목적에 맞지 않았다. 그래서 기드온은 두려워하는 사람들을 집으로 돌려보내라는 지시를 받았다.

병력을 줄이려는 결정에는 병참 문제도 한몫했

을 것이다. 이렇게 많은 병력을 먹이는 일은 상비군을 갖춘 문명국가에게도 버거울 텐데, 이스라엘 같은 지파 연맹체에게는 더 말할 필요도 없었다.

이유야 어떻든, 기드온이 병력을 추리고 나자 약 1만 명이 남았다. 이들은 그야말로 네 지파에서 무장이 가장 뛰어나고 전의에 불타는 용사였다. 이러한 병력이라면, 적과 맞서 싸워 볼 만했다. 무장이 부실했던 원래 병력과 비교하더라도 전력은 크게 줄지 않았을 것이다.

그러나 아직도 문제가 있었다. 기드온이 이 정도 병력으로 승리한다면, 승리의 공을 군사들의 경험과 좋은 무기와 기술, 최고의 병력을 추려 낸 기드온의 지혜로 돌릴 위험이 있었다. 그래서 하나님이 직접 돕지 않으면 도저히 이기지 못할 규모로 병력을 줄여야 했다.

병사들이 강에서 물을 마실 때, 기드온은 이들의 행동을 주목했다. 어떤 병사들은 바닥에 배를 대고 엎드려 강물을 직접 마셨다. 어떤 병사들은 무릎을 꿇은 채 물을 마셨다. 이들은 물을 마시는 동안 주변을 경계하지 않았기에 공격에 고스란히 노출될 위험이 있었다.

두 부류와는 다르게 물을 마시는 병사는 소수였다. 이들은 손으로 물을 떠 핥아먹으며 적을 경계했다. 기드온은 이들만 빼고 모두 후방에 남으라고 명령했다. 이들만 이끌고 갈 셈이었다. 이들은 겨우 300명에 불과했지만 기드온 휘하의 잘 무장한 1만 명 가운데 가장 빈틈이 없고 노련했다. 이스라엘이 전투에 내보낼 만한 최고의 특수부대였다.

이 장면은 사사 기드온의 권위에 관해 많은 것을 말해 준다. 기드온은 검증된 장군도 아니었고 유명한 정치 지도자도 아니었다. 그런데도 그는 네 지파에서 3만여 명을 불러내 그중에 3분의 2를 집

암몬 족속의 귀족. 암몬 족속은 히브리인들과 혈통적으로 가까웠으나 대대로 히브리인들의 적이었다. 둘은 여러 차례 치열한 전쟁을 벌였다.

기드온은 백성의 왕이 되기를 거부했으나 그의 아들 아비멜렉은 생
각이 달랐다. 아비멜렉은 백성의 마음을 상하게 한 악한 왕이었다.
귀스타브 도레의 목판화 작품이 묘사하듯이, 아비멜렉은 성벽에서
던진 맷돌에 맞아 치명상을 입고 죽었다.

으로 돌려보낼 수 있었다. 적진이 가까워지자, 기드온은 병력을 대부분 뒤에 남겨 두고 소수만 이끌고 적을 공격할 참이었다. 그런데도 군대는 그의 명령을 받아들이고 기다렸다.

기드온의 속임수

기드온은 계획이 있었다. 어두워지자, 군사 300명을 이끌고 이동해 자리를 잡았다. 병사들은 각자 나팔과 항아리를 들었는데, 항아리에는 횃불을 감추었다. 이들은 미디안 진영에 몰래 접근했고, 기드온의 신호에 맞춰 항아리에 감췄던 횃불을 꺼내고 나팔을 불었다.

오랜 후에 나폴레옹이 이탈리아를 침공했을 때처럼, 기드온은 물리적 전투력보다 심리전이 중요하다는 결론을 내렸다. 어쨌거나, 효과는 대단했다.

미디안군은 엄청난 나팔소리에 선잠을 깼다. 수많은 횃불이 자기 진영을 향해 다가왔다. 이들은 잠이 덜 깬 상태에서 혼비백산했다. 혼란에 빠져, 아군을 적으로 오인했고 진영 내에서 전투가 터졌다. 미디안군은 자기들끼리 싸우면서 대군이 습격해 왔다고 생각했다. 이 때문에 진영 전체가 공황에 빠졌다.

미디안 족속의 패배

미디안군을 다시 규합하거나 조직화하려는 시도는 모두 실패했다. 패배했다고 생각한 미디안군은 적이 내는 요란한 나팔소리에 쫓겨 달아났다. 이들은 어둠을 뚫고 무질서하게 달아났고, 무기와 갑옷을 내팽개치고 달아나는 경우도 허다했다.

미디안군은 나팔소리와 무기 소리에 놀라 안전한 곳을 찾아 서쪽으로 달아났다. 그러나 그곳에는 기드온이 미리 배치해 둔 이스라엘군 1만 명이 기다리고 있었다. 미디안군은 무장한 기드온의 군대를 향해 달려들었으나 전혀 승산이 없었다.

싸움은 완전히 일방적이었고, 이스라엘군은 패배한 적에게 자비를 베풀지 않았다. 이스라엘을 여러 해 괴롭혔던 적이, 이제 이스라엘의 창 앞에 있었다. 하나님이 하신 일인지 아니면 기드온의 영리함이 거둔 성과인지는 그리 중요하지 않았다. 이스라엘은 주어진 기회를 최대한 활용했다.

전투 과정에서 이스라엘도 피해를 입었다. 많은 이스라엘 병사와 기드온의 형제들이 전사했다. 그러나 미디안군의 피해가 훨씬 컸다. 싸움이 시작될 때, 미디안군은 이미 패해 뿔뿔이 흩어졌고 사로잡히거나 도륙을 당했다. 미디안 족속 왕들은 생포되었고, 기드온은 이들을 죽여 형제들의 원수를 갚았다.

그후

미디안 족속은 기드온에게 끔찍하게 당했고, 더는 이스라엘 문제에 개입하지 못했다. 이스라엘은 기드온을 더없이 높였고 그에게 왕이 되어 달라고 요청했다. 기드온은 이러한 요청에 꿈쩍도 하지 않고, 왕이 되길 단호히 거부했다. 하지만 여러 해가 지난 뒤, 그의 아들 아비멜렉이 고향에서 왕이 되었다. 아비멜렉이 오른 자리는 기드온이 제의받았던 자리, 곧 이스라엘 지파 전체를 다스리는 자리는 아니었다. 지역의 우두머리에 해당하는 자리였는데, 어쨌거나 그 자리도 오래 가지는 못했다.

기드온은 이스라엘의 왕이 되어 달라는 요청은 거부했으나 추종자들이 전투에서 노획한 금으로 자신의 형상을 만드는 것은 허용했다.

충분히 예상할 수 있듯이, 성경에 따르면, 이 경솔한 이교 신앙은 여러 해 뒤에 이스라엘에게 새로운 골칫거리가 된다. 이 일은 거짓 우상을 만들도록 조장하는 역할을 했기 때문이다.

기드온이 승리한 뒤 이스라엘에는 오랫동안 평화가 유지되었다. 기드온은 또 다른 군사 작전을 감행할 필요가 없었고, 죽을 때까지 영향력 있는 인물로 남았다.

믹마스 전투

BC 1040년

Michmash

전투 개요

누가 : 사울 왕이 이끄는 이스라엘이 블레셋 군과 맞선다.

무엇을 : 사울 왕의 아들 요나단이 놀라운 용맹을 떨쳤고, 블레셋군의 패퇴를 불러왔다. 이후 블레셋은 가나안 내륙에서 밀려났다.

어디서 : 예루살렘 북쪽, 유대 광야 가장자리를 따라 넓게 펼쳐진 와디 에스 수웨이닛 (Wadi es-Suweinit)

언제 : BC 1040년

왜 : 이스라엘은 가나안에서 커져 가는 블레셋의 위협을 제거하려 했다.

결과 : 사울은 위대한 전사 왕(warrior king)으로 확고히 자리를 잡았고, 이후 이스라엘의 여러 적과 싸워 더 많은 승리를 거두었다. 하지만 블레셋과의 싸움은 지속된다.

지파 연맹체를 이루고 살던 이스라엘은 '약속의 땅'에 안전하게 정착하기 위해, 여러 세대에 걸쳐 최선을 다해 분투했다. 모세는 BC 13세기에 이스라엘을 이집트의 속박에서 해방하는 출애굽을 감행했는데, 그 이전에도 히브리인들은 자신들을 노예로 삼은 이집트 제국의 영토였던 가나안에 들어갔었다.

여 호수아는 메롬 물가에서 가나안군에게 승리했고, 전사요 여선지자인 대사사 드보라는 바락 장군과 힘을 합쳐 기손 강에서 시스라 장군을 물리쳤으며, 기드온은 미디안 족속에게 압승을 거두었다. 이렇게 세 차례 의미심장한 승리를 거둔 뒤, 이스라엘은 분쟁 지역에서 우위를 점했다. 그러나 블레셋 족속이 가나안 남서쪽 지중해 해안에서 내륙으로 영향력을 확대해 가면서 서쪽이 위협을 받았다.

블레셋 족속의 혈통은 학자들 사이에서 논쟁거리다. 그러나 고고학의 발굴과 연구에 따르면, 블레셋 족속은 펠로폰네소스 반도와 그리스의 영향력이 미치는 지역에 살던 미케네인들과 연관된 민족으로 보인다. 이들의 급습과 팽창 전략은 유럽의 바이킹과 비슷했다.

BC 12세기가 시작될 무렵, '해양 민족들'로 불리는 연맹체의 일원인 블레셋 족속

▶ 사울 왕이 하나님의 선지자 사무엘에게 인사하는 장면을 그린 중세 삽화. 이스라엘이 왕을 요구하자, 사무엘 선지자는 베냐민 지파의 사울을 왕으로 세웠다.

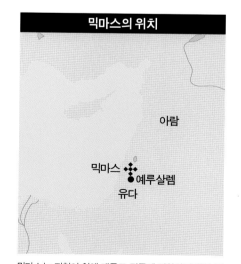

이 가나안 해안에 정착하려고 군사 작전을 펼쳤다. 이집트의 파라오 람세스 3세(Rameses III, BC 1198-1167년)는 BC 1190년경에 긴 해전에서 블레셋에 승리하고 영토를 지켰다.

고대 문헌에 따르면, 람세스 3세는 패배한 적을 복속시키고 이렇게 선언했다.

"나는 그들을 성채로 이주시키고 나의 이름으로 묶어 놓았다. 그들의 수는 아주 많아 수십만에 이른다. 나는 그들 모두에게 세금을 물렸으며, 의복과 창고의 곡물에 대해 매년 세금을 물렸다."

그러나 이집트의 세력이 약해지기 시작하자, 블레셋 족속은 가나안 내륙으로 세력을 확장하면서 이스라엘과 직접 충돌했다. 블레셋이라는 이름도 '서쪽에서 온 침략자'를 뜻하는 히브리어 단어 '플리샤plishah'를 번역한 것이다.

블레셋 궁수

블레셋 궁수가 활시위를 당기고 있다. 궁수들은 중요한 전사였고, 그리스도가 탄생하기 천 년 전에 지중해 동부 지역의 지배권을 다투던 여러 주요 국가에서 포병 역할을 했다. 블레셋 족속은 BC 1190년 대규모 해전에서 파라오 람세스 3세에게 패해 이집트인의 지배를 받다가 이집트의 영향력이 줄어들자 가나안 내륙으로 들어가 약탈을 시작했다. 믹마스 전투 이후, 성경은 사울이 블레셋 족속과 맞서 계속 승리했다고 기록한다. 그러나 사울은 길보아 산 전투에서 블레셋 궁수에게 죽었다.

사울의 등장

블레셋 족속은 람세스 3세에게 패한 지 한 세기가 지나지 않아 유대 산맥 기슭까지 진출해 이스라엘과 충돌했다. 당시 이스라엘은 지파들 간에 의견이 분분하고 서로 불신하여 협력을 유지하는 데 어려움을 겪었다.

블레셋 족속은 유다 지파와 베냐민 지파까지 지배력을 확장했던 것 같다. 블레셋은 이스라엘에게 분명한 위협이었다. 그런데다가 암몬 족속이 길르앗 근방의 요단 강 동쪽에서 세력 팽창을 도모했기 때문에, 이스라엘의 상황은 더욱 어려워졌다.

이처럼 불안정한 시기에, 사무엘의 지도력은 이스라엘이 영토를 지키고 보존하는 데 구심점이 되었다. 사무엘은 무엇보다 선지자요 하나님의 뜻을 알려 주는 해석자 역할을 했다. 그는 블레셋 족속과 싸웠고 재판을 맡아 백성들 간의 분쟁을 해결했다. 동서 양쪽에서 위협이 커지자, 지파 지도자들은 사무엘에게 왕을 세워 달라고 요구했다.

성경에 따르면, 하나님은 사무엘에게, 백성이 지금 그에게 등을 돌리는 것은 과

믹마스의 위치

아람

믹마스

예루살렘

유다

믹마스는 지형이 험해 대규모 전투에 적합하지 않아 보였다. 와디 에스 수웨이닛 협곡에는 길이 하나뿐인데, 이 길을 따라 내려가면 바위가 양쪽으로 벽을 이루는 좁은 통로로 이어진다.

의기양양한 사울 왕이 이스라엘 군을 이끌고 길르앗 야베스에서 암몬군을 무찌른다. 사울의 군대는 적진에서 적을 도륙하고 포위당한 도시를 구해 냈다.

거에 이들 조상이 자신들을 이집트의 속박에서 구해 낸
전능자에게 등을 돌린 것과 비슷하다고 말씀하셨다.
그리고 왕이 다스리면 어떤 일이 벌어질지 알려 주라고
하셨다.

사무엘은 모여든 지파 지도자들에게 말했다.

그때가 되면 너희는 너희가 선택한 그 왕에게서 벗어나
게 해 달라고 울부짖겠지만 그때는 여호와께서 너희의
말에 응답하지 않으실 것이다(삼상 8:18, 우리말성경).

백성의 반응은 예측한 그대로였다.

사무엘이 이렇게 말했으나 백성은 그의 말을 들으려
하지 않았다.

아니오. 그래도 우리는 왕을 원합니다. 다른 나라들처
럼 우리를 다스릴 뿐 아니라 우리를 이끌고 나가 싸워
줄 왕이 있어야 합니다(삼상 8:19-20, 우리말성경).

그러자 하나님은 사무엘에게 이스라엘의 왕을 세우
라고 명하셨다. 하나님이 선택하신 인물은 사울(BC
1050-1010년)이었다. 사울은 이스라엘 사람들 중에서 비
길 자가 없는 건장한 젊은이였고, 다른 사람들보다 머
리 하나는 더 있을 정도로 훤칠했다. 사울을 왕으로 세
우는 상황은 본문마다 다르게 기록되어 있어 정확히
판단하기는 어렵다.

하지만 사울을 선택한 것은 합리적인 결정이었다.
사울은 베냐민 지파였고, 베냐민은 이스라엘에서 가
장 작은 지파였으나 전투 경험이 있었다. 게다가 사울
을 왕으로 세우면, 큰 지파들 사이의 다툼이 어느 정도
잦아들 터였다.

길르앗 야베스의 시험

사울은 이스라엘의 초대 왕이 된 지 겨우 한 달 만에 행
동을 취하라는 요청을 받았다. 동쪽에서 위기가 닥쳤
다. 나하스가 이끄는 암몬 족속이 길르앗 야베스를 포
위했다. 길르앗 야베스가 항복하면, 적이 이스라엘 심
장부에 교두보를 확보하는 셈이었다. 길르앗 야베스
는 조건이 괜찮다면 항복하겠다는 의사를 밝혔으나,
나하스는 냉혹한 답변을 보냈고, 상황은 심각해졌다.

양측 병력	
이스라엘군(추산)	
보병	600명
돌아온 탈영병과 민간인 합류	
합계	**600명**
블레셋군(추산)	
기병	6,000명
보병	9만 명
합계	**9만 6,000명**

BC 1200-1100년 것으로 추정되는 이집트의 얕은 부조. 여기에 묘사된 '해양 민족들' 가운
데 하나는 블레셋 사람일 것이다. 블레셋은 에게 해에서 근동 지역으로 이주한 민족이었다.

6 블레셋군이 이스라엘군을 피해 북쪽과 서쪽으로 달아난다. 마을 사람들이 합류해 퇴로를 차단하고 의미 있는 복수를 한다.

5 사울 왕은 블레셋군이 우왕좌왕한다는 전갈을 받고 믹마스를 정면으로 공격하라고 명한다. 이스라엘군은 블레셋군을 추격해 수백 명을 죽인다.

믹마스

미그론

1 사울 왕이 이끄는 소규모 이스라엘군이 미그론으로 진격해 블레셋 약탈자들과 맞닥뜨린다. 믹마스 길(Pass of Michmash)을 장악한 블레셋군은 인근 여러 마을을 공포에 몰아넣는다.

게바

2 블레셋군은 협곡 위가파른 절벽에 전초기지를 세우고 이스라엘군의 공격에 대비해 믹마스를 지킨다.

믹마스 전투(BC 1040년)
Michmash 1040BC

4 요나단과 무기병이 절벽을 기어 올라가 적을 기습해 블레셋 진영을 크게 뒤흔들어 놓고 20명을 죽인다.

3 요나단과 그의 무기병이 빙 둘러 블레셋 전초기지로 향하는데, 절벽 위에서 내려다보던 적에게 조롱을 당한다.

믹마스 길

▲ 창과 작은 방패로 무장한 블레셋 보병이 대열을 이뤄 전진한다. 블레셋군은 잘 조직되었으나 믹마스에서 요나단과 그의 무기를 든 병사의 공격에 달아났다.

나하스는 길르앗 야베스 모든 주민이 복종과 치욕의 표시로 오른쪽 눈을 뽑지 않으면 그들과 어떤 조약도 맺지 않겠다고 했다. 길르앗 야베스의 지도자들은 이스라엘 전역에 도움을 요청하는 전령을 파견하기 위해 7일간의 말미를 요청했다. 동포들이 자신들을 버렸다고 판단되면, 길르앗 야베스를 암몬 족속에게 넘길 참이었다.

잠시, 사울은 기브아로 돌아와 농사일을 계속했다. 사울은 밭에서 돌아오는 길에 길르앗 야베스의 전령에게서 끔찍한 최후통첩을 전해 들었다. 기브아 사람들은 곧 닥쳐올 재난을 두려워하며 큰소리로 울었다. 사울은 황소 한 쌍을 잡아 각을 떠서 이스라엘 전역에 보내며 이렇게 선언했다.

누구든지 나와서 사울과 사무엘을 따르지 아니하면 그의 소들도 이와 같이 하리라 (삼상 11:7).

사울의 동원령은 상당한 효과를 거두었다. 성경

은 이스라엘 사람 30만 명과 유다 사람 3만 명이 모였다고 말한다. 사울은 길르앗 야베스에 "내일 해가 더울 때에 너희가 구원을 받으리라"(삼상 11:9)는 답신을 전했다.

강력한 병력을 세 부대로 나눠 적을 치러 나갔다. 어둠을 틈타 공격했고, 암몬 족속의 우월한 무기는 제대로 힘을 쓰지 못했다. 사울의 군대는 암몬 진영을 급습해 파괴하고, 해가 중천에 뜰 때까지 도륙했다. 살아남은 암몬 병사들은 뿔뿔이 흩어졌고, 성경의 표현대로라면, 두 사람이 함께 있는 경우도 없었다.

블레셋의 위협

위기에 처한 길르앗 야베스를 구해 낸 사울은 위신이 엄청나게 높아졌고, 길갈에서 모든 이스라엘의 주권자로 인정받았다. 그러나 새 힘을 얻은 왕은

승리를 즐기는 중에도 블레셋 족속을 자신의 영토에서 몰아낼 준비를 했다.

사울은 공격과 방어를 모두 염두에 두고 소규모 상비군을 편성했다. 병력은 3,000명에 불과했는데, 그 중 1,000명은 아들 요나단에게 맡겨 기브아에 배치했다. 나머지 2,000명은 직접 이끌고 나가 믹마스와 베냐민 지파의 영토에 자리한 벧엘 근처 산지에 대기시켰다. 나머지 병사들은 고향과 밭으로 돌려보냈다.

사울이 이렇게 블레셋을 의도적으로 자극하면서 불가피한 싸움이 시작되었다. 그때부터 수년간, 양쪽의 갈등은 심해졌고 이따금 싸움으로 번졌다. 암몬 족속에게 승리하고 사기가 충천한 이스라엘이 결정적인 결과를 이끌어 낼 때가 무르익은 듯했다. 사울의 맏아들 요나단은 게바에 자리한 블레셋 수비대, 곧 침입자들이 그 지역에서 이스

라엘을 계속 지배하려고 세운 요새를 공격해 수비대장을 죽였다.

사울은 요나단의 용맹을 알리고 길갈에 집결하라고 촉구했다.

히브리 사람들은 들으라 하니 온 이스라엘이 사울이 블레셋 사람들의 수비대를 친 것과 이스라엘이 블레셋 사람들의 미움을 받게 되었다 함을 듣고(삼상 13:3-4).

한편, 사무엘은 하나님이 이스라엘을 적에게서 여러 차례 구원하셨으나 이스라엘이 하나님에게 등을 돌렸을 때는 그들을 벌하셨다는 사실을 힘써 일깨웠다. 사무엘은 이스라엘이 하나님에게 계속 불순종하면 결과는 오직 하나, 멸망뿐이라고도 경고했다.

사무엘과 사울은 이스라엘의 종교적 열정을 고취하고 군사 행동을 이끌어 냈다. 이로써 블레셋을

▲블레셋 전차가 천둥소리를 내며 돌진한다. 블레셋 전차는 민첩하고 기동성이 뛰어나서 전투에서 결정적인 역할을 했다. 마부 외에 보병이나 궁수 둘을 태울 만큼 컸다.

▼사무엘 선지자가 이스라엘 백성 앞에서 하나님께 번제를 드린다. 사무엘은 사울이 자신의 지시를 따르지 않자 그의 왕국이 오래가지 못하리라고 선언했다.

이스라엘 영토에서 몰아내려는 향후 노력에 중요한 역할을 한 게 분명하다. 하지만 막상 적군과 마주치자, 이스라엘의 결심은 흔들리기 시작했고 민족의 미래는 위험에 처했다.

믹마스 전투

블레셋은 신속하게 대응했다. 성경은 6,000명을 태운 전차 3,000대가 집결했고, 보병이 바닷가 모래알처럼 많았다고 말한다. 이들은 믹마스로 진군했다. 정치적으로 보면, 블레셋이 믹마스로 진군했

다는 사실 자체가 사울의 통치에 대한 노골적인 도전이었다. 군사적으로 보면, 이곳을 점령하면 블레셋은 유대 광야에서 산악 지대로 향하는 일체의 이동을 차단할 수 있었다.

와디 에스 수웨이닛 협곡에 자리한 믹마스에서 구불구불한 길은 예루살렘 북부 11킬로미터 지점에 자리한 오늘의 무크마스에서 가까운 험준한 골짜기로 내려간다. 골짜기 바닥에 난 믹마스 길 양쪽은 바위벽이다.

사울은 병력을 게바로 이동 배치했는데, 게바는

요나단이 이전에 점령한 지역이었다. 이 무렵, 이스라엘군은 블레셋의 진군을 알았다. 많은 이스라엘 병사들이 두려워서 달아나 동굴이나 수풀, 심지어 웅덩이에 숨었다. 사울은 병력이 고작 600명밖에 남지 않았고, 자신이 길갈에 도착할 때까지 7일을 기다리라는 사무엘의 지시를 어겨 그의 노여움까지 샀다. 성경에 따르면, 사울은 병사들의 탈주에 동요해 사무엘을 기다리지 못하고 직접 하나님께 번제를 드렸다. 사무엘은 믿음이 없다며 사울을 꾸짖었고 그의 나라가 길지 못하리라고 선언했다.

한편, 블레셋군은 사무엘과 사울이 충돌하고 많은 이스라엘 병사들이 도망친 것을 눈치 챘는지, 강력한 기습 부대를 셋으로 나눠 오브라과 벧 호론, 그리고 유대 광야 끝자락의 스보임 골짜기로 보냈다.

블레셋은 믹마스 길을 장악하고 노략질을 일삼았다. 주변 성읍과 마을은 황폐해졌다. 사울은 소규모 부대를 이끌고 미그론으로 향했다. 블레셋군을 공격할 계획은 분명히 없었고, 단지 민간인 약탈이 더는 자행되지 않게 막기 위해서였다.

▼사울 왕 때 험준한 유대 산지에서 숱한 전투가 벌어졌다. 믹마스의 험한 지형은 요나단이 영웅적인 활약을 펼칠 기회가 되었다.

▶다윗이 무릿매의 돌멩이 하나로 블레셋의 거인 용사 골리앗을 쓰러뜨린 후 전리품을 흔들고 있다. 이탈리아 화가 안드레아 만테냐(Andrea Mantegna)의 15세기 작품이다.

심판의 날

성경에 따르면, 당시에는 블레셋이 이스라엘을 확실히 복속시켜서 이스라엘 땅에서는 농기구나 철제 무기를 벼리거나 주조할 수 없었다.

당시 이스라엘 땅에는 대장장이가 한 명도 없었다. 히브리 사람이 칼이나 창을 만드는 것을, 블레셋 사람들이 허용하지 않았기 때문이다. 이스라엘 사람들은 보습이나 곡괭이나 도끼나 낫을 벼릴 일이 있으면, 블레셋 사람에게로 가야만 하였다(삼상 13:19-20, 새번역).

믹마스 전투 당일에 이스라엘군에서 창이나 칼로 무장한 사람은 사울과 요나단뿐이었다. 사울과 이스라엘은 더없이 위태로운 상황에 처했다.

이때 분위기를 반전시킨 주인공은 요나단이었다. 요나단은 아무에게도 알리지 않은 채 믿음과 용기로 행동에 나섰다. 그는 무기병에게 단둘이 믹마스 어귀의 블레셋 수비대를 공격하자고 했다. 블레셋군은 두 사람이 나타나자 사울의 군대에서 도망친 탈영병이라고 생각했다. 블레셋 병사들은 두 사람을 모욕하며, 절벽을 기어올라 자기 진영으로 오라고 비아냥거렸다. 성경 기록을 살펴보자.

요나단이 손과 발로 기어 올라갔고, 그의 무기를 든 병사도 그 뒤를 따라 올라갔다. 요나단이 블레셋 군인들을 쳐서 쓰러뜨렸고, 그의 무기를 든 병사도 그 뒤를 따라가면서, 닥치는 대로 쳐 죽였다. 이렇게 요나단이 자기의 무기를 든 병사와 함께, 겨릿소 한 쌍이 반나절에 갈아엎을 만한 들판에서, 처음으로 쳐 죽인 사람은 스무 명쯤 되었다(삼상 14:13-14, 새번역).

동료들이 달아나자, 블레셋군 전열이 흐트러졌고 우왕좌왕하며 후퇴했다. 성경에 따르면, 블레셋 진영에 두려움을 보낸 이는 하나님이었다. 파수병들이 상황을 보고하자, 사울 왕은 초라한 병력을 향해 집결을 명령했고, 그때 비로소 요나단과 그의 무기병이 없어진 사실을 알았다.

이스라엘군은 전열이 흐트러진 블레셋군을 정면으로 공격했고, 혼란한 시기에 블레셋 사람들과 함께했던 많은 히브리인들이 돌이켜 사울의 군대에 합류했다.

주요 탈출로가 끊긴 블레셋군은 처음에 북쪽으로 달아나다가 서쪽으로 방향을 돌려 벧 아웬을 지나 아얄론까지 넘어갔다. 블레셋이 패배했다는 소식이 그 지역에 퍼져 나갔다. 블레셋의 기습 부대를 피해 달아났던 주민들과 사울의 군대에서 도망쳤던 탈영병들이 다시 용기를 얻어, 달아나는 블레셋군을 수 킬로미터에 걸쳐 괴롭혔다.

승리의 그늘

사울은 부하들에게 전투 당일에 아무것도 먹지 말라고 명했다. 병사들이 먹느라고 지체해 패주하는 적을 추격하고 소탕하지 못할까 우려했던 것 같다. 역설적이게도, 요나단은 이 명령을 못 들었고 사울은 믹마스 전투의 영웅인 요나단을 죽이라고 명령했다.

병사들은 격렬히 항의했고 폭동 조짐까지 보였으며, 요나단은 간신히 목숨을 건졌다. 사울은 그때 두 가지 일로 초조하고 화가 나 있었다. 패주하는 적을 계속 추격해야 하느냐고 하나님께 물었으나 묵묵부답이었고, 승리를 얻긴 했으나 요나단의 성급한 행동이 마음에 들지 않았다.

이스라엘군은 더는 블레셋군을 추격하지 않고 자기 땅으로 돌아갔다고 기록되어 있다. 성경은 사울이 이후에 사방에서 이스라엘의 적들과 싸워 승리했다고 말한다.

블레셋과의 전쟁은 이후에도 계속되었다. 그중 에이느 전투에서, 다윗은 골리앗과 그 유명한 대결을 했다. 세월이 흐르면서, 사울은 하나님의 눈 밖에 났고, 다윗, 곧 장차 이스라엘 왕이 될 이의 경쟁자를 자처했다. 결국, 사울은 요나단과 함께 길보아 산 전투에서 전사했다.

다윗의 예루살렘 정복

BC 1000년경

Jerusalem

전투 개요

누가 : 다윗 왕이 이끄는 소규모 이스라엘군이 여부스(예루살렘)를 방어하는 수비대와 맞닥뜨린다.

무엇을 : 여부스 족이 자신들의 요새는 안전하다며 다윗을 조롱했으나, 그럼에도 불구하고 다윗은 그 도시(예루살렘)를 점령했다.

어디서 : 여부스의 도시(예루살렘)

언제 : BC 1000년경

왜 : 다윗은 이스라엘과 유다를 아우르는 왕이 된 후 그 지역을 평정하고 통일 왕국을 이루기로 했다.

결과 : 다윗 왕은 예루살렘을 수도로 정했다. 이후 예루살렘은 다윗 성이라 불린다.

▶ 예루살렘 시온 산에 남아 있는 여부스 요새의 유적. 다윗의 무덤이 이곳에 있으며, 전승에 따르면 최후의 만찬도 이곳에서 열렸다.

지금의 예루살렘은 BC 4000년대부터 이런저런 형태로 존재한 것으로 보이는데, 어쩌면 그 이전부터 존재했는지도 모른다. 예루살렘은 다윗 왕(BC 1000-970년)이 이룩한 통일 왕국의 수도가 되면서 매우 중요해졌고, 지금도 유대인들의 정치적 수도는 아니더라도 영적 수도로 남아 있다.

다윗 왕 이전까지 예루살렘은 여부스Jebus로 불렸고, 가나안 족속 중에서도 히타이트(헷) 족속 및 아모리 족속과 연관이 있는 여부스 족속의 근거지였다. 히타이트 족속은 지역의 강력한 세력이었고, 수백 년 동안 큰 제국을 다스리다가 BC 1500년 무렵 쇠퇴했다.

여부스 족속은 널리 퍼져 있어 인구는 많았으나 자체로는 거의 힘이 없던 후리안(Hurrians, 후리 족속)이었을 가능성도 있다. 후리 족속이 여러 문화에 흡수되면서 여부스 족속에게 영향을 미쳤을 것이다. 당시, 이스라엘은 수세기 동안 가까스로 명맥을 유지하던 지파 연맹체였다. 그러나 이스라엘과 블레셋의 갈등은 오래 계속되면서 점점 심해졌다. 블레셋 족속은 대단한 전사들이었다. 여러 정복 민족을 통

다윗의 예루살렘 정복은 이스라엘 역사에서 중추적인 순간이었다.
다윗 왕은 수도를 예루살렘으로 옮기고, 둘로 나눠진 이스라엘 지역과
유다 지역을 포함해 넓은 영토를 다스렸다.

이스라엘 전차

당시 말은 실제로 기병들이 타고 작전을 효과적으로 수행할 만큼 튼튼하지 못했다. 보통 전차가 기병 역할을 수행했다. 보병 여럿을 유지하는 비용보다 전차 한 대를 유지하는 비용이 많이 들기도 했다. 전차는 마부 외에 전투원을 하나밖에 태우지 못했으나 전투력은 상당했으며, 평지라면 어디든 타격하고 재빨리 퇴각할 수 있었다. 전차가 주는 공포감 때문에, 싸우지도 않고 이기는 경우도 있었다.

치하는 관료 체계도 구축했는데, 피정복민 중에 가나안 족속이 많았다. 블레셋이 보기에 이스라엘은 자신의 안전을 위협하는 세력이었다. 따라서 블레셋은 틈만 나면 느슨한 이스라엘 지파 연맹체를 공격했다.

이스라엘과 블레셋의 오랜 갈등

블레셋군은 장점이 많았는데, 특히 무기가 뛰어났고 당시 그 지역에서는 드물게 철제 갑옷을 갖췄다. 게다가 블레셋군은 잘 조직되고 사기까지 충천한 반면 이스라엘군은 그렇지 못했다. 블레셋과 가장 인접한 이스라엘 지파들이 힘껏 저항했으나, 단편적일 뿐 블레셋의 진격을 막아 내기에는 역부족이었다.

이스라엘군은 이러한 적 앞에서 그야말로 풍전등화 같았다. 블레셋군 앞에서 매번 추풍낙엽처럼 흩어졌고 블레셋의 전차에 짓밟혔다. 이스라엘군은 BC 1050년에 아벡 전투에 언약궤까지 동원했으나 결과는 별반 다르지 않았다. 언약궤는 빼앗겼고 병사들은 혼비백산했다. 언약궤가 이스라엘로 되돌아오기는 했으나

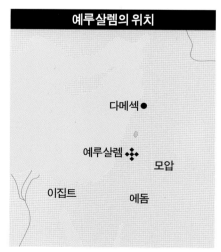

예루살렘의 위치

다메섹 ●

예루살렘 ✦ 　　모압

이집트　　　에돔

예루살렘은 지중해에서 가까운 비옥한 땅에 자리했기에 수천 년 동안 많은 민족이 탐내는 자리였고, 그래서 숱한 충돌의 현장이었다.

양측 병력

이스라엘군

군의 수는 알려져 있지 않으며, 비정규 보병이었다.

여부스군

군의 수는 알려져 있지 않으며, 그 지역 사람들이었다.

▶ 사울 왕 조각상(18세기경 작품). 사울은 강하지만 지혜로운 자로, 백성의 통치자보다는 족장으로 그려졌다.

▼ 이집트 그림에 지역의 다양한 민족이 등장한다. 오른쪽부터 가나안인 또는 유대인, 하부 이집트 남자와 여자, 여부스인 둘이다.

언약궤를 안치했던 실로의 사당은 무너졌다.

블레셋은 이스라엘 영토를 적잖게 빼앗았고, 이스라엘 지역 안에서 금속을 제련하지 못하게 했다. 이스라엘은 참으로 어려운 지경에 처했다. 몇몇 지역에서, 특히 산악 지대와 광야 지대처럼 험한 지역에서 은밀한 저항이 계속되었지만 사실상 옛 지파 연맹체는 붕괴되었다. 이렇게 해서 다윗 왕국의 씨앗이 뿌려졌다.

게릴라전

이스라엘 선지자들은 블레셋의 점령지 전역에서 소규모 게릴라전을 펼치는 여러 저항 세력과 지파를 순회하며 침입자에게 저항하라고 촉구했다. 이러한 과격한 선지자들이 이스라엘의 정신을 살려 놓았다. 특히 사무엘이 가장 유명했다. 사무엘의 독려에 저항 운동을 펼치는 이스라엘 사람들 때문에, 블레셋은 조금 어려움을 겪었다. 그렇더라도 침입자를 완전히 몰아낼 수는 없었다. 블레셋을 몰아내려면 간헐적인 소규모 저항이 아니라 훨씬 강력한 저항이 필요했다.

마지못해, 이스라엘은 자신들을 하나로 묶고 이끌어 줄 왕을 세우기로 했으나 여기에는 큰 비극이 뒤따랐다. 이스라엘 왕으로 선택받은 사울은 이스라엘을 침입한 암몬 족속과 벌인 전투에서 자신의 지도력을 입증했다. 그러나 사무엘은 얼마 지나지 않아 사울에게 등을 돌렸고 가뜩이나 약한 왕국은 더약해졌다.

이러한 내부 문제에도 불구하고, 사울은 블레셋에 도전하기에 충분한 지지를 끌어냈고, 이스라엘군은 믹마스 길에서 대승을 거두었다. 이를 계기로, 사울을 의심하던 많은 사람들이 여호와가 그를 이스라엘을 구원하는 도구로 선택하셨다고 확

23   SAUL   ROME

5 이스라엘군이 성벽 꼭대기를 장악한 다. 수비대는 전열을 재정비해 맹렬하게 반격한다.

여부스 광장

6 치열한 백병전 끝에, 다윗의 병사들이 수비대를 뚫고 성에 진입한다. 특이하게도, 다윗은 여부스 족속을 관대하게 대한다. 다윗은 여부스를 통일 이스라엘의 수도로 삼는다.

실로암 연못

2 몇몇 기사에 따르면, 다윗의 병사들은 수로(水路)를 통해 성에 들어갔다. 과연 이런 방식으로 주력 공격을 감행할 수 있었을지 의심스럽지만 적의 주의를 분산할 수는 있었을 것이다.

다윗의 예루살렘 정복 (BC 1000년경)
Jerusalem 1000BC

4 다윗의 병사들은 블레셋 용병들 틈에서 궁수들과 무릿매꾼의 엄호를 받으며 순식간에 성벽으로 돌진해 사다리를 놓고 필사적으로 기어오른다.

1 다윗의 군대가 여부스(예루살렘) 앞에 이른다. 여부스는 방비가 잘 되어 있는 데다 고지대에 자리해 난공불락의 요새였다. 성을 지키는 자들이 다윗과 그 군대를 조롱한다.

3 이스라엘군은 공성 무기가 없기 때문에 성벽을 기어오를 수밖에 없고, 돌진과 공격과 용기로 장비를 대신해야 했다. 다윗은 여기에 맞게 준비했다.

▼이탈리아 조각가 로렌초 기베르티가 제작한 청동 부조 작품. 피렌체 세례당 (Florence Baptistery)의 낙원문에 새겨진 부조의 일부. 다윗이 골리앗과 싸우고 있다. 장수끼리 일 대일로 벌이는 결투는 구약성경에 기록된 전쟁에서 중요했다.

신했다. 사울은 점점 더 지지를 받았고, 블레셋의 지배는 크게 약화되었다.

사울 왕은 재위 기간 내내 전쟁을 벌였다. 대부분 블레셋과 싸웠으나 기회를 틈타 침입하는 주변 부족들과도 싸워야 했다. 군주제 개념은 이스라엘에게 낯설었으나 사울은 백성의 보호자로서 위치를 군건히 하고 상당한 대중적 지지를 누렸다. 사울이 왕이 되었다고 해서 이스라엘의 삶이 급격히 달라지지는 않았다. 사울의 권좌는 왕궁이 아니라 요새였고, 따라서 그는 왕궁을 짓거나 관료 체제를 구축하지 않았다. 사울은 지파들을 통치하고 능력이 입증된 병사들로 부대를 조직했으나 공식적인 상비군을 두려고 하지는 않았다.

인접한 유다 땅에도 이스라엘 지파들이 거주했는데, 사울은 여기서도 위대한 지도자로 인정받았다. 그러나 모두 사울을 왕으로 인정한 것은 아니다. 사울의 지도력 덕에 팔레스타인의 위협이 잠시 누그러졌고 이스라엘 지파들이 융성했다. 그러나 사울은 스스로 더 강한 압박을 받았고 점점 비이성적으로 행동했다. 이 때문에 지지자들이 점차 등을 돌렸다. 사울과 사무엘 선지자의 공공연한 충돌은 문제 해결에 전혀 도움이 되지 않았다. 틈이 점점 깊어지자, 사무엘은 사울이 제사장 역할을 강탈했다며 비난하고 그의 왕권을 취소시키려고까지 했다.

사울은 최선을 다했으나 블레셋을 이스라엘 경내에서 완전히 몰아내지는 못했다. 부분적으로 이스라엘의 군사력이 열세였기 때문이었으나 이스라엘 사회의 본성과도 깊은 관련이 있었다. 이스라엘 지파들은 극도로 독립적이었고, 짧은 기간에만 서로 협력하려 했다. 사울은 믿을 만한 전문 전투부대를 창설하려 했으나 뜻을 거의 이루지 못했다. 그래서 훈련도 제대로 받지 못한 모래알 군대를 이끌고 승산이 희박한 전투를 거듭해야 했다. 사울은 우울증에 빠지는 경향이 있었는데, 성경은 악령의 영향이었다고 해석한다. 음악이 증세를 호전시켰다. 그래서 이때 다윗은 전사뿐 아니라 음악가로서도 두각을 나타냈다.

영웅 다윗의 등장

다윗은 베들레헴 청년이었고, 여호와에게 은혜를 입은 자로 통했다. 여러 사람들처럼 다윗도 사울의 가솔이 되었다. 전사들로 구성된 이 작은 조직이 이스라엘의 유일한 직업군인이었다. 조직원들은 사울이 신뢰하는 장수 역할뿐 아니라 사울의 경호원 역할도 했다. 처음부터 다윗이 전사였던 것은 아니다. 다윗은 사울을 위해 음악을 연주해 우울증을 호전시켜 눈앞의 업무에 집중하도록 도왔다. 사울의 군대가 블레셋 장수 골리앗과 맞닥뜨렸을 때, 다윗은 이러한 재능 덕에 그곳에 있었다.

골리앗은 거인이자 뛰어난 전사였으며, 이스라엘군을 향해 자신과 단판으로 맞짱 뜰 전사를 내보내라고 소리쳤다. 이스라엘 진영에서 도전을 받아들이려는 사람이 아무도 없자, 골리앗은 이스라엘과 그 신을 조롱했다.

당시 17세였던 다윗은 이스라엘 진영에서 골리앗과 맞짱 뜰 용사가 아무도 없다는 사실에 충격과 울분과 수치심을 느꼈다. 다윗은 전사가 아니었다. 그렇더라도 무릿매를 다루는 데는 일가견이 있었고, 가축을 돌볼 때 무릿매로 사자며 곰을 죽였다. 다윗은 사울에게 자신이 골리앗과 싸우겠다고 했다.

사울은 청년 다윗이 어찌나 마음에 들었던지 자기 갑옷을 벗어 새로운 투사에게 건넸다. 하지만, 사울의 갑옷은 다윗에게 너무 크고 무거웠다. 게다가 다윗은 사울이 건네는 무기를 제대로 사용할 줄도 몰랐다. 그래서 다윗은 지팡이와 무릿매로 무장하고 나갔다. 이는 영웅 심리를 드러낸 행동이 아니라 실용적인 차원에서 취한 행동이었다. 골리앗이 다윗을 조롱하자, 다윗은 무릿매 돌을 날려 골리앗을 쓰러뜨렸다. 블레셋군은 벌벌 떨며 전열을 흐트러뜨린 채 달아났고, 사울은 아무 희생도 치르지 않고 대승을 거두었다.

다윗은 이스라엘의 영웅이 되었고, 사울의 아들 요나단과 절친한 친구가 되었다. 다윗은 사울의 딸 미갈을 아내로 맞으라는 제안을 받았다. 그러나 사울은 마음이 점점 불안해져 다윗에게 쏟아지는 찬사를 견디지 못했다. 다윗의 인기가 올라갈수록 사울의 분노도 커졌고, 사울은 마침내 젊은 친구에게 등을 돌리고 그를 죽이려 했다.

도망자 다윗

사무엘은 다윗을 사울의 뒤를 이어 이스라엘을 다

스릴 왕으로 지명했다. 그러자 사울은 다윗을 더욱 거세게 질투했다. 다윗은 블레셋으로 피할 수밖에 없었고, 사울의 기이한 행동을 못 견디고 떠나온 사람들과 합류했다. 블레셋은 다윗에게 유다 지경 안에 예속 왕국vassal kingdom을 주었는데, 다윗이 결국 사울과 싸워 사울의 왕국을 약화시키길 바라는 의도가 깔려 있었다.

다윗은 블레셋에게 거짓 전령을 보내, 자신이 유다를 급습하고 있다고 했다. 그러나 사실, 다윗은 이스라엘을 대적하는 부족들을 정벌하고 있었다. 이런 방식으로 다윗은 자신의 위치를 다져 나갔다. 다윗은 제사장들에게도 강력한 지지를 받았다. 이러한 지지는 부분적으로 사울의 행동 때문이었다. 사울은 다윗이 암살 계획을 피해 달아나도록 실로의 제사장들이 도왔다는 사실을 알고 그들을 죽였다.

다윗은 계속 인기가 높아지고 힘이 커졌다. 다윗은 사울을 죽일 기회를 여러 차례 맞았고 그를 죽이라고 독려도 받았으나 죽이지 않았다. 사울은 결국 이스라엘이 대패한 길보아 산 전투에서 전사했다. 블레셋은 예전에 정복했던 지역을 되찾기 시작했다. 이스라엘은 새로운 침입을 막으려고 최선을 다했으나 효과적으로 저항하지 못했다.

다윗 왕

다윗은 유다에서 왕으로 선포되었다. 블레셋은 이를 용인했다. 이스라엘의 나머지 지파들도 점차 다윗을 지도자로 받아들였으나 다른 지도자(사울)에게 충성하는 사람들도 있었다. 사울의 아들은 하나만 빼고 길보아에서 모두 전사했다. 살아남은 아들 에스바알은 아버지의 영토 중에 지극히 일부를 다스렸다. 양쪽은 이따금 소규모 충돌을 벌이고 정치적 술책을 많이 썼으나 공공연히 충돌하지는 않았다.

한편, 이스라엘 모든 지파가 점차 다윗을 왕으로 인정했다. 다윗은 입증된 전쟁 지휘관이었고, 자기 백성을 능히 보호할 수 있었으며, 제사장뿐 아니라 정치인들에게도 지지를 받았다. 블레셋은 다윗이 자신들에게 위협이 된다는 사실을 금세 알아차렸다. 다윗은 인기가 하늘을 찌르고 힘도 막강해졌기 때문이었다. 그래서 블레셋군은 다윗의 새 왕국으로 진격했다.

다윗의 통치는 이스라엘에게 큰 변화의 시기였다. 다윗은 직업군인들로 구성된 상비군을 창설했을 뿐 아니라 이들을 이끌고 출전해 침입자들을 물리쳤다. 다윗의 군대는 각 지파에서 차출한 병력의 지원을 받아 여부스(예루살렘) 근처에서 블레셋을 물리쳤다. 블레셋군은 수가 더 많고 무장도 우수하며 전략도 뛰어났다. 그런데도 다윗이 이끄는 작은 군대에 두 차례나 패했다. 두 번째 패배는 블레셋에게 치명적이었다. 블레셋은 산악 지대에서 밀려났고 다시 돌아올 엄두도 내지 못했다.

다윗은 블레셋을 쳐서 그들의 힘을 꺾어 놓았으나 블레셋을 몰아내지는 못했다. 다윗이 이전의 여러 적과 연합했을 수도 있다. 다윗이 아스돗, 아스글론, 가사 같은 도시를 정복했다는 증거는 없기 때문이다. 실제로 블레셋군은 나중에 다윗이 출정할 때 여러 차례 다윗의 군대를 도왔다고 알려져 있다. 그러므로 둘 사이에 평화조약이 체결되었을 법하다. 마침내 블레셋의 위협이 사라졌고, 이로써 지파들이 왕을 둘 이유도 사라졌다. 다윗은 권좌에서 내려오고 백성이 옛 삶으로 돌아가게 할 수도 있었다. 그러나 너무나 많은 것이 변했다. 다윗은 권좌에 그대로 남았고 자신의 지배를 공고히 해 나갔다.

이 무렵, 다윗은 이질적인 여러 집단을 다스리는 왕이었다. 여러 해 동안 멀리 남쪽 헤브론에 수도를 두고 통치했으나 더 나은 위치가 필요했다. 다윗이 생각하기에 여부스가 이상적이었다. 여부스는 이스라엘 지경 중심에 자리한 가나안 족속의 요새라는 추가적인 이점도 있었다. 그러므로 여부스를 정복하면, 다윗의 영토에 대한 잠재적인 위협이 제거되는 셈이었다.

예루살렘 정복

다윗의 군대는 규모가 작고 무기도 볼품없었으나 용감하고 노련했다. 그렇더라도, 견고한 도시 여부스는 난공불락의 요새였다. 여부스는 해발 750미터 고지대에, 그것도 자연 암석으로 이루어진 급경사지에 위치했다. 성벽은 견고했고, 성문은 육중했으며, 강력한 망루까지 갖추었다. 수비대는 다윗의 군대를 향해, 몇 안 되는 맹인과 절름발이만으로도 성을 지켜 낼 수 있겠다며 조롱했다.

다윗의 군대는 중무장하지 않았고 공성 무기도 없었다. 주로 경보병들로 구성되어 산악 지대에서 치고 빠지기 식으로 전투를 벌일 때는 매우 효과적이었으나 수비대가 쏘아 대는 무기에는 매우 취약했다. 많은 병사들이 갑옷이 없었고, 창과 방패로 무장했을 뿐이었다. 성벽을 공격하기에는 절대 이상적인 조건이 아니었다.

다행히 다윗에게는 블레셋 용병이 몇 있었고, 적잖은 궁수와 무릿매꾼도 있었다. 보병들이 궁수들과 무릿매꾼들의 엄호를 받으며 결사적으로 성벽을 공략했다.

다윗의 병사들이 수로를 통해 요새에 진입했다는 주장이 있다. 그러나 고고학적 연구는 이러한

◀어떤 자료에 따르면, 사울은 길보아 전투에서 전사했다. 그런데 또 다른 자료에 따르면, 그림에서 보듯 패배한 후 자결했다. 어느 쪽이든, 사울 왕을 비롯해 그의 왕자들 가운데 하나만 빼고 모두 죽었다. 네덜란드 화가 피터르 브뤼헐(Piter Brueghel)이 1562년에 그린 〈사울의 자살(The Suicide of Saul)〉이란 작품이다.

▼다윗 왕이 언약궤를 예루살렘으로 옮겨 오고 예루살렘을 수도로 삼았다. 종교의 중심지
와 행정 수도를 결합하는 것은 당시 이스라엘의 전형적인 형태였다.

가능성을 일축한다. 그보다는 궁수와 무릿매꾼들이 수비대가 고개를 들지 못하도록 오래 엄호했고, 그 틈을 타서 보병이 성벽에 교두보를 확보하여 수비대를 급습했을 가능성이 더 높다.

필사적인 공격은 성공했고, 수비대는 한동안 치열하게 저항했으나 결국 무너졌다. 여부스 족이 항복하자 다윗은 이들을 관대하게 처리했다. 주민들을 도륙하지 않았고 여부스 왕을 살려 주었다. 당시로는 놀라운 자비였다. 다윗은 여부스의 사유지에 대해 꽤 괜찮은 값을 지불하기까지 했다.

통일 이스라엘 왕국

다윗 왕은 언약궤를 여부스로 옮겼다. 이로써 여부스는 예루살렘이 되었고 다윗은 이곳을 수도로 정했다. 다윗은 광활한 영토를 오랫동안 다스렸고, 영토의 북부와 남부 중앙에 자리한 예루살렘의 빼어난 위치를 잘 활용했다. 예루살렘의 위치는 북부와 남부의 충돌을 피하는 데 도움이 되었다. 어느 쪽도 수도의 위치 탓에 자신들이 소외된다고 느끼지 않았기 때문이다.

다윗은 통일 왕국을 아들 솔로몬에게 물려주었고, 솔로몬은 예루살렘에 큰 성전을 지었다. 예루살렘은 정치적 중심지였을 뿐 아니라 북부와 남부를 잇는 주요 교역로가 지나는 곳이기도 했다. 따라서 예루살렘의 위치는 뒤이은 통치자들에게 아주 유익했다.

이스라엘은 사울을 왕으로 세우는 데 필사적이었으나, 실은 블레셋의 위협이 사라질 때까지만 유지하려는 한시적 수단이었을 것이다. 그러나 이를 계기로 다윗과 그의 후손들 아래서 통일 왕국이 형성되었고, 이스라엘은 지역의 주요 세력으로 등장했다.

예루살렘을 정복하기 전, 이스라엘은 관련 지파들이 한시적인 왕을 중심으로 형성한 연합체였다. 예루살렘을 정복한 후, 이스라엘은 한 나라가 되었고 이스라엘 백성은 새로운 정체성을 가졌다.

시리아군의 사마리아 포위

BC 890년

Siege of Samaria

역사에서 보듯이, 군주가 죽으면 왕국은 쇠퇴하거나 분열하는 경우가 아주 많다. BC 931년에 솔로몬 왕이 죽었을 때도 다르지 않았다. 유대인들의 통일 왕국은 둘로 갈라졌다. 남쪽에는 유다 왕국이 들어섰고 예루살렘이 수도가 되었다. 북쪽에는 이스라엘 왕국이 들어섰으며, 수도가 처음에는 세겜이었으나 나중에 디르사로 바뀌었다.

▼ 이스라엘 왕 오므리가 언덕을 사서 새로운 수도를 건설한 지역은 전형적으로 이러한 유대 산지의 황무지와 같았다.

이스라엘 왕 오므리(BC 883-872년경)는 디르사에서 6년을 다스렸다. 그 뒤, 새로운 수도를 건설할 곳을 물색했다. 디르사에서 동쪽으로 약 14.5킬로미터 떨어진 곳에 쇼므론Shomron 언덕이 있는데, 문자적으로 '망루'나 '경계하는 산watch mountain'을 뜻하는 히브리어 단어를 번역한 지명이다(성경에는 '사마리아'로 옮겼다 — 옮긴이). 언덕 꼭대기에서 내려다보면, 사방으로 수 킬로미터가 훤히 보였으므로 이곳에 도시를 건설하면 침입자를 막을 수 있을 듯했다. 더군다나 가파른 경사면은 천연 장애물 역할을 할 터였다.

오므리는 은 2달란트에 세멜에게서 이 언덕을 샀고, 이스라엘 왕국의 세 번째 수도를 이곳에 건설했다. 시간이 흐르면서 새로운 도시는 점점 번성했다. 수도가 위치한 지역은 사마리아, 그곳 주민은 사마리아인이라 불렸다. 역사 기록은 분명하지 않지만, 오므리는 시리아를 상대로 적어도 한 차례 전쟁에서 패배한 게 분명하다. 그 결과, 시리아는 사마리아 지역에 교역 지대를 설치했다. 이것은 평화조약의 한 조

전투 개요

누가 : 아합 왕이 이끄는 이스라엘군이 시리아 왕 벤하닷 2세의 연합군과 맞닥뜨린다.

무엇을 : 수적으로 매우 열세한 이스라엘은 수도가 포위되었으나 포위를 뚫었고, 시리아군과 술 취한 벤하닷 2세를 패퇴시켰다.

어디서 : 에브라임 고지대 서쪽 끝에 자리한 이스라엘 수도 사마리아

언제 : BC 890년

왜 : 시리아 왕 벤하닷 2세는 역사적으로 자신들의 적인 이스라엘이 점점 강해지자 선제공격했다.

결과 : 사마리아를 포위한 벤하닷 2세의 군대가 패주했으나 완전히 궤멸되지는 않았고, 새로운 충돌의 불씨를 남겼다.

이스라엘 보병

이 이스라엘 보병은 한 손에 긴 창을 들었고, 다른 손에 둥근 방패를 들었으며, 머리에는 딱 맞는 투구를 썼다. 사마리아를 에워싼 포위망을 뚫기 위해, 아합 왕은 시리아 왕 벤하닷 2세와 그의 지휘관들이 술판을 벌일 때 병력을 몇으로 나눠 시리아 진영을 급습했다. 아합은 적의 정면을 점령하기 위해 겨우 232명의 전사로 구성된 네아림(ne'arim)이라는 소규모 엘리트 부대를 내보냈다. 네아림은 전장에서 놀라운 전투력을 보이며 시리아군을 뒤흔들었다. 술에 취한 벤하닷 2세는 처음에 이스라엘이 항복하려 한다고 믿었으나 나중에는 후퇴하는 군대를 따라 재빨리 퇴각했다.

건이었겠으나 이스라엘과 시리아(아람 왕국) 사이의 미래 관계에 좋은 징조는 아니었다.

오므리는 지중해 연안에서 가장 기술이 뛰어난 뱃사람으로 통하는 페니키아인들과 긴밀한 관계를 맺으며 힘을 꽤 길렀던 게 분명하다. 이스라엘과 페니키아는 긴밀한 관계를 유지했는데, 오므리의 아들로 그의 왕위를 계승할 아합(BC 889-850년)과 페니키아 두로 왕의 공주 이세벨(BC 842년경 사망)의 결혼이 이를 증명한다. 아합과 이세벨의 결혼은 이스라엘 왕국이 마침내 무너지는 기폭제가 되고 만다.

우상 숭배의 극치와 엘리야의 활약

아합은 이스라엘 왕국을 22년간 다스렸는데, 이 기간은 말 그대로 논란과 폭정의 시기였다. 아합과 이세벨의 결혼을 계기로, 이스라엘 왕국에 이방신 바알과 아세라가 들어왔다. 아합은 이를 승인하고 후원했다. 그는 아주 어려운 결정에 직면했을 때 우유부단했으며 다른 사람들의 의지에 휘둘리는 모습을 여러 차례 보였다.

성경은 이렇게 말한다.

오므리의 아들 아합이 그의 이전의 모든 사람보다 여호와 보시기에 악을 더욱 행하여 … 사마리아에 건축한 바알의 신전 안에 바알을 위하여 제단을 쌓으며 또 아세라 상을 만들었으니 그는 그 이전의 이스라엘의 모든 왕보다 심히 이스라엘 하나님 여호와를 노하시게 하였더라(왕상 16:30, 32-33).

이때, 엘리야 선지자는 회개가 있을 때까지 이스라엘 왕국 전역에 큰 가뭄과 기근이 몰아치리라고 예언했다. 망명한 엘리야의 말이 있어야 생명의 비가 다시 내릴 터였다. 성경은 갈멜 산에서 벌어진 큰 대결을 들려준다. 큰 가뭄과 기근으로 백성이 오랫동안 고통을 겪었다. 엘리야는 아합을 대면하려고 돌아왔고, 누가 참 신인지를 놓고 바알 선지자들과 담판을 짓기로 했다. 바알 선지자 450명과 엘리야가 각각 제단을 쌓았다. 자기 선지자들의 부르짖음에 불로 응답하는 신이 승리할 것이었다.

엘리야의 신이 그가 쌓은 제단에 불을 내렸을 때, 담판은 싱겁게 끝났다. 관습대로, 패배의 결과는 혹독했다. 성경은 이렇게 전한다.

사마리아의 위치

소므론 언덕에서 내려다보면, 멀리서 접근하는 적을 감지할 수 있었다. 덕분에 이스라엘군은 보다 빨리 강력한 방어 태세를 갖추었을 것이다.

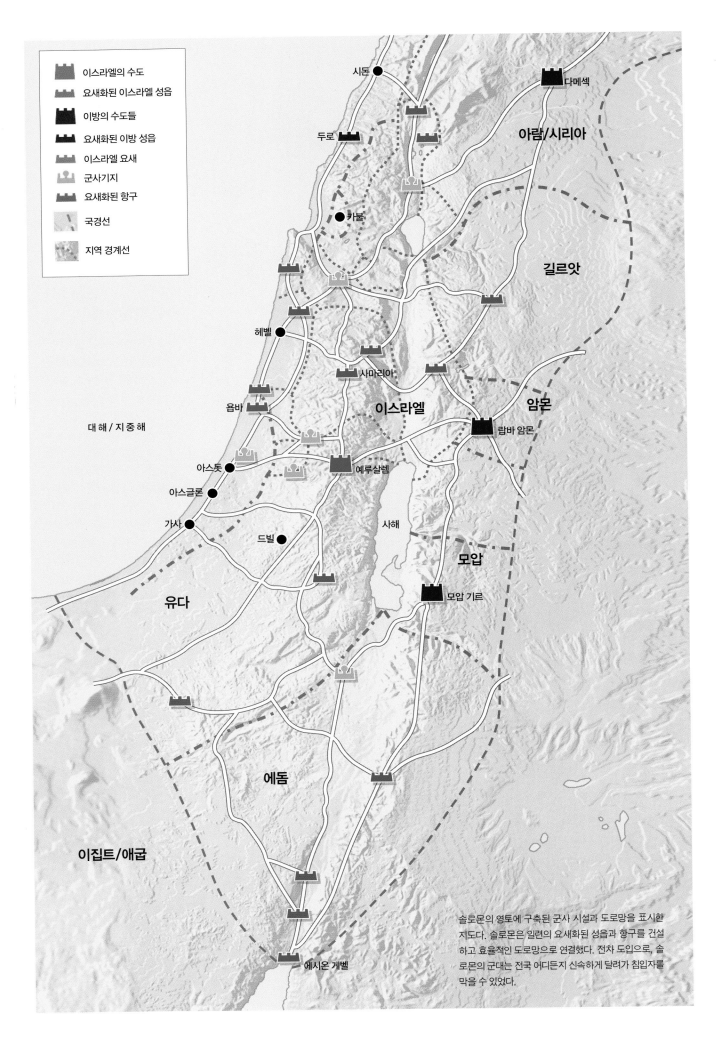

범례 (지도 기호)

- 이스라엘의 수도
- 요새화된 이스라엘 성읍
- 이방의 수도들
- 요새화된 이방 성읍
- 이스라엘 요새
- 군사기지
- 요새화된 항구
- 국경선
- 지역 경계선

대 해 / 지 중 해

시돈

다메섹

두로

아람/시리아

카불

길르앗

헤벨

사마리아

이스라엘

암몬

욥바

랍바 암몬

아스돗

예루살렘

아스글론

가사

사해

드빌

모압

유다

모압 기르

에돔

이집트/애굽

에시온 게벨

솔로몬의 영토에 구축된 군사 시설과 도로망을 표시한 지도다. 솔로몬은 일련의 요새화된 성읍과 항구를 건설하고 효율적인 도로망으로 연결했다. 전차 도입으로, 솔로몬의 군대는 전국 어디든지 신속하게 달려가 침입자를 막을 수 있었다.

엘리야가 그들에게 이르되 바알의 선지자를 잡되 그들 중 하나도 도망하지 못하게 하라 하매 곧 잡은지라. 엘리야가 그들을 기손 시내로 내려다가 거기서 죽이니라(왕상 18:40).

아합은 바알 선지자들이 도륙당한 일을 비롯해 일련의 사건을 이세벨에게 전했고, 이세벨은 극도로 분노하며 복수를 맹세했다.

이세벨이 사신을 엘리야에게 보내어 이르되 내가 내일 이맘때에는 반드시 네 생명을 저 사람들 중 한 사람의 생명과 같게 하리라. 그렇게 하지 아니하면 신들이 내게 벌 위에 벌을 내림이 마땅하니라 한지라(왕상 19:2).

엘리야는 목숨을 부지하기 위해 또 다시 도망쳤고, 이스라엘에는 전쟁의 먹구름이 몰려왔다.

벤하닷 2세, 선제공격을 가하다

성경에 기록된 여러 어려움에도 불구하고, 고고학적 발굴에 따르면, 사마리아는 한동안 번성했다. 아합은 사악한 아내 이세벨의 요구를 거부하지 못하고 이방의 신들을 이스라엘에 들어왔다. 그런데도 아합은 왕궁을 웅장하게 짓고 상아로 치장할 만큼 부유했다. 상업과 무역이 번성했던 것으로 보인다.

시리아 왕 벤하닷 2세Benhadad II는 늘 이웃 나라를 경계했는데, 다시 번영을 누리

양측 병력

이스라엘군(추산)
보병과 전차병 8,000명
(엘리트군 네아림 232명 포함)
합계 8,000명

시리아군(추산)
보병과 전차병 : 벤하닷 2세의 군대와 32봉신 및 동맹 왕들의 군대로 구성된 연합군
합계 모름

▼ 사마리아 언덕에 자리한 아합 궁 유적. 이 유적은 사바스티야의 고고학 현장 가운데 일부로 보존되고 있다. 현재 이스라엘 점령 지역 내에 있다.

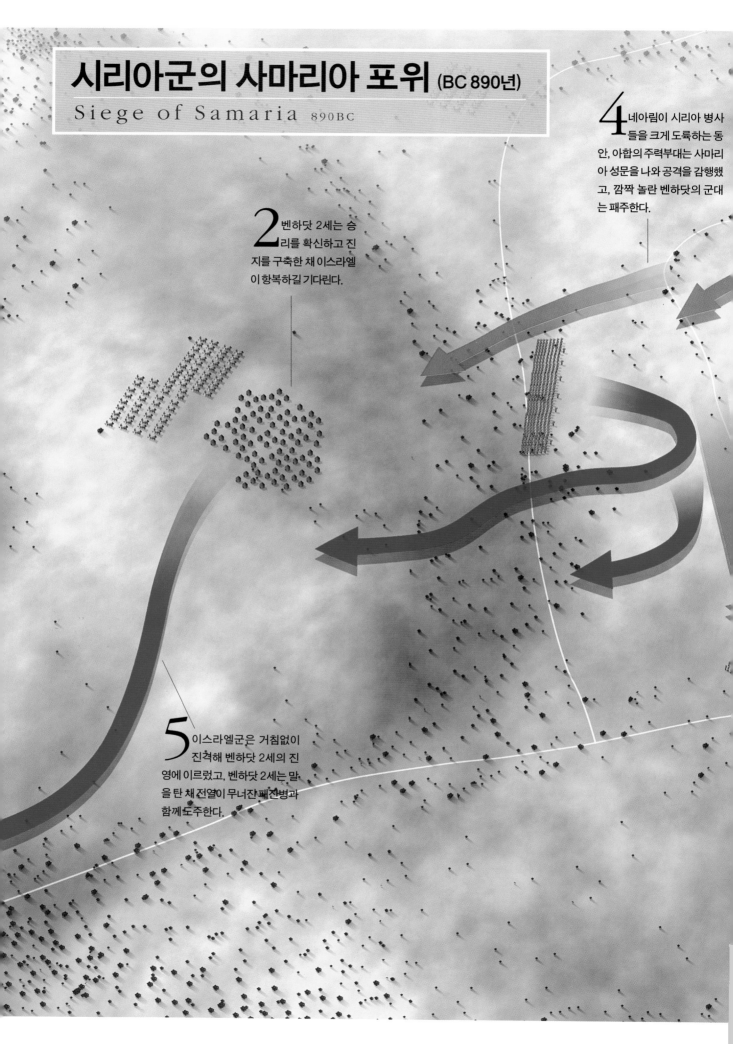

시리아군의 사마리아 포위 (BC 890년)
Siege of Samaria 890BC

4 네아림이 시리아 병사들을 크게 도륙하는 동안, 아합의 주력부대는 사마리아 성문을 나와 공격을 감행했고, 깜짝 놀란 벤하닷의 군대는 패주한다.

2 벤하닷 2세는 승리를 확신하고 진지를 구축한 채 이스라엘이 항복하길 기다린다.

5 이스라엘군은 거침없이 진격해 벤하닷 2세의 진영에 이르렀고, 벤하닷 2세는 말을 탄 채 전열이 무너진 패잔병과 함께 도주한다.

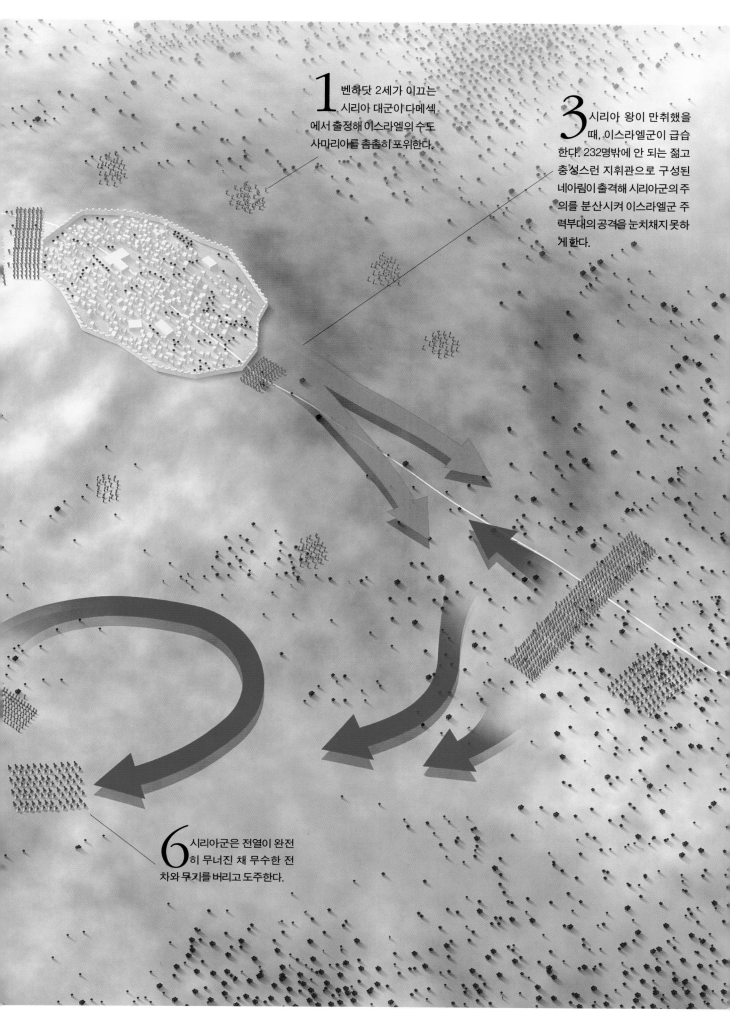

1 벤하닷 2세가 이끄는 시리아 대군이 다메섹에서 출정해 이스라엘의 수도 사마리아를 촘촘히포위한다.

3 시리아 왕이 만취했을 때, 이스라엘군이 급습한다. 232명밖에 안 되는 젊고 충성스런 지휘관으로 구성된 네아림이 출격해 시리아군의 주의를 분산시켜 이스라엘군 주력부대의공격을 눈치채지 못하게 한다.

6 시리아군은 전열이 완전히 무너진 채 무수한 전차와 무기를 버리고 도주한다.

▼두 앗수르 병사가 전차를 모는 장면이 새겨진 돌기둥. 전차병의 차림새와 말의 장식이 정교하게 표현되었다. 이 조각은 BC 8세기에 완성되었다.

▶이스라엘의 엘리야 선지자가 갈멜 산에서 바알 선지자 450명과 대결할 때, 하늘에서 불이 내려 그의 제단을 사른다. 엘리야는 이방신의 선지자들을 모두 죽이라고 명했다.

는 이스라엘 왕국이 마음에 걸렸다. 그래서 점점 강성해지면서 자신을 위협하는 이스라엘을 치려고 다메섹에서 군대를 이끌고 나왔다.

벤하닷 2세의 원정에는 골란 고원 같은 영토를 안전하게 지키려는 동기도 있었을 것이다. 골란 고원은 솔로몬 왕 때 이스라엘의 영토였으나 이후 시리아가 오므리 왕과 싸워 빼앗은 땅이다. 벤하닷 2세는 32명의 왕과 그 군대로 구성된 연합군을 조직하고 다메섹 근처에서 출정해 사마리아로 향했다. 추정컨대, 시리아 왕이 이끄는 연합군에 가담한 사람들은 봉신국의 우두머리거나 급성장하는 이스라엘에게 위협을 느낀 나라들의 왕이었을 것이다.

벤하닷 2세와 그의 군대가 아합 왕의 수도를 향해 돌진할 때, 이스라엘 왕은 왕국 곳곳에서 모여든 지도자들을 비롯해 지역의 군대 지휘관들과 함께 대책 회의를 했다.

금쪽 같은 시간이 흐르는데, 아합은 효과적인 방어 태세를 구축하지 못했다. 벤하닷 2세가 예상보다 빠르게 움직였거나 이스라엘 진영에 문제가 있었던 것 같다. 우유부단한 아합의 성격을 감안할 때, 후자의 가능성이 크다. 이유야 어떻든 간에, 아합은 주력부대와 함께 출정하지 않았다. 성경에 따르면, 포위당한 사마리아 성에서 아합이 실제로 동원 가능한 병력은 8,000명이 되지 않았다.

이스라엘군, 포위망을 뚫다

벤하닷 2세는 촘촘히 포위하면 사마리아가 틀림없이 함락될 거라고 생각했다. 비교적 적은 병력이 사마리아 성을 수비한다는 사실을 알고 성을 포위한 채 기다리기로 했다.

그러다가 작전이 조만간 성공하리라고 확신하고 아합에게 최후통첩을 했다. 아합은 벤하닷 2세가 보낸 사자들을 성안에 들였고, 사자들은 성안에서 이렇게 선언했다.

벤하닷이 그에게 이르되 네 은금은 내 것이요 네 아내들과 네 자녀들의 아름다운 자도 내 것이니라(왕상 20:2-3).

아합은 독안에 든 쥐 꼴이었으나 그래도 자신을 보존하고 싶은 마음에 항복 조건을 신속하게 받아들였다.

그러나 이 시점에서, 시리아 왕은 큰 실수를 했다. 그는 아합과 이스라엘을 상대로 판을 키웠고, 추가 요구로 이들에게 더욱 심한 굴욕을 안겼다. 사자들이 이들에게 다시 돌아와 말했다.

벤하닷이 이르노라 내가 이미 네게 사람을 보내어 말하기를 너는 네 은금과 아내들과 자녀들을 내게 넘기라 하였거니와 내일 이맘때에 내가 내 신하들을 네게 보내리니 그들이 네 집과 네 신하들의 집을 수색하여 네 눈이 기뻐하는 것을 그들의 손으로 잡아 가져가리라(왕상 20:5-6).

이에 답해, 아합은 다시 참모들을 불러 모았다. 한목소리로 참모들은 벤하닷 2세의 요구를 거부하라고 간청했다. 역사 기록은 모호하다. 그럴더라도 이 상황을 보는 아합의 시각은 분명하게 드러난다. 아합은 그야말로 진퇴양난에 처했고 모든 것을 잃을 판이었다.

아합은 또한 벤하닷 2세가 시리아 왕의 역할을 수행하기보다 탐욕을 채우기에 급급할 거라고 판단했다.

▼엘리야 선지자가 갈멜 산에서 바알 선지자 450명과 대결할 때, 하늘에서 불이 내려와 그의 제단을 사른다. 엘리야는 이방신의 선지자들을 모두 죽이라고 명했다.

▼포위당한 사마리아를 낭만적으로 묘사한 중세 삽화. 주민들 사이에 공포감이 확산되고 있다. 그러나 벤하닷 2세의 지나친 자신감 때문에, 그가 이끄는 시리아군이 패배했다.

상황이 이렇게 돌아가면 백성의 지지를 힘입어 침입자에 단호히 맞설 수 있길 바라면서 약삭빠르게 시간을 벌었을 것이다.

아합, 전세를 역전시키다

벤하닷 2세는 아합이 항복을 거부했다는 전갈을 받자, 사자를 보내 이스라엘 왕에게 최후통첩을 했다.

내가 네 사마리아 성을 잿더미로 만들어서, 깨어진 조각 하나도 남지 않게 하겠다. 내가 이끄는 군인들이, 자기들의 손에 깨어진 조각 하나라도 주울

수 있으면, 신들이 나에게, 천벌이 아니라 그보다 더한 재앙을 내려도, 내가 달게 받겠다(왕상 20:10, 새번역).

아합의 극적인 대답은 지금도 잠언으로 인용된다. 아합은 새롭게 발견한 항전 의지에 고무되었으며, 그가 벤하닷의 사자들에게 제시한 통렬한 답변은 포위된 성내에서 지지를 결집시켰다. 이스라엘 왕은 이렇게 답했다.

너의 왕에게 가서, 참 군인은 갑옷을 입을 때에 자랑하지 아니하고, 갑옷을 벗을 때에 자랑하는 법이라

고 일러라(왕상 20:11, 새번역).

이 답변을 받고, 벤하닷 2세는 사마리아 성을 공격할 준비를 하라고 명령했다.

벤하닷 2세가 준비했듯이, 아합도 준비했다. 성경에 따르면, 한 선지자가 이스라엘 왕 아합을 찾아와 만약 그가 군사를 이끌고 나가 포위망을 무너뜨리면 하나님이 시리아군을 이스라엘 손에 넘기시리라고 했다. 벤하닷 2세와 그의 지휘관들이 성 밖에 구축한 진지에서 심하게 취했을 때, 아합은 소규모 병력을 나누기로 결정했다.

젊은 지휘관 232명으로 구성된 소규모 타격대 네아림이, 시리아군이 고스란히 보는 앞에서 사마리아 성밖으로 나왔다. 이 작은 부대는 희생을 각오한 결사대였다. 시리아군이 작은 부대에 정신이 팔린 틈을 타서, 아합과 나머지 이스라엘군은 결정타를 날릴 계획이었다.

한편, 벤하닷 2세와 시리아군 장수들은 인사불성이 되도록 술판을 벌였다. 보초병이 사마리아에서 소규모 병력이 포위망을 향해 달려온다고 보고했다. 거만한 시리아 왕은 용감하지만 어리석은 이스라엘군을 하나도 남김없이 몰살하거나 포로로 잡아 다메섹 거리를 확보하며 개선 행진을 할 기회를 잡았다고 생각했다. 벤하닷은 "그들이 화친을 하러 나왔더라도 사로잡고, 싸움을 하러 나왔더라도 사로잡으라"(왕상 20:18, 새번역)고 명령했다.

시리아군, 패주하다

네아림은 비록 소수였으나 만만찮은 전력을 보였고, 앞길을 막는 적을 가차 없이 도륙했다. 그리고 마침내 벤하닷 2세의 대군을 패주시켰다. 적절한 때에, 아합과 이스라엘 주력군은 성문을 나와 우왕좌왕하는 시리아군을 급습했는데, 시리아군 지휘관들은 술에 취해 있었고 임박한 참패를 전혀 의식하지 못했다.

벤하닷 2세가 혼비백산할 만큼 시리아군은 참패했다. 전열이 흐트러지자, 시리아 왕은 전장을 버리고 도망치는 수밖에 없었다. 시간이 촉박했다. 성경은 벤하닷 2세가 말을 타고 도망쳤다고 말한다. 하도 급히 후퇴하느라 비교적 편안한 자신의 전차를 이용하지 못했고 근위병의 호위조차 받지 못했다는 것을 암시한다.

아합의 병사들은 시리아군을 급습해 엄청난 피해를 입혔다. 적의 퇴로에, 즉 이전에 이스라엘의 수도였던 세겜과 디르사 주변에 자리한 이스라엘 여러 전초기지의 수비대도 합세해 패주하는 적을 공격했을 것이다.

전략적 관점에서 보면, 아합은 사마리아 언덕을 둘러싼 지형을 잘 활용했다. 그가 선제공격을 감행하자 시리아 전차의 기동성은 무력화되었다. 네아림의 기만 전술에 침입자의 수적 이점도 약화되었다. 그러나 시리아군이 패배한 가장 큰 원인은 벤하닷 자신에게 있었다. 그는 전체적인 명령 체계와 지휘 체계를 유지하지 못했고, 전투 전날 고급 지휘관들과 어울려 술판을 벌였다.

그 후

아합은 절망적 상황에서 승리했으나 시리아군을 완전히 패배시키지는 못했다. 이스라엘은 승리한 다음 후속 조치를 제대로 취하지 않은 것 같은데, 이유는 아직도 수수께끼다. 알려져 있기는, 사마리아 포위망이 풀린 후, 선지자가 아합에게 돌아와 머지않아 시리아군이 다시 올 거라고 경고했다.

임금님께서는 힘을 키우시고, 앞으로 하셔야 할 일이 무엇인지를 생각해 두십시오. 내년에 시리아 임금이 다시 임금님을 치려고 올라올 것입니다(왕상 20:22, 새번역).

아합과 이스라엘의 앞날이 캄캄했다. 전쟁에서 승리했으나 왕궁에서는 악행과 우상숭배와 음모가 판을 쳤다. 이세벨은 여전히 이스라엘 왕국의 암적 존재였고, 정세는 여전히 불안했다.

골란 고원 전투

BC 874년

Golan Heights

전투 개요

누가 : 아합 왕이 이끄는 이스라엘군과 벤하 닷 2세가 이끄는 시리아군이 맞닥뜨렸다.

무엇을 : 전열을 재정비하고 다시 침입하려 는 벤하닷 2세를 막기 위해 아합은 전장에 나섰다.

어디서 : 이스라엘의 수도 사마리아 북서쪽 에 자리한 골란 고원

언제 : BC 874년

왜 : 시리아와 벤하닷 2세는 사마리아 전투 에서 패배한 후, 이스라엘을 재차 침입하려 했다. 그래서 이스라엘 왕 아합은 추가 침입 을 저지하기로 결심했다.

결과 : 시리아군은 또다시 패했고, 벤하닷 2 세는 아합에게 목숨을 구걸해 간신히 살아 남았다.

▶시리아 왕 벤하닷 2세는 사마리아를 포위했다. 사마 리아 성 주민들은 굶주림을 견디다 못해 사람을 잡아먹 기에 이르렀다. 그러나 선지자 엘리야가 큰 나팔소리로 시리아군을 모두 도망치게 했다.

시리아 왕 벤하닷 2세는 사마리아 전투에서 패배한 후 노장파 참모들의 조언을 들었다. 이들은 왕과 고급 지휘관들이 전투가 벌어지는 시간에 술에 취해 있었다는 사실을 확연히 무시했다. 이들은 이스라엘 왕 아합이 거느린 작지만 사기충천한 부대에게 굴욕적으로 패배한 원인을 다른 데서 찾았다.

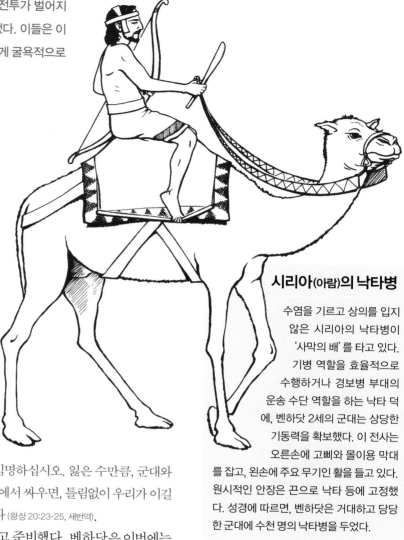

시리아(아람)의 낙타병

수염을 기르고 상의를 입지 않은 시리아의 낙타병이 '사막의 배'를 타고 있다. 기병 역할을 효율적으로 수행하거나 경보병 부대의 운송 수단 역할을 하는 낙타 덕에, 벤하닷 2세의 군대는 상당한 기동력을 확보했다. 이 전사는 오른손에 고삐와 몰이용 막대를 잡고, 왼손에 주요 무기인 활을 들고 있다. 원시적인 안장은 끈으로 낙타 등에 고정했다. 성경에 따르면, 벤하닷은 거대하고 당당한 군대에 수천 명의 낙타병을 두었다.

벤하닷 2세의 참모들은 이스라엘과 다시 맞붙을 때 승리할 수 있는 세 가지 조건을 제시했다.

시리아 왕의 신하들이 자기들의 왕에게 말하였다. "이스라엘의 신은 산의 신입니다. 저번에는 산에서 싸웠으므로, 우리가 졌습니다. 그러나 평지에서 싸우면, 우리가 그들을 반드시 이길 것입니다. 그러므로 임금님께서는 이렇게 하시는 것이 좋을 줄 압니다. 지방 영주를 모두 그 자리에서 물러나게 하시고, 그 대신에 군사령관들을 그 자리에 임명하십시오. 잃은 수만큼, 군대와 기마와 병거를 보충하십시오. 그런 다음에 평지에서 싸우면, 틀림없이 우리가 이길 것입니다." 왕은 그들의 말을 듣고, 그대로 하였다 (왕상 20:23-25, 새번역).

벤하닷은 조언을 받아들여 패배를 만회하려고 준비했다. 벤하닷은 이번에는 자신의 보병과 전차 부대에 유리한 지형에서 싸울 생각이었다. 그리고 연합군의 중앙 지휘 체계를 강화하고, 군사령관으로 영주들을 대체해 연합군의 전투에서 피하기 어려운 명령 체계와 통제 체계의 혼선을 최대한 줄이려 했다. 그뿐 아니라, 수치스런 패배로 끝난 첫 이스라엘 정벌 때 출정한 전력에 비견되는 군대를 재조직할 계획이었다.

아합, 경계를 늦추지 않다

성경 연대표대로라면, 이스라엘군은 사마리아를 포위한 시리아군을 물리친 지 겨우 몇 달 후 골란 고원에서 시리아군과 다시 맞붙었다. 하지만 두 전투가 어느 정도의 간격을 두고 벌어졌는지는 다소 불확실하다. 그 간격이 몇 달이었든 혹은 몇 년이었든 간에, 또 한 차례 전투는 필연이었다. 시리아에게는 되갚아야 할 묵은 빚이 있었고, 선지자는 아합에게 시리아가 다시 침입할 거라고 경고했다. 아합은 벤하닷 2세가 다시 전쟁을 준비한다는 것을 알았을 것이다.

이전에는 벤하닷 2세가 번창하는 이스라엘을 견제하기 위해 선제공격을 감행했는데, 이번에는 아합이 시리아의 상대적인 발전에 신경을 곤두세웠다. 아합은

골란 고원의 위치

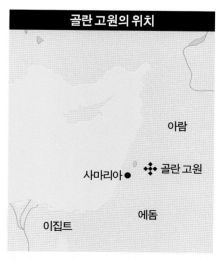

아람

골란 고원

사마리아 ●

에돔

이집트

이스라엘 왕 아합이 지역 지배권을 주장하고 시리아의 침입에 대비해 완충지대를 두려고 군사 작전을 감행했을 때, 골란 고원은 그 중심에 있었다.

▼지금의 시리아에 자리한 골란 고원 정상. 1991년 촬영한 사진에 전몰자 기념비가 보인다. 골란 고원은 지금의 이스라엘과 주변 아랍 국가들 사이에 30년 넘게 격전이 벌어진 현장이다.

양측 병력

이스라엘군 :
모름

시리아군 :
모름. 하지만 전투에서 대략 12만 7,000명이 죽거나 부상을 입었다.

때가 되었다고 판단해, 시리아군이 재차 침입해 이스라엘 왕국의 심장에서 다시 전투를 벌이지 못하게 막으려고 선제공격을 개시했다. 아합은 북서쪽 골란 고원으로 진격했다. 이스라엘이 이곳을 확고히 지배하면(이곳은 지금도 분쟁 지역이다) 또 다른 침입을 막을 수 있다고 판단한 것이다.

솔로몬 왕 때, 골란 고원은 이스라엘 영토였다. 그러나 이스라엘은 아합 왕의 아버지 오므리 왕 때 시리아와 적어도 한 차례 맞붙어 패배했고, 그때 골란 고원을 잃은 게 분명하다. 이스라엘은 보잘것없는 평화를 얻는 대가로 영토와 정치적 영향력과 교역권을 시리아에게 내주었다. 그 결과, 시리아는 이스라엘 왕국 내에 교역할 수 있는 땅을 확보하고 상당수 시리아인들을 그곳에 정착시켰다.

아합은 지금 감행하려는 군사 작전이 늘 눈엣가시 같은 벤하닷 2세가 야기한 눈앞의 위협을 제거하는 기회라고 보았다. 그뿐 아니라 이스라엘 영토에서, 특히 교역과 상업이 성행하는 지역에서, 시리아의 영향력을 완전히 제거하는 기회라고 생각했다.

골란 고원이란?
아합의 군대는 골란 고원으로 향했다. 골란 고원은 아주 옛날에 엄청난 화산 활동으로 생겨난 지형으로, 고도가 해발 122-518미터에 이르며 상당히 넓은 평지가 펼쳐져 있다. 서쪽으로는 갈릴리 호수와 요단 강까지 뻗어 있고, 평원 가장자리는 급경사를 이룬다. 남쪽으로는 야르묵 강과 접하고, 이

▼영국의 화가이자 조각가인 프레더릭 레이턴(Frederic Leighton)의 작품. 까다로운 아합 왕과 바알 숭배자이며 악명 높은 왕비 이세벨이 문간에서 엘리야 선지자와 맞닥뜨린다.

하부 아벡

갈릴리 호수

5 아합의 이스라엘군은
패퇴하는 시리아군을
거의 갈릴리 호수까지 맹렬히
추격해 수천명을 도륙한다.

골란 고원 전투 (BC 874년)
Golan Heights 874BC

1 시리아 왕 벤하닷 2세는 참 모들의 조언에 용기를 얻 어 이스라엘에게 군사적으로 복 수하려 했고, 아벡 성읍을 점령한 채 이스라엘군의 진격을 막는다.

4 이미 병력을 많이 잃은 시리 아군이 아벡으로 퇴각하지 만 안전하지 못했다. 시리아군의 수 에 비해 성읍이 너무 작았고 결국 혼 란이 일어난다.

상부 아벡

2 이스라엘 왕 아합은 병력을 몇 부대로 나누었으며, 한 부대는 아벡 근처 산등성이를 따라 시리아군 진지를 공격하고 또 다른 부대는 측면으로 이동한다.

3 측면으로 이동한 이스라엘 군이 시리아군을 급습하 고, 양쪽에서 공격을 받은 시리아 군은 퇴각한다. 험한 지형 때문에 시리아군의 기동성이 제한된다.

▲대부분의 시리아 보병은 차출된 병사라서 무기가 단순했다. 전형적으로, 시리아 보병은 단순한 창과 방패로 무장했고, 때로 활로 무장하기도 했다. 양모로 짠 거친 옷을 입었는데 가장자리를 간단하게 장식했다(왼쪽).

▲한 조의 시리아 기병이 창을 들고 화살을 시위에 먹인 채 주변을 정찰하고 있다. 기병은 신속한 움직임으로 번개같이 타격했고, 적을 포위해 퇴로를 차단하기도 했다(오른쪽).

스라엘 수도 사마리아 남서쪽과 접한다. 동쪽으로는 넓은 하라움 평야가 펼쳐져 있고, 북쪽으로는 현재의 레바논과 맞닿아 있다.

골란 고원은 1967년에 벌어진 6일 전쟁 이후 이스라엘이 군사적, 정치적으로 지배한 영토를 가리키는 기술적 용어다. 하지만 시리아 정부는 이곳을 분쟁 지역으로 설정해야 한다고 계속 주장한다. 지금의 골란 고원의 경계는 아합과 벤하닷 2세 때와는 사뭇 다르다. 그러나 시간이 흘렀어도 골란 고원이 국가의 위신과 안전에서 차지하는 중요성은 줄어들지 않았다.

골란 고원 전투에 관한 역사 기록은 아주 모호하다. 지형이 전투 결과에 중요한 역할을 미쳤다고 봐야 할 것이다. 봉우리와 골짜기와 협곡 탓에 지형이 험하거나, 건조하고 살기 어려운 넓은 땅에 강이 흘렀다. 아합의 군대는 처음에 아주 수월하게 전진했다. 그러나 골란 고원에 들어서자 시리아군의 저항을 받았다.

성경에 따르면, 벤하닷 2세는 강력한 군대를 조직해 인근 아벡 성읍으로 진격했다. 아벡은 두 강이 나란히 흐르고 길이 협곡 사이로 좁아지는 지점에서 조금 북동쪽에 위치했다. 시리아군은 아벡에

작전기지를 세우고, 좁은 통로를 이용해 이스라엘군의 전진을 막으려 했던 것 같다.

눈에는 눈

서로 오랜 적인 두 군대가 골란 고원에서 맞닥뜨렸다. 성경은 이번에도 이스라엘군이 수적으로 크게 열세였음을 암시한다.

해가 바뀌었다. 벤하닷은 시리아 군대를 소집하고, 이스라엘과 싸우려고 아벡으로 올라갔다. 이스라엘 군대도 소집이 되어서, 식량을 배급받고는, 그들과 싸우려고 나아갔다. 이스라엘 군대가 그들 앞에 진을 쳤으나, 이스라엘 군대는 시리아 군대에 비하면, 마치 작은 염소 두 떼와 같았고, 시리아 군대는 그 땅을 가득 채울 만큼 많았다(왕상 20:26-27, 새번역).

이 시점에서, 하나님의 선지자가 아합을 찾아와 시리아군은 자신들이 골짜기에서 싸우면 이기리라 확신한다고 일러주었다. 아합이 이번에도 적을 완파하리라고도 했다. 학자들의 연구에 따르면, 전투가 벌어졌다고 추정되는 지역은 폭이 100미터에 길이가 411미터에 불과했다. 따라서 정면 공격만으로는 실패하기 마련이었을 것이다.

그러나 지휘관이라면 두 강 사이에 위치해 방어가 용이한 통로를 공격하는 방법을 생각할 것이다. 남쪽으로는 옛 오솔길이 이웃한 협곡 언저리까지 이어져 있고, 북쪽으로는 가파른 길이 융기선을 가로지른다. 두 길을 따라 이동하면 방어지점 오른쪽 끝을 공격할 수 있다.

전투에 관한 상세하고 결정적인 기록은 없다. 하지만 역사가 차임 헤르조그Chaim Herzog와 모드카이 지촌은 성경이 말하는 아벡은 실제로 세 곳 가운데 한 곳이었을 거라고 주장한다.

최근에, 몇몇 학자들은 아벡이 골짜기 뒤에 자리한 같은 이름의 아랍 마을이 아니라 갈릴리 호수 근처의 엔 게브En Gev라고 주장한다. 이 경우, 이스라엘군은 골란 고원의 경사면을 따라 시리아군의 측면으로 돌아간 게 틀림없다. 어떤 학자들은 아벡을 추정 지점인 '하부 아벡Lower Aphek'과 동일시한다.

따라서 시리아군은 '상부 아벡'에서 나와 수 킬로미터 떨어진 하부 아벡으로 도주했다는 것이다. 우리는 첫째 제안을 견지하지만 셋째 대안도 배제할 수는 없다.

이스라엘, 맹공을 펼치다

서로 대치한 이스라엘군과 시리아군 사이에 팽팽한 긴장이 흘렀을 것이다. 양쪽이 설전도 벌였겠다. 양쪽 모두 적이 사기가 떨어져 퇴각하기를 기다렸을지도 모른다. 성경은 실제 전투에 관해서는 거의 말하지 않고, 큰 도륙이 있었다고만 말한다.

양쪽 군대는 서로 대치하여서, 이레 동안 진을 치고 있었다. 드디어 이레째 되는 날 전투가 벌어졌는데, 이스라엘 군대가 시리아 군대를 쳐서 하루 만에 보병 십만 명을 무찔렀다. 그 나머지는 아벡 성으로 도망하였으나, 성벽이 무너져서, 나머지 이만 칠천

▼BC 850년경, 엘리야 선지자(왼쪽)가 이스라엘에 있는 나봇의 포도원을 강탈한 아합 왕(오른쪽에서 세 번째)에게, 그의 악한 왕비 이세벨(왼쪽에서 두 번째), 곧 두로와 시돈 왕의 딸에게 심판을 선언한다.

▼분노한 무리가 이세벨을 창밖으로 내던졌고, 이세벨은 바닥에 떨어져 죽었다. 이세벨의 시체는 개가 먹었다. 성경에 따르면, 이세벨의 악함은 아합의 실패에 영향을 미쳤다.

명을 덮쳐 버렸다. 벤하닷도 도망하여서, 그 성안의 어느 골방으로 들어갔다(왕상 20:29-30, 새번역).

헤르조그와 지촌은 아합이 실제로 골짜기를 정면으로 공격할 뿐 아니라 적의 측면으로 돌아가 타격하는 작전을 펼쳤다면, 시리아군은 측면과 배후에서 이스라엘군에게 공격을 받아 우왕좌왕하며 퇴각했을 거라고 주장한다. 도망치는 시리아군은 아벡으로 들어갔다. 그러나 병사들의 수에 비해 성이 너무 작아 성벽이 말 그대로 병사들에게 떠밀려 무너졌고, 결국 엄청난 병력이 추격하는 이스라엘군에게 도륙을 당했다.

벤하닷 2세는 자신의 전략을 실행에 옮기지 못했다. 이스라엘군과 좁은 골짜기에서 싸우자 규모가 큰 그의 군대는 기동력을 제대로 발휘하지 못했다. 압도적으로 우세한 병력이 전투에서 장점보다는 오히려 약점으로 작용했다.

벤하닷, 목숨을 구걸하다

벤하닷 2세는 골란 고원 전투에서 크게 패하고 다시 참모들의 조언을 듣는다. 장소는 임시 은신처인 골방이었을 것이다.

그의 신하들이 그에게 말하였다. "이스라엘 왕가의

왕들은 모두 인정이 많은 왕이라고 들었습니다. 우리가 굵은 베로 허리를 묶고, 목에 줄을 동여매고, 이스라엘 왕에게 가면, 어쩌면 그가 임금님의 생명을 살려 줄지도 모릅니다." 그래서 그들은 굵은 베로 허리를 묶고, 목에 줄을 동여매고 이스라엘 왕에게 나아가서 "왕의 종 벤하닷이, 제발 목숨만은 살려 달라고 애원하고 있습니다." 하고 말하니, 아합왕이 말하였다. "아직도 그가 살아 있느냐? 그는 나의 형제다"(왕상 20:31-32, 새번역).

아합은 너그럽게도 벤하닷 2세를 살려 주고, 대신에 한 세대 전에 시리아에게 빼앗긴 땅을 돌려받았다. 또한 앞서 벤하닷이 사마리아에 설치한 교역 지대와 비슷한 몇몇 교역 지대를 다메섹에 설치했다. 어떤 사람들은 아합의 행동이 정치적으로 기민했고, 오랫동안 계속된 두 민족의 무력 충돌에 잠재적으로 마침표를 찍었다고 평가한다. 헤르조그와 지촌은 아합이 시리아를 지배하겠다는 생각은 전혀 하지 않았으며, 또 다른 위협, 곧 앗수르의 공격적인 태도를 감지했다고 단언한다.

그럼에도 불구하고, 백성이 아합 왕의 조치를 전반적으로 좋게 받아들이지는 않았다고 보는 게 적절하다. 성경에 따르면, 이때 한 선지자가 아합에

▼ 이스라엘 왕 아합이 라못 길르앗에서 시리아 군과 싸우는 장면을 묘사한 르네상스 시대의 그림이다. 아합은 길 잃은 화살에 맞아 치명상을 입고 엘리야가 예언한 대로 나봇의 포도원에서 죽었다. 개가 그의 피를 핥았다.

게 나타나 그가 벤하닷의 목숨을 살려 준 일을 하나님이 기뻐하지 않으시며, 그가 벤하닷 대신에 죽고 그의 백성이 대신 멸망하리라고 했다. 앞서 여러 차례 그렇게 했듯이, 기분이 상한 아합은 왕비 이세벨이 기다리는 궁전으로 돌아왔다. 벤하닷 2세는 안전하게 다메섹으로 돌아갔다. 그 뒤 아합과 벤하닷은 다른 연합군에서 한편이 되어 살만에셀 3세(Shalmaneser, BC 858-824년)가 이끄는 앗수르 침입군을 카르카르 전투Battle of Karkar에서 물리쳤다.

아합과 이세벨의 최후

골란 고원 전투가 끝나고 카르카르 전투가 벌어질 때까지, 아합과 이세벨의 악행은 훨씬 더 심해졌다. 이들은 무고한 이웃 나봇과 그의 여러 아들을 모함해 죽였다. 순전히 그의 포도원을 빼앗기 위해서였다. 이때 엘리야 선지자가 아합에게, 그가 빼앗은 바로 그 포도원에서 죽으리라고 예언했다. 아합의 가족이 다음 세대에 멸절하리라고도 했다.

골란 고원 전투가 있은 지 3년 후, 아합은 또 다시 벤하닷 2세와 싸웠다. 벤하닷이 점령지를 반환하겠다던 합의를 이행하지 않았기 때문이었다. 라못 길르앗 전투에서, 아합은 적의 유탄 화살에 맞았고, 사실상 나봇의 포도원에서 죽었다. 나중에, 분노한 무리가 이세벨을 창문으로 내던졌고 바닥에 떨어져 죽었다. 개들이 아합의 피를 핥았고, 이세벨의 시체를 뜯어 먹었다. 벤하닷 2세는 그날 밤에 하사엘에게 암살당했고, 하사엘은 벤하닷을 이어 시리아의 왕이 되었다(BC 842년경-805년). 어떤 역사가들은 하사엘이 벤하닷의 친아들이었다고 본다.

골란 고원 전투가 있은 후, 사마리아는 시리아군의 포위 공격을 또 한 차례 견뎌 냈다. 시리아군은 사마리아 점령에 또다시 실패했다.

아합 왕이 죽은 지 백 년이 더 지난 후, 앗수르가 사마리아 성을 3년간 포위해 마침내 함락하고 이스라엘 전역을 점령했다. 이스라엘은 앗수르 제국의 한 지방이 되었다. 살아남은 자들은 동쪽으로 강제 이주되었고, 사마리아가 함락됨으로써 북쪽 이스라엘 왕국은 끝이 났다.

▼돈 로렌스(Don Lawrence)의 상상화. 강력한 앗수르군이 공성루와 공성퇴와 사다리를 전면에 내세워 사마리아 성을 공격하고 있다. BC 721년경 사마리아는 앗수르에게 함락되었다.

모압 왕 메사와의 전쟁

BC 850년

War Against Mesha

모압 족속의 반란은 이스라엘 왕국을 괴롭힌 일련의 문제 가운데 하나일 뿐이었다. 모압군은 전투에서 패해 길하레셋으로 후퇴했으나 그곳에서 포위당했다. 포위망이 뚫리고 모압은 정복되지 않았으나 반란은 끝났다.

모압과 이스라엘은 모두 데라의 후손이었으나, 시간이 지나도 둘 사이에 팽팽한 긴장은 줄어들지 않았다. 이스라엘은 이집트를 탈출하고 오랜 세월 광야를 헤매다가 모압 경계에 이르렀다. 모압의 남쪽 경계는 세렛 강이었는데, 이스라엘은 38년을 배회하다가 이곳에 이르렀다.

모압의 영토는 사해 동쪽 해변 전체에 펼쳐져 있었다. 그러나 모압은 격동의 역사를 거쳤고, 이스라엘이 도착했을 무렵, 남쪽 절반만 차지하고 나머지는 아모리 족속에게 빼앗긴 상태였다. 당시 모압 족속은 여러 어려움을 겪고 있었다. 이스라엘은 이들을 공격하지 않았는데, 하나님이 모세에게 그러지 말라고 '말씀하고' 명하셨기 때문이었다.

대신에, 모세는 아모리 왕 시혼에게 이스라엘이 그 땅을 안전하게 통과할 것을 요

전투 개요

누가 : 모압 왕 메사(BC 9세기경에 모압을 다스렸다)가 반란을 일으켰고, 이스라엘 왕 여호람이 이끄는 군대가 반란을 진압하러 나섰다.

무엇을 : 이스라엘이 일련의 전투에서 승리했고, 진압은 그럭저럭 끝났다.

어디서 : 사해 동쪽, 모압

언제 : BC 850년

왜 : 모압 족속이 반란을 일으켰고 여러 성읍을 점령한 후에 패배했다.

결과 : 반란은 거의 진압되었고, 이스라엘은 다른 위협들에 눈을 돌릴 수 있었다.

▶ 선지자 모세는 위대한 입법자였으며, 히브리 민족의 기본 법률 가운데 대부분을 기록했다. 그림에서, 모세가 하나님에게 십계명을 받고 있다.

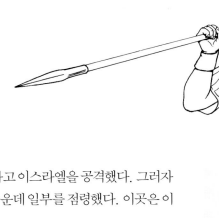

유다 병사

이 유다 병사는 당시의 전형적인 전투 요원이다. 근접 전투를 위해 창과 방패, 단검이나 장검으로 가볍게 무장했다. 그의 무기는 자기 소유였다. 당시 나라에서 무장을 시켜 주는 직업군인은 드물었다. 장비가 가벼워 전투가 치열한 상황에서 움직이는 데 유리했다. 무장이 뛰어난 병사보다 더 멀리, 더 빨리 달렸고, 대부분의 나라들이 거의 비슷한 수준의 군대를 전투에 내보냈으므로 그다지 불리할 게 없었다.

구했다. 그런데 아모리 왕 시혼은 요구를 거부하고 이스라엘을 공격했다. 그러자 이스라엘은 아모리 족속을 쳤고 이들의 영토 가운데 일부를 점령했다. 이곳은 이스라엘의 새로운 체류지가 되었다.

그 뒤, 이스라엘은 모압 족속과 함께 이들의 경계 지역에 자리를 잡았다. 그러나 영토의 주인이 바뀌는 과정에서 모압은 이스라엘이 차지한 일부 지역에 대해 영토권을 주장했다. 그러나 그 땅의 새로운 거주자들은 이들의 주장을 받아들이지 않았다. 이스라엘과 모압 사이에 충돌이 오래 계속되었고, 이따금 전쟁으로 번졌다. 이러한 충돌은 종교 문제에서 가장 심각하게 일어났다.

이스라엘은 하나님이 그들을 위해 계획해 놓은 길에서 이따금 벗어났는데, 모압이 이스라엘에 미친 문화적, 종교적 영향 때문인 경우도 있었다. 성경에 따르면, 이스라엘은 거짓 신을 섬겨 큰 고통을 겪었다. 이러한 고통은 여러 선지자와 왕들이 백성을 의로운 길로 되돌려 놓을 때까지 계속되었다.

한때 모압은 이스라엘을 정복하고 그 백성을 억압했다. 이스라엘은 에훗이 등장해 모압 왕 에글론을 암살하고 이스라엘을 해방시킬 때까지 계속 억압당했다. 선지자들에 따르면, 에훗의 봉기가 성공한 까닭은 이스라엘 백성이 자신들의 하나님을 다시 받아들이고 모압의 신을 버렸기 때문이었다. 이유야 어떻든 간에, 이 충돌은 장차 모압과 이스라엘 사이에 또 다른 마찰을 불러올 게 확실했다.

사울과 사무엘 시대에, 이스라엘은 필사적으로 싸웠다. 주된 적은 블레셋이었고, 그밖에도 여타 부족들과 왕국들이 이스라엘에게 원한을 갚거나 이스라엘의 영토를 손에 넣을 기회를 노렸다. 모압도 이들 중 하나였으나 별다른 이득을 챙기지는 못했다.

다윗과 솔로몬

사울의 뒤를 이은 다윗 왕(BC 1002년경-970년)은 블레셋 문제를 해결하자 자신의 권력을 강화하기 시작했다. 다윗은 내부적인 조치를 많이 취했다. 그러나 동쪽 국경의 적대적인 모압을 그대로 두어서는 안 된다고 판단했다. 그래서 모압을 정벌하러 나섰다. 다윗은 정벌에 성공했으며, 한동안 이스라엘은 유리한 위치를 다시 점하고 모압을 억압했다.

이후 몇 십 년 동안, 이스라엘의 운명은 복잡했다. 번영과 평화의 시기도 있었

모압의 위치

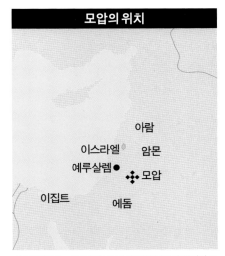

모압의 영토는 사해 동쪽 해변 전체에 펼쳐져 있었다. 모압의 남쪽 경계는 세렛 강이었는데, 이스라엘은 38년을 배회하다가 이곳에 이르렀다.

다. 이때 이스라엘 왕들은 대규모 전차 부대를 갖춘 강력한 군대를 양성했을 뿐 아니라 여러 주요 도시를 방어하기 위해 인상적인 요새들을 건설하기도 했다.

그러나 솔로몬은 우상 숭배자가 되어 여호와의 눈 밖에 났고, 이로써 선왕들이 쌓은 업적을 적잖게 허물고 말았다. 모압은 반란을 일으켰고, 한동안 자유를 누렸다. 다윗의 후손 오므리는 오랜 시간 후에 모압을 다시 정복했다.

아합 왕이 거짓 신을 섬기는 익숙한 덫에 빠졌을 때, 모압은 2세대 동안 봉신 국가로 존속했다. 아합은 두로의 신을 섬기는 이세벨과 결혼했고, 이 과정에 이세벨이 자기 민족의 종교를 왕궁까지 들여오도록 허용했다. 이 무렵, 아합과 그의 지지자들이 보기에, 이스라엘 수도 사마리아에 이방 신전을 세우는 것은 전혀 큰 문제가 아니었다.

예전에, 솔로몬도 이방인 아내들에게 비슷하게 빠졌었고, 이 때문에 문제가 일어났었다. 이세벨은 자신의 종교를 퍼트리도록 허락받았다. 그녀의 종교는 인기를, 특히 이스라엘 사람들의 지배를 받고 살지만 이스라엘의 하나님을 전심으로 섬기지는 않는 많은 가나안 족속들 사이에서 인기를 얻었다. 아합 왕은 여전히 자신의 신을 섬겼으나 왕자들마저 배교자가 되었다.

그 결과, 이세벨의 추종자들이 여호와를 섬기길 고집하는 자들을 박해하면서 이스라엘은 내부 문제로 골머리를 앓았다. 이처럼 내부적으로 혼란스러운 시기에, 엘리야 선지자가 여호와 신앙의 수호자로 등장해 저항을 이끌었고, 이스라엘은 거룩한 전쟁을 치렀다.

그러나 얼마 지나지 않아, 모압이 반란에 성공했다. 반란이 언제 일어났는지는 분명하지 않다. 이 무렵, 이스라엘은 혼란스럽고 어려웠다. 아합은 시리아(아람)과 싸우다 죽었다. 그의 아들 아하시야 왕은 겨우 몇 달(BC 841—842년경) 재위했고, 곧 그의 동

◀고대 이스라엘의 재판. 솔로몬 왕은 살아 있는 아기를 두고 서로 자신의 아이라고 주장하는 두 여인 앞에서 아기를 반으로 가르라고 명령한 후 두 여인의 반응을 살펴 진짜 부모를 가려냈다.

양측 병력

이스라엘군:
모름

시리아군:
모름

모압 왕 메사와의 전쟁 (BC 850년)

War Against Mesha 850BC

4 에돔이 이스라엘과 공동 전선을 편다. 이스라엘군과 에돔 연합군이 모압을 격퇴하고 모압 지경으로 진격하지만 난관에 봉착한다.

아랏

셀라

에돔

길하레셋

모압

6 길하레셋이 포위당한다. 메사 왕은 위기를 벗어나길 바라며 아들을 제물로 바치고, 이스라엘군은 돌아간다. 길하레셋이 함락되지 않았는데도 모압의 반란은 끝난다.

5 엘리사 선지자의 조언에 따라, 여호람과 그의 동맹군은 모압의 강력한 진지들을 치고 이들의 수도 길하레셋으로 퇴각시킨다.

 이스라엘 수도

 요새화된 이스라엘 성읍

 이방 수도

 요새화된 이방 성읍

 이스라엘 요새

 모압이 점령한 요새

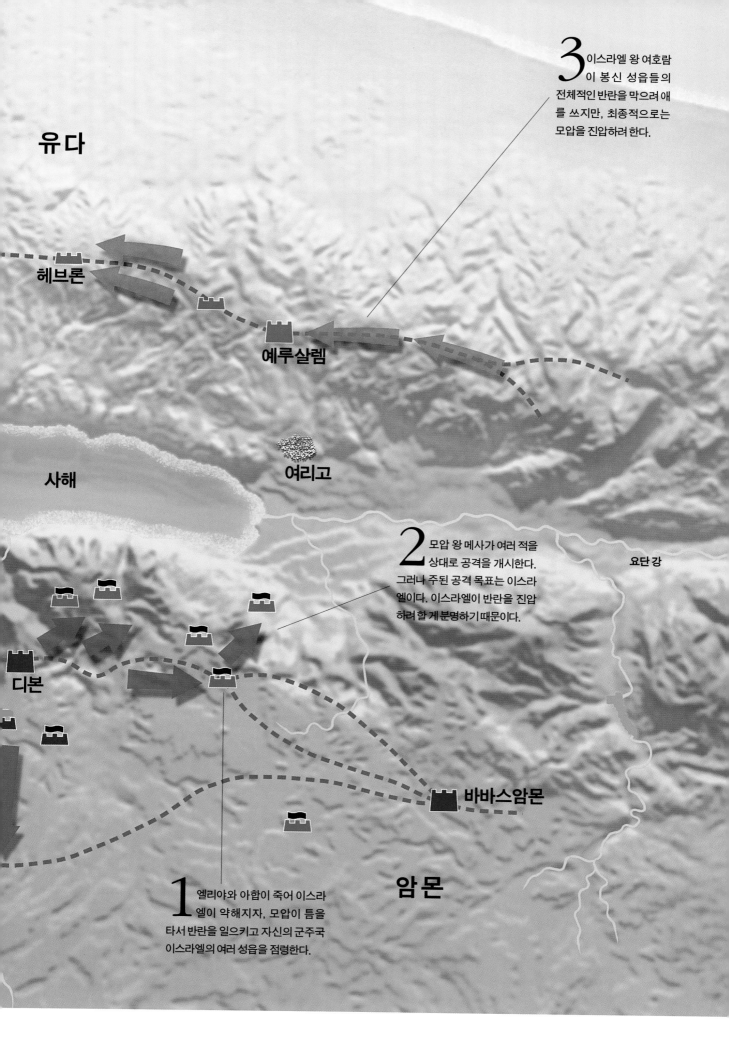

유다

헤브론

예루살렘

여리고

사해

디본

요단 강

바바스암몬

암몬

3 이스라엘 왕 여호람이 봉신 성읍들의 전체적인 반란을 막으려 애를 쓰지만, 최종적으로는 모압을 진압하려 한다.

2 모압 왕 메사가 여러 적을 상대로 공격을 개시한다. 그러나 주된 공격 목표는 이스라엘이다. 이스라엘이 반란을 진압하려 할 게 분명하기 때문이다.

1 엘리야와 아합이 죽어 이스라엘이 약해지자, 모압이 틈을 타서 반란을 일으키고 자신의 군주국 이스라엘의 여러 성읍을 점령한다.

▼사마리아 요새의 일부.
사마리아는 오랫동안 이
스라엘의 수도였다. 이
세벨이 이곳에 바알 신
전을 세웠다.

생 여호람(BC 846-841년)이 그를 대신했다.

여호람은 예배 처소에서 우상을 제거하고 왕국의 운명을 회복하려 했다. 그러나 그의 어머니 이세벨이 막강한 영향력을 행사했었기에 진정한 개혁은 불가능했다. 이스라엘 왕국은 모압의 반란 때 내부적으로 분열되었고, 군대의 상당 부분은 멀리 북쪽 다메섹에서 시리아 침입자들과 싸우고 있었다.

모압이 반란을 일으키다

모압 왕 메사는 오랫동안 이스라엘의 봉신이었다. 열왕기에 따르면 모압은 최근에 대규모 조공을 바쳤다. 메사가 새끼 양 십만 마리와 숫양 십만 마리를 조공으로 바친 것이다. 성경은 그를 '양을 치는 사람sheepmaster'이라고 부르는데, 이처럼 엄청난 규모의 가축을 바친 것을 보건대 그는 엄청난 규모의 목축업자가 틀림없었다.

그러나 메사는 조공을 바치고 얼마 지나지 않았을 때, 아합이 전사했다는 소식을 들었다. 반란을

일으키기에 더없이 좋은 기회였다. 정복자들은 내부적으로 분열되었고 그들의 왕은 죽고 없었다. 이스라엘의 멍에를 벗어던질 절호의 기회였다. 모압 족속은 엘리야 선지자를 두려워했던 것 같다. 그래서인지 이들은 엘리야가 죽은 직후에 공격을 개시했다.

모압 족속은 여호와를 섬기지 않았고, 그모스를 섬겼다. 이스라엘이 다른 민족의 신에게 관용을 보이지 않았으니, 사실 모압의 반란은 종교적 차원을 내포했을 것이다. 반란을 조직화하는 데는 상당한 시간이 걸렸다. 그래서 반란을 진압하러 나선 이스라엘 왕은 아하시야가 아니라 여호람이었다.

모압이 반란에 성공하다

메사의 반란은 초기에는 성공적이었다. 그는 모압이 아모리를 비롯해 여러 적에게 빼앗겼던 영토를 되찾았다. 그러나 그의 관심은 이스라엘에 집중되었다. 모압을 지배했던 자들이 메사의 반란을 진

압하려 들 게 분명했기 때문이었다.

메사는 주변 부족들과 동맹을 꾀했고, 암몬 족속과 에돔 족속에게 상당한 도움을 받았다. 그는 군사 작전이 한 차례 성공하면, 이를 계기로 반이스라엘 동맹이 널리 확산되리라고 기대했다. 그러나 그는 모압 북쪽의 이스라엘군과 맞붙을 만큼 강하지 못했다. 그래서 손쉬운 승리를 모색하면서 연합군을 이끌고 남쪽 유다로 진격해 여러 성읍을 점령했다. 모압군은 지중해 해안까지 밀고 들어가며 수비가 허술하거나 전혀 안 된 성읍들을 점령했다. 이를 계기로, 메사와 그의 연합군은 사기가 높아졌으나 그의 기대와는 달리 반이스라엘 동맹이 널리 확산되지는 않았다.

여호람이 반격하다

이스라엘과 유다는 심각한 위험에 처했다. 몇몇 성읍이 이러한 약점을 감지하고 반란을 일으켰고 주변 세력과 손을 잡거나 독립했다. 그러나 모압이

결정적인 승리를 거두지는 못했다. 여호람은 이스라엘이 그대로 당해서는 안 된다는 것을 알고, 동맹을 꾀하면서 힘껏 반격했다.

충돌이 점점 격해지자, 모압의 동맹들이, 특히 에돔이 가장 큰 타격을 입었다. 모압과 동맹할 법한 진영들은 별 이득이 없다는 판단에 발을 뺐다. 에돔은 이스라엘과 손잡는 편이 자신들에게 가장 이롭다고 판단해 모압에 등을 돌리고 이스라엘 편에 붙었다.

이제 에돔과 이스라엘이 손잡고 모압에게 공세를 취했다. 이들은 남쪽에서 모압으로 진격하려 했다. 정치적인 이유도 있었겠지만 현실적인 전략이기도 했다. 북쪽에서 모압으로 진격하면 처음에는 이스라엘이 장악한 북부 모압을 지나므로 수월할 터였다. 그러나 그 뒤에는 아르논 강을 건너야 했다. 메사가 이끄는 강력한 군대를 상대하면서 아르논 강을 건너다가는 참사를 당할 게 뻔했다.

남쪽에서 모압으로 진격하면 정치적 이점도 있

▼요단 광야의 천막. 성경 시대의 모압 족속과 암몬 족속과 아모리 족속은 전통적으로 이처럼 열악한 환경에서 살았다.

▼모압 요새의 성곽(BC 9세기). 모압과 이스라엘이 여러 차례 전쟁을 하던 시대에 요새 건축은 비교적 새로운 기술이었다. 이 유적은 지금까지 남아 있다.

었다. 에돔 영토를 경유해서 갈 수 있기 때문이었다. 에돔은 오랫동안 이스라엘의 봉신이었다가 반란을 일으켜 자유를 얻었다. 게다가 에돔은 최근에 모압에 등을 돌리고 이스라엘에 붙었으나 이번 전쟁이 시작될 때만 해도 이스라엘의 적이었다.

여호람은 에돔을 믿을 만한 동맹으로 생각하기 어려웠다. 그래서 군대를 이끌고 에돔 영토를 경유하면 새로운 동맹이 배신 조짐을 보이는지 줄곧 감시할 수 있을 터였다. 에돔이 다시 다른 쪽에 붙으려 든다면 즉시 응징할 수도 있었다. 또한 에돔을 경유하면, 병참선兵站線도 보호되고, 전세가 역전될 경우 이스라엘군이 후퇴하기도 용이했다. 모압의 군대를 모압과 에돔 사이의 광야로 끌어내 섬멸할 가능성도 있었다.

연합군, 곤경에 처하다

메사는 적의 계략에 말려 병력을 이끌고 광야로 나갈 만큼 어리석지 않았다. 광야로 나가면, 물품 보

급이 어려울 뿐 아니라 싸워 보지도 못하고 패하기 십상이었다. 그래서 메사는 광야로 나가지 않고 병력을 잘 배치한 후, 들어오는 적을 맞았다. 그는 와디 엘 아사에서 적이 오길 기다렸다.

이스라엘과 에돔 연합군은 광야를 지나 진격했고, 와디 건너편에서 기다리는 모압군과 맞닥뜨렸다. 연합군은 물이 부족하여, 물을 찾는 동안 모압 경보병들에게 계속 시달렸다. 여호람과 그의 연합군은 모압군을 돌파할 수도 없었고 물자마저 부족해 계속 어려움을 겪으며 난처한 상황에 처했다.

엘리야의 제자 엘리사 선지자의 말에, 연합군은 더욱 풀이 죽었다. 엘리사는 하나님이 연합군의 왕들을 모으신 목적은 이들이 망하도록 준비하기 위해서라고 했다. 그러나 잠시 후, 엘리사는 연합군이 하나님의 도움을 받으리라고 예언했다.

엘리사는 병사들을 와디로 내려 보내 구덩이를 여럿 파라고 했다. 비가 오지 않아 바짝 마른 구덩이에 물이 넘칠 거라고 했다. 그는 연합군이 대승을

거두리라고도 했다. 연합군은 먼저 눈앞의 곤경에서 벗어나겠고, 그런 뒤에 메사의 군대를 박살내며, 모압의 모든 도시를 점령하리라고 했다.

연합군, 공격을 재개하다

연합군은 엘리사의 조언대로 했고, 바짝 마른 와디에 물이 그득했다. 다급했던 물 부족 사태가 해결되자, 연합군은 진격을 재개했다. 연합군은 적이 보는 앞에서 와디를 건넜고, 모압군에게 큰 패배를 안겼다. 기록에 따르면, 물은 곧 사라졌고, 연합군이 건널 때 와디는 다시 말라 있었다.

방어 전략이 무너지자 메사는 여러 징조에 불안을 느꼈을 것이다. 결국, 메사는 요새 도시 길하레셋으로 퇴각했다. 그 길에 모압군도 와디의 물을 보았으나 그들 눈에는 붉은 핏빛으로 보였다.

제사장들은 메사에게 이것이 징조, 곧 적국의 왕들이 하나씩 쓰러지고 모압이 승리할 징조라고 했다. 그러나 이 말은 와디를 건너온 연합군의 맹렬한 공격에 거짓으로 드러났고, 메사도 사기가 꺾였다.

모압군, 길하레셋으로 후퇴하다

메사는 모압 건너편으로 후퇴하는 길에 여러 성읍을 거치며 병력을 증강했다. 유대인 군대와 그 동맹군은 길하레셋까지 모압군을 추격하면서 여러 성읍을 황폐화시켰다. 당시 전쟁에서 이러한 행동은 일반적이었다. 이는 적을 약화시키는 고의적인 전술이고 또 한편 공격적인 징발의 결과였다.

마침내, 모압군은 견고한 요새 길하레셋에 피했다. 뒤따라온 연합군은 곧바로 요새에 들어가지 못했고, 대신에 도시를 포위했다.

길하레셋은 모압 기르(Kir-Moab, 모압의 요새)를 비롯해 여러 이름으로 불린다. 어느 번역은 길하레셋을 '벽돌 요새'로 옮겼는데, 이 도시가 견고하게 건축된 뛰어난 요새였기 때문이다. 어쨌든, 길하레셋은 가파른 언덕 꼭대기에 자리했으므로 아주 견고한 요새였다. 공격하기가 거의 불가능했다.

▼국경 성읍 아로엘에는 이러한 교역소가 있었다. BC 9세기 건축물로 비교적 온전한 형태로 남아 있다.

▶르네상스 시대의 그림이다. 엘리사는 오랫동안 엘리야의 제자로 지내다가 스승의 뒤를 이었다. 메사가 패배한 후, 엘리사는 오랫동안 활동을 계속했고 죽은 후에도 기적을 일으켰다.

그러나 연합군은 공격할 필요가 없었다. 연합군은 도시를 포위했고, 모압군은 독안에 든 쥐였다. 지원군이 올 가능성은 희박했고, 지원군이 오지 않는다면, 연합군은 수비대가 굶어죽길 기다리면 그만이었다. 연합군은 도시 밖 높은 지대를 장악했다. 그곳에서 수비대가 모습을 드러내면 무릿매로 공격했고, 모압군은 방어조차 쉽지 않았다.

메사, 마지막 항전을 벌이다

메사는 요새 안에 가만히 앉아 있다가는 전쟁에 패하리라는 것을 알았다. 전세를 뒤집으려면, 과감한 공격을 감행해야 했다. 그래서 메사는 칼을 든 병사 700명을 모아 싸우러 나갔다.

메사의 공격은 에돔 왕을 향했다. 메사는 배신한 옛 동지에게 복수하려 했거나 에돔군이 이스라엘군에 비해 전력이 약하다고 생각했던 것 같다. 에돔군이 공격받고 피를 보면 다시 메사 자신 편에 서리라고 생각했을 수도 있다.

이유야 어떻든 간에, 메사는 적을 공격해 적잖은 손실을 끼쳤으나 의미 있는 전과를 올리지는 못했다. 메사의 군대는 완전히 패해 길하레셋으로 다시 쫓겨갔다.

메사는 패배했고, 자신도 이것을 알았다. 신의 도움을 받으려는 마음에서, 또는 자신의 신 그모스의 진노를 돌이키려는 마음에서, 메사는 자신의 상속자 맏아들을 제물로 바쳤다. 그는 아주 섬뜩한 방법으로 아들을 제물로 바쳤다. 다시 말해, 포위한 적이 모두 보는 가운데 성벽 위에서 아들을 태워 제물로 바쳤다.

비정상적인 방법으로, 메사는 자신이 원하는 것을 얻었다. 연합군은 길하레셋에 대한 포위를 풀고 퇴각했다. 추격도 없었다. 모압군은 침입자들이 돌아가도록 놔두었고, 다시 공격하지도 않았다.

모압도 다시 정복되지 않았다. 모압 남부는 이스라엘로부터 독립을 유지했고, 이스라엘은 국경 지역의 다른 여러 문제에 눈을 돌렸다. 아합이 전사한 지 8년 후에도, 이스라엘군은 여전히 다메섹 외곽에서 싸우고 있었다. 당장 눈앞의 위기를 해결해야 했고, 모압은 좀 더 기다렸다가 기회 있을 때 쳐도 그만이었다.

유다와 에돔의 전투

BC 785년

Edom

전투 개요

누가 : 유다 왕 아마샤가 에돔을 다시 지배하려고 나섰다.

무엇을 : 유다군은 에돔군을 이긴 후, 에돔의 수도 셀라를 공격했고, 에돔 북부 전역을 다시 정복했다. 그러나 얼마 후, 아마샤의 군대는 요아스 왕이 이끄는 이스라엘군에게 완패했다.

어디서 : 현재의 남부 요르단에 자리한 소알(Zoar) 오아시스 근처 소금 골짜기. 유다와 이스라엘은 산악 지대와 블레셋 평원 사이에 자리한 유대 저지대(셰펠라)의 벧 세메스에서 전투를 벌였다.

언제 : BC 785년경

왜 : 아먀샤 왕은 선대왕 여호람이 BC 840년에 에돔에게 빼앗긴 교역로와 영토를 되찾고자 했다.

결과 : 아마샤 왕이 이끄는 유다군은 에돔에게 승리해 에돔 북부 지역을 되찾았다. 그러나 얼마 후, 유다군은 이스라엘 왕 요아스에게 패했고, 아마샤는 포로가 되었으며 예루살렘은 약탈을 당했다.

▶ 모압 근처, 지금의 요르단 광야에 자리한 천막. 건조한 이 지역이 구약 시대에 이스라엘의 전통적인 적이었던 에돔 족속과 아모리 족속의 근거지였다.

에돔 왕국은 유다 왕국 남동쪽 고원지대에 위치했다. 영토를 확장하려는 유다 왕들은 에돔을 여러 차례 목표물로 삼았다. 유다가 이 작은 영토를 정벌하고 유지하며 겪은 어려움은 분열 왕국 시대의 여러 군사적, 정치적 문제를 이해하는 중요한 단서다.

이스라엘의 동쪽 국경에는 유목민 기질이 강한 작은 나라들이 있었다. 그 가운데, 사해 남동쪽에 자리한 에돔은 전략적으로 매우 중요한 나라였다. 남동쪽에서 이스라엘로 통하는 중요한 교역로와 접근로를 지배하고 있었기 때문이다. 따라서 이스라엘은 국가를 형성하자, 일찍이 에돔을 겨냥했다.

다윗 왕은 BC 10세기에 에돔을 정벌했고, 에돔의 영주들을 이스라엘의 지배 아래 두었다. 이스라엘과 유다가 분열되었을 때, 에돔은 남쪽 유다 왕국의 속국이 되었다. 에돔은 인구가 적었고, 직업군인과 갑옷과 전차와 기병을 갖춘 군대에 맞서 '현대적인' 전쟁을 할 만큼 전열이 정비되어 있지도 못했다. 그러나 에돔의 지형은 대부분 험한 광야였기 때문에, 전형적인 BC 9세기와 8세기 무기로 에돔을 지배하기란 쉽지 않았다.

에돔이 반란을 일으키다

BC 9세기와 8세기에, 레반트(Levant, 시리아, 레바논, 이스라엘 등 지중해 동부의 여러 나라 — 옮긴이)는 정치적으로 아주 불안했다. 에돔은 유다 왕 여호람 때 반란 기회를 잡았고, 지역

에돔의 위치

앗수르 제국

벧 세메스
유다
예루살렘
에돔

이집트

에돔은 요단 강 건너편, 이스라엘 남동쪽에 자리했다. 메소포타미아와 유다 같은 지중해 주변 국가들 간의 교역을 장악하고 있었다.

유다 전차

유다와 이스라엘은 주변국에 비해 전차를 그다지 활용하지 않았다. 전차를 운용하기에는 지형이 너무 험했기 때문이다. 그러나 다윗 왕 때부터 왕들은 전차 부대를 두었는데, 전투의 효율성을 위해서였던 만큼이나 과시용이기도 했다. 전차는 탁 트인 평지에서 적의 보병을 섬멸하는 데 아주 유용했다. 전차는 속도가 매우 중요했기 때문에 가볍게 제작되었고, 일반적으로 두 사람이 탑승했다. 한 사람은 말을 몰았고, 한 사람은 활로 적을 공격했다.

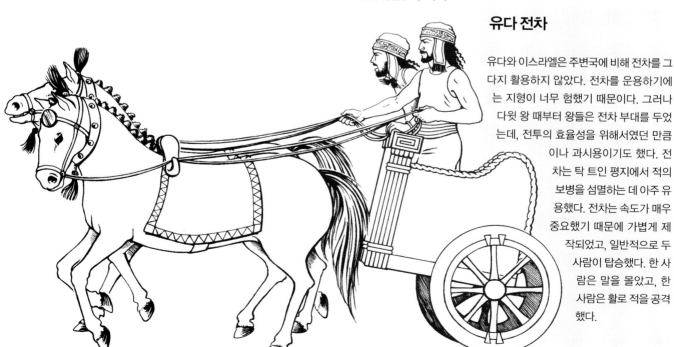

▶지금처럼, 성경 시대에도 유다 남부 국경을 따라 펼쳐진 험한 네게브 광야는 뚫기가 거의 불가능한 방어막이었다.

왕조 아래 독립을 선언했다. 물론, 유다 왕 여호람은 자신의 권위에 이처럼 노골적으로 도전하는 사태를 방치할 수 없었다. 그래서 보병뿐 아니라 상당한 규모의 전차 부대까지 이끌고 진압에 나섰다. 여호람은 당시 최첨단 무기였던 전차를 동원하면, 전차도 하나 없고 오합지졸에 가까운 에돔군이 지레 겁을 먹어 더 수월하게 진압되리라고 믿었던 게 틀림없다.

전차는 탁 트인 평지에서는 가공할 만한 무기였다. 그러나 좁고 가파르며 바위투성이인 에돔의 지형에는 적합하지 않았다. 유다군은 마침내 좁은 길을 지나 사해 남쪽 평지에 진을 쳤다. 하지만 사방이 울퉁불퉁해서 전차를 운용하기가 매우 어려웠다.

유다군의 불운, 또는 전략 부족은 여기서 끝나지 않았다. 여호람은 소알 오아시스에 진을 쳤으나 보초병을 충분히 세우지 않았다. 불행하게도 에돔군이 한밤중에 급습해 여호람 왕과 유다군의 전차와 말을 집중적으로 공격해 큰 성과를 거두었다. 에돔군은 여호람이 바라던 만큼이나 유다군의 전차가 두려웠던 게 분명하다. 여호람은 이러한 위기 상황에 아주 침착하게 대응했다. 보병이 되어 버린 전차병들을 서둘러 결집시켜 에돔의 공격을 격퇴했다.

그러나 유대 진영은 두려움에 휩싸였고 많은 병사들이 진영을 이탈해 집으로 돌아갔다. 결국 여호람은 에돔 정벌을 중단하고 치욕스런 후퇴를 해야 했다. 에돔은 이후 2세대 동안 독립을 유지했다.

유다, 군사력을 회복하다

아마샤 왕(BC 801-783년)이 통치할 무렵, 유다는 군사적으로 훨씬 강해져 있었다. 중동의 신흥 강국 앗수르는 다행히 아직은 직접적인 위협이 되지는 못했다. 사실, 이 시기에 점점 강해지는 앗수르의 군사제국주의는 유다와 이스라엘 모두에게 이득이었다. 왜냐하면 앗수르 왕 아닷 니라리 3세(Adad-nirari III, BC 811-783년)가 감행한 두 차례 정벌로, 유다와 이스라엘을 늘 위협하던 시리아의 세력이 약해졌기 때문이었다. 더 나아가, 아마샤는 같은 유대인 국가이며 서로 경쟁 관계인 이스라엘과 평화롭게 지냈다. 여호람이 잃었던 교역로와 영토를 되찾을 기회가 무르익은 듯했다.

이 시기에 유다의 전력을 정확하게 가늠하기는 어렵다. 성경은 아마샤가 에돔을 공격할 때 유다 사람 3십만 명과 이스라엘 용병 1십만 명을 거느렸다고 말한다(대하 25장). 유다처럼 작고 가난한 나라가 이 정도 병력을 동원하기란 불가능하다. BC 853년 앗수르의 기록에 따르면, 아합 왕의 군대는 보병이 1만 명에 전차가 2,000대였다.

한 세기 후, 유다 보병은 이스라엘 보병에 근접한 전력을 갖췄다. 그러나 유다가 상당한 전차 부대를 둘 만큼 부유했다는 증거는 없다. 아마샤는 용병도 고

양측 병력

유다군(추산)

기병	2,000명
보병	1만 명
합계	**1만 2,000명**

에돔군(추산)

기병	1,000-2,000명
보병	8,000명
합계	**9,000-1만 명**

이스라엘군(추산)

전차(3인승)	4,500명
보병	1만 명
합계	**1만 4,500명**

유다와 에돔의 전투 (BC 785년)

Edom 785BC

유다

요새화된
유다 성읍

1 유다왕 여호람의 군대가
에돔 평지로 진격한다.

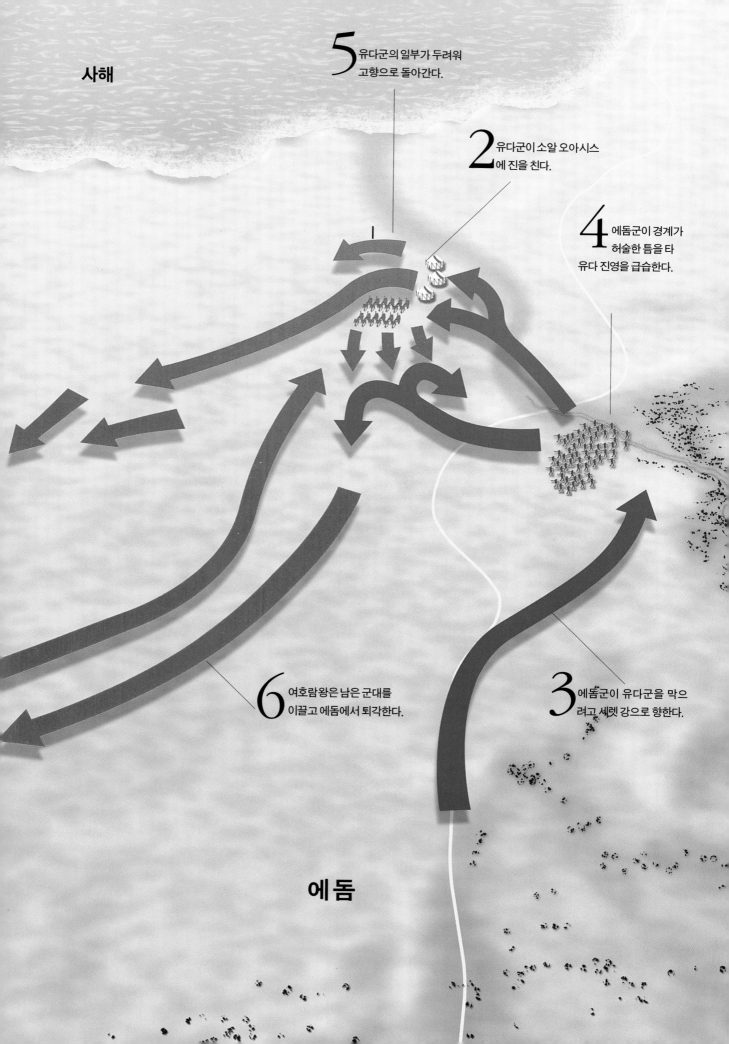

사해

5 유다군의 일부가 두려워
고향으로 돌아간다.

2 유다군이 소알 오아시스
에 진을 친다.

4 에돔군이 경계가
허술한 틈을 타
유다 진영을 급습한다.

6 여호람왕은 남은 군대를
이끌고 에돔에서 퇴각한다.

3 에돔군이 유다군을 막으
려고 세렛 강으로 향한다.

에돔

▶어느 현대 화가의 작품이다. 예루살렘 성전에서, 대제사장이 어린 요시아 왕을 유다 군대 앞에 내보인다.

용했다. 다윗 왕 때부터 유다와 이스라엘은 전쟁에 용병을 쓰는 게 일반적이었다. 그러나 역대하 기사에 따르면, 아마샤는 북쪽 이스라엘 용병을 쓰지는 않았다. 이름 모를 선지자가 전투를 시작하기 전에 이스라엘 용병을 고향으로 돌려보내라고 했기 때문이었다.

유다는 BC 8세기에도 전차 부대를 두었던 게 분명하다. 그러나 왕이 에돔을 정벌하러 갈 때 전차 부대를 이끌고 나갔다는 증거는 없다. 여호람이 앞서 당한 패배를 생각하면, 전차 부대를 이끌고 가지 않는 것이 지혜로운 처사였다. 아마샤는 오히려 기병을 두었다. 기병은 지형이 험한 에돔을 정벌할 때 훨씬 유용했을 것이다. 이것은 유다군이 기병을 사용했다고 증명된 첫 사례다.

유다, 에돔 정벌에 나서다

아마샤의 군대는 남동쪽으로 진군했다. 네게브 가장자리를 따라 사해 남쪽의 유대 산악 지대를 통과했을 것이다. 에돔군은 사해 남쪽, 성경이 소금 골짜기라고 부르는 지점에서 유다군과 맞닥뜨렸다. 전투지는 여호람이 두 세대 전에 치욕을 당했던 소알 오아시스에서 불과 몇 킬로미터 거리였다. 뒤이은 전투에서, 유다군의 전력이 우세한 게 확연히 드러났다.

아마샤의 병력 가운데 다수는 각 지역에서 차출한 병사들이었다. 에돔을 정벌하기 전, 아마샤는 유다 남자의 수를 조사했다. 이때 남자가 군복무를 시작하는 연령을 20세로 못 박았다. 필요할 때마다 왕의 근위대와 수비대와 용병 같은 전문 병력이 이러한 군대를 뒷받침했다. 유다군은 핵심 전력이 직업군인으로 구성되었을 뿐 아니라 장비도 전체적으로 에돔군에 비해 뛰어났다. 보다 상세한 전투 기록을 토대로 판단할 때, 아마샤의 군대에는 창과 칼과 방패로 무장한 보병 외에 상당히 많은 궁수와 무릿매꾼이 있었을 것이다. 수준이 더 높은

엘리트 부대는 얇은 청동 갑옷(가죽에 청동 비늘을 꿰매단 형태)도 입었는데, 에돔군에게는 이런 갑옷이 드물었을 것이다. 무엇보다도, 아마샤는 상당수의 기병을 보유했으며, 기병은 말을 탄 채 강력한 복합궁을 사용할 뿐 아니라 험한 지형에서 여호람의 전차들보다 훨씬 쉽게 기동력을 발휘했다.

이와는 대조적으로, 에돔의 전사들은 습격과 게릴라전에 훨씬 적합한 형태였다. 여호람의 진영을 야간에 급습한 사건이 이것을 잘 보여 준다. 에돔군에는 몸통 갑옷을 입은 병사들이 많지 않았다. 그러나 그들이 주로 유목 생활을 했다는 사실을 감안할 때, 에돔 왕에게는 기병이 상당수 있었을 것이다.

소금 골짜기 전투에서, 유다군은 중요한 승리를 거두었다. 현존하는 기록에는 유다군이 어떻게 승리했는지 나오지 않는다. 그러나 아마샤의 승리가 중요한 의미를 내포한 것은 분명하다. 역대하 저

▼말을 탄 앗수르 궁수는 에돔을 정벌할 당시에 말을 탄 유다군 궁수와 매우 비슷했을 것이다. 이때만 해도 아직 안장과 등자가 발명되지 않았다.

▼고대 에돔의 수도 엘라가 있던 자리. 역대하 기록에 따르면, 유다 왕 아마샤는 에돔군에게 승리한 뒤에 사로잡은 에돔 병사 1만 명을 절벽에서 던져 죽였다.

자는 유다군이 전투 중에 적군 1만 명을 도륙했다고 말한다. 더 나아가, 에돔 병사 1만 명을 생포해 절벽에서 떨어뜨려 죽였다고 말한다. 아마샤는 곧바로 에돔의 수도인 요새 도시 셀라(지금 요르단의 타필라 남동쪽에 자리한 엘-셀라로 보인다)를 급습해 승리를 확고히 다졌다. 이번 승리로, 아마샤는 에돔 북부 전역을 다시 지배하게 되었다.

유다, 이스라엘과 싸우다

학자들은 사건 순서를 두고 논쟁을 벌인다. 그러나 유다는 에돔에게 승리한 뒤, 이스라엘과 불필요한 전쟁을 벌인 것으로 보인다. 아마샤는 에돔과 싸워 승리하자 목에 힘이 잔뜩 들어갔고, 이스라엘 왕 요아스에게 도발적인 메시지를 보냈다. 이스라엘군이 다메섹과의 전쟁에 집중하느라 대응하지 못하리라고 판단한 것이다. 그러나 남쪽 유다보다 강했던 이스라엘은 군사력이 다시 강해지고 있었다. 요아스 왕은 BC 802년경부터 787년 사이에 세 차례 다메섹 정벌에서 승리했고, 그 과정에서 몇몇 성읍을 되찾았다. 열왕기하에 따르면, 요아스가 처음에는 아마샤의 도발을 레바논 백향목을 공격하는 가시나무에 비유하면서 아마샤에게 조용히 입을 다물고 문제를 일으키지 말라고 충고했다(왕하 14:9). 그러나 아마샤가 계속 도발해 오자, 도전을 받아들여 신속히 군대를 꾸려 유다와 맞붙었다.

요아스는 이스라엘군을 이끌고 유다 영토 깊숙이 침입했다. 전력이 열세인 아마샤의 군대는 셰펠라(중앙 산악 지대와 블레셋의 해안 평지 사이에 자리한 저지대)의 벧 세

메스에서 요아스의 군대와 맞닥뜨렸다. 이 전투에서, 아마샤의 유다군이 참패했다. 아마샤는 포로가 되었고, 살아남은 유다 병사들은 사방으로 도망쳤다.

상세한 전투 기록은 없지만, 이스라엘군의 승리는 무엇보다 강력한 전차 부대 덕이었다. 이스라엘 왕이 BC 853년에 그랬듯이 전차 2,000대를 동원했다면, 유다 왕 아마샤가 탁 트인 평지에서 이스라엘군과 맞서이길 가능성은 희박했다. 실제로 벧 세메스는 전차를 활용하기 좋은 지형이었다.

유다군은 더는 이스라엘군에게 효과적으로 맞서지 못할 만큼 병력을 많이 잃었다. 이제 이스라엘군은 어디로든 진격할 수 있었다. 요아스는 유다에게 따끔한 교훈을 주고 싶었고, 그래서 아마샤의 수도 예루살렘에 진노를 쏟아 붓기로 했다.

예루살렘은 천연 요새였으나 성벽을 제대로 수리하지 않았고, 벧 세메스에서 당한 참패 때문에 수비대 전력도 크게 약해졌던 게 분명하다. 이스라엘군은 공성퇴로 북쪽 성벽을 뚫고 진입하기까지 그리 오래 걸리지 않았다. 이스라엘군은 성으로 진입해 왕궁과 성전의 보물을 약탈했으며, 예루살렘 성벽 183미터를 허물어 방어력을 크게 약화시켰다. 요아스는 포로들을, 아마도 불운한 아마샤 왕과 맞바꾼 포로들을 끌고 북으로 돌아갔다. 아마샤는 곧 죽었고, 그의 아들 아자르야(웃시야, BC 786-758년)가 이스라엘의 속국에 가까운 유다의 왕이 되었다.

유다의 에돔 정벌이 남긴 교훈
유다는 BC 785년경에 에돔 정벌에 나섰는데, 이 정벌은 BC 8세기에 근동의 정치가 얼마나 혼란스러웠는지 보여 준다. 작은 나라들이 군주와 봉신이 수시로 바뀌는 상황에서 국경을 두고 끊임없이 싸웠다. 에돔은 유다의 지배에서 벗어났으나 유다의 정벌이 성공하면서 다시 유다의 지배를 받았다. 그러나 유다는 불필요하게 이스라엘과 전쟁을 벌였

는데, 이것은 당시의 정치, 군사 게임이 얼마나 복잡했는지 암시적으로 드러낸다.

유다의 에돔 정벌은 또한 여호람이 앞서 에돔 정벌에 실패한 사건과 더불어 고대 팔레스타인의 복잡한 지형을 보여 준다. 지형이 아주 다양했기에, 당시의 일반적인 전략이 늘 먹혀들지는 않았다. 영리한 통치자들은 한 가지 전술에 지나치게 의존하기보다는 그때마다 예상되는 상황에 자신의 군대를 맞추었다.

◀아마샤가 유다를 통치할 때, 아닷 니라리 3세는 앗수르의 왕이었다. 그는 유다의 힘을 키우려는 아마샤의 노력을 큰 관심을 갖고 지켜보았다.

앗수르의 팔레스타인과
시리아 원정

BC 734-732년

Palestine and Syria

전투 개요

누가 : 디글랏 빌레셀 3세가 이끄는 앗수르군이 3년 동안 이스라엘, 다메섹, 두로, 아스글론, 가사 원정에 나섰다.

무엇을 : 앗수르군은 팔레스타인과 시리아를 침공해 요새화된 성읍들을 점령했고, 영토를 합병했으며, 많은 주민을 포로로 사로잡고 앗수르로 돌아갔다.

어디서 : 1차 원정 때, 디글랏 빌레셀의 군대는 페니키아와 필리스티아(블레셋) 해안을 따라 내려오면서 시돈에서 가사까지 여러 도시를 점령했다. 2차, 3차 원정은 다메섹을 향했다. 3차 원정 과정에서 앗수르군은 북쪽 이스라엘을 경유했다.

언제 : BC 734-732년

왜 : 디글랏 빌레셀은 지중해로 이어지는 교역로를 장악하고, 팔레스타인에 대한 이집트의 영향력을 줄이려고 했다.

결과 : 앗수르군은 다메섹을 함락하고 다메섹 왕을 처형했다. 이스라엘은 왕이 암살되고 그의 후계자가 디글랏 빌레셀에게 항복한 후에야 살아남았다. 그러나 이스라엘은 주권을 잃었다.

BC 734-732년, 디글랏 빌레셀 3세(Tiglath-Pileser III, BC 745-721년)가 팔레스타인과 시리아를 침공해 이 지역과 이 지역의 교역을 장악하려 했다. 이스라엘은 이때 앗수르의 대단한 군사력을 처음 경험했다. 앗수르군의 침입으로, 북쪽 이스라엘 왕국이 서서히 막을 내리기 시작했다.

▶앗수르는 네 마리 말이 끄는 전차를 고안하여 실험했다. 그러나 당시 멍에는 각각의 말이 끄는 무게를 심하게 제한하는 형태였다. 말의 가슴걸이는 여러 세기 후에야 발명되었다.

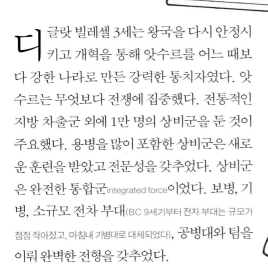

앗수르 보병

앗수르 보병은 두 부류였다. 우선 왕이 상시 고용하는 전문 전투 요원들이 있었다. 이들은 보통 때는 수비대에서 복무했으나 원정 때는 신속하게 동원되었다. 그런가 하면, 중요한 원정이나 필요할 때에 소집하는 차출군(민병대)도 있었다. 그림에서 보듯이, 대부분 앗수르 보병은 투구와 방패와 짧은 투창으로 무장했다. 왕의 전문 부대는 몸통 갑옷을 입었고 제대로 된 군화도 최초로 신었다. 또한 보다 전문적인 무기도 갖췄으며, 특히 성을 공격할 때 필수적인 값비싼 복합궁으로 무장했다.

디글랏 빌레셀 3세는 왕국을 다시 안정시키고 개혁을 통해 앗수르를 어느 때보다 강한 나라로 만든 강력한 통치자였다. 앗수르는 무엇보다 전쟁에 집중했다. 전통적인 지방 차출군 외에 1만 명의 상비군을 둔 것이 주요했다. 용병을 많이 포함한 상비군은 새로운 훈련을 받았고 전문성을 갖추었다. 상비군은 완전한 통합군integrated force이었다. 보병, 기병, 소규모 전차 부대(BC 9세기부터 전차 부대는 규모가 점점 작아졌고, 마침내 기병대로 대체되었다), 공병대와 팀을 이뤄 완벽한 전형을 갖추었다.

디글랏 빌레셀은 앗수르군에 청동 비늘 갑옷을 도입하기도 했는데, 얇은 청동 조각을 가죽 상의에 꿰매 붙인 형태였다. 디글랏 빌레셀의 병력이 어느 정도 규모였는지 알려 주는 기록은 남아 있지 않다. 하지만 이보다 한 세기 전, 살만에셀 3세가 BC 854년 카르카르 전투에서 동원한 병력을 토대로 비교해 볼 수는 있다.

살만에셀은 3만 5,000명을 전투에 동원했다. 그중에 2만 명은 보병이었고 1만 2,000명은 기병이었으며 전차가 1,200대였다. 한 세기 후, 앗수르 기병대는 이보다 규모가 컸을 테고 전차 부대는 이보다 규모가 작았을 것이다. 실제적으로 디글랏 빌레셀의 정벌군은 살만에셀의 군대와 비슷한 규모였을 것이다.

앗수르의 큰 계획

디글랏 빌레셀은 이처럼 대단한 전력을 갖춘 군대를 두었기에 새로운 영토를 정복할 계획을 세울 수 있었다. 앗수르는 지중해로 통하는 교역로가 절실히 필요했다. 그래서 디글랏 빌레셀은 서쪽에 관심을 집중했다. 서쪽에는 이스라엘과 유다뿐 아니라 시리아의 작은 나라들이 있었다. 그러나 앗수르는 아시아와 아프리카를 잇는 요충지인 팔레스타인을 두고 그 시대의 또 다른 강국인 이집트와 직접적으로 경쟁을 벌여야 했다. 따라서 이 중요한 지역의 작은 나라들은 두 제국의 격한 힘겨루기의 졸卒이 되어야 했다. 그러나 이 지역 왕들은 이러한 제한적인 역할

앗수르 제국의 위치

앗수르 제국

●다메섹

두로●

●예루살렘
●가사

이집트

티그리스 강 중류 지역에서 시작된 앗수르 제국의 원대한 목표는 비옥한 초승달 지역 전체와 인근 지역을 지배하는 것은 물론, 고대 근동을 지나는 모든 무역로를 장악하여 생산 자원을 경제적으로 이용하는 것이었다.

을 수용하려 들지 않았고, 이스라엘을 비롯해 여러 나라가 완전한 독립을 유지하려 애쓰다가 몰락했다.

BC 743-738년 1차 서부 원정에서, 디글랏 빌레셀은 우라르투Urartu를 격파하고 이스라엘 북동쪽까지 진격했다. 그 뒤, 지중해 해안을 따라 진격하며 힘을 과시했다. 디글랏 빌레셀은 이스라엘 왕 므나헴(BC 747-738년)에게 사신을 보냈고, 므나헴은 이스라엘의 멸망을 가져올지도 모르는 전쟁을 벌이는 대신 디글랏 빌레셀에게 조공을 바치고 그를 군주로 받들기로 했다.

모든 이스라엘 백성이 앗수르의 위협에 이처럼 순순히 굴복한 건 아니다. 이스라엘 백성 중에는 왕을 겁쟁이로 여기거나 앗수르가 이스라엘 내정에 간섭하기에는 거리가 너무 멀다고 생각하는 사람들도 틀림없이 있었다. BC 737년, 르말리야의 아들인 이스라엘 장수 베가가 므나헴의 아들 브가히야를 폐위시키고 죽인 후 왕위에 올랐다. 이때 반앗수르 세력은 큰 힘을 얻었다.

새로운 이스라엘 왕 베가(BC 737-732년)는 이스라엘이 혼자서는 강력한 앗수르와 맞서지 못한다는 사실을 잘 알았을 것이다. 마침 다메섹(아람) 왕 르신이 디글랏 빌레셀에 맞서 조직적인 저항을 시작하자, 베가는 여기에 흔쾌히 동참했다. 마침내 다메섹의 르신, 이스라엘의 베가, 두로의 히람(BC 969-936년), 아스글론의 미틴티, 가사의 하눈이 동맹을 결성했다.

사자의 수염을 건드리다

반앗수르 동맹의 첫 열매는 이스라엘과 다메섹 연합군이 이스라엘 남쪽에 자리한 유다를 치는 것이었다. 공격의 동기는 분명했다. 유다 왕 요담(BC 750-735년)을 위협해 자신들의 반앗수르 동맹에 참여시키는 것이었다. 요담은 앗수르군이 1차 서부 원정 때 유다에는 오지 않았는데도, 알아서 디글랏 빌레셀에게 조공을 바쳤었다. 이는 북쪽의 반앗수르 동맹이 제시한 요구에 굴복하지 않고 앗수르 왕에게 했던 맹세를 깨지 않으려는 게 분명했다.

다메섹과 이스라엘은 유다를 점점 강하게 압박했고, 열왕기하 16장 5-9절에 나오듯이 예루살렘을 포위하기까지

▼앗수르 왕 살만에셀 3세는 강력한 군대를 만들었으나 대규모 팽창 정책을 펴지는 않았다. 이 부조는 살만에셀 3세가 남쪽의 바벨론과 조약을 맺는 장면이다.

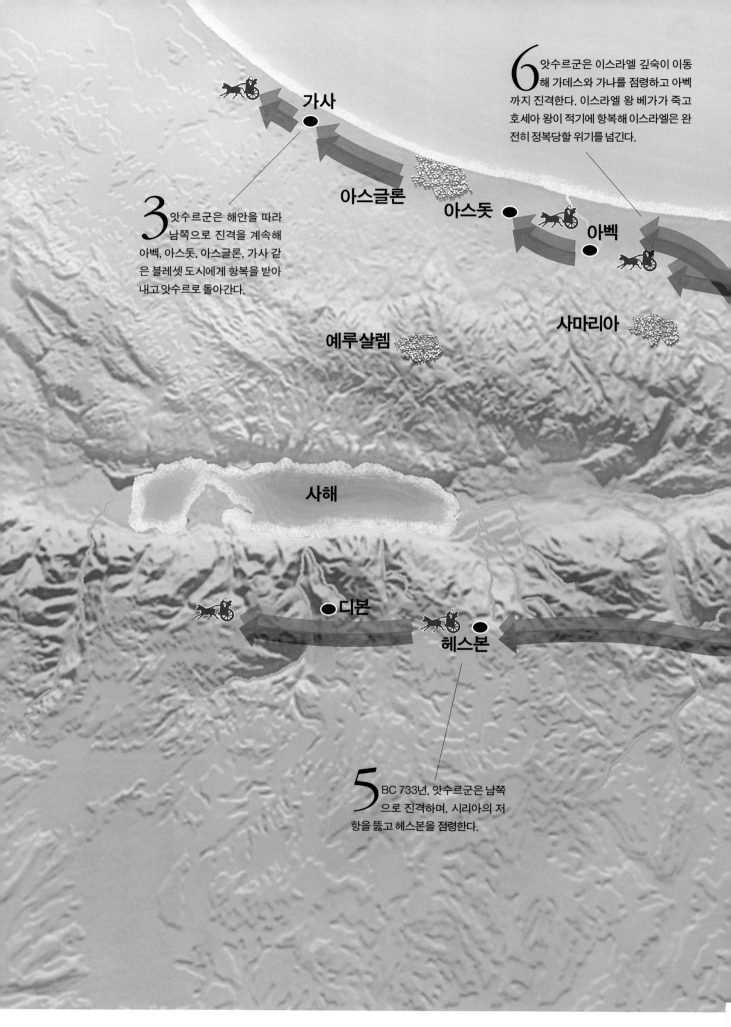

6 앗수르군은 이스라엘 깊숙이 이동해 가데스와 가나를 점령하고 아벡까지 진격한다. 이스라엘 왕 베가가 죽고 호세아 왕이 적기에 항복해 이스라엘은 완전히 정복당할 위기를 넘긴다.

3 앗수르군은 해안을 따라 남쪽으로 진격을 계속해 아벡, 아스돗, 아스글론, 가사 같은 블레셋 도시에게 항복을 받아내고 앗수르로 돌아간다.

가사

아스글론

아스돗

아벡

사마리아

예루살렘

사해

디본

헤스본

5 BC 733년, 앗수르군은 남쪽으로 진격하며, 시리아의 저항을 뚫고 헤스본을 점령한다.

앗수르의 팔레스타인과 시리아 원정 (BC 734-732년)

Palestine and Syria 734-732BC

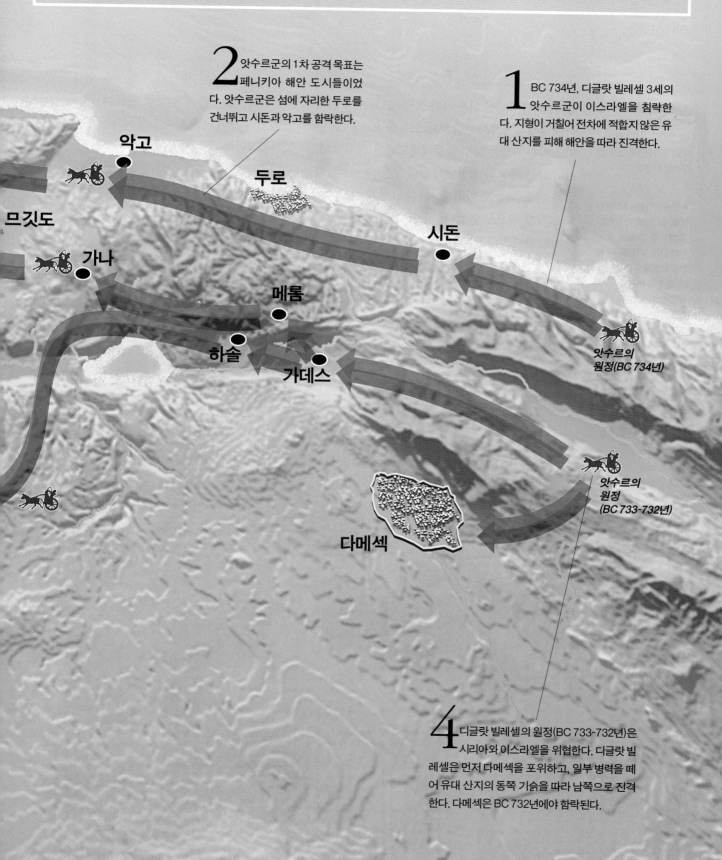

2 앗수르군의 1차 공격 목표는 페니키아 해안 도시들이었다. 앗수르군은 섬에 자리한 두로를 건너뛰고 시돈과 악고를 함락한다.

1 BC 734년, 디글랏 빌레셀 3세의 앗수르군이 이스라엘을 침략한다. 지형이 거칠어 전차에 적합지 않은 유대 산지를 피해 해안을 따라 진격한다.

악고

두로

므깃도

시돈

가나

메롬

하솔

가데스

앗수르의
원정(BC 734년)

다메섹

앗수르의
원정
(BC 733-732년)

4 디글랏 빌레셀의 원정(BC 733-732년)은 시리아와 이스라엘을 위협한다. 디글랏 빌레셀은 먼저 다메섹을 포위하고, 일부 병력을 떼어 유대 산지의 동쪽 기슭을 따라 남쪽으로 진격한다. 다메섹은 BC 732년에야 함락된다.

▼앗수르 시대의 부조를 본떠 그린 그림에서 보듯이, 앗수르군은 야전 천막을 규격화했을 만큼 전문성을 띠었다.

▶앗수르인은 대표적인 몇몇 신 외에 개별적인 영(靈), 곧 그림에 보는 것과 같은 '귀신들'이 자신을 보호해 준다고 믿었다. 독수리 머리의 이 신상은 상아를 깎아 만들었으며 본래 보좌의 일부였다. 상아 조각은 고대에 중요한 가구 장식에 널리 사용되었다. 독수리 머리를 한 신들은 보호의 신이었고, 따라서 보좌의 주인을 보호해 주리라고 믿었다. 비슷한 형상들이 니므루드에 있는 앗수르의 벽 부조에도 나타난다. 이 조각은 BC 8세기 유물이며, 아나톨리아 우라르투의 토프라칼레에서 출토되었다.

했다. 요담의 뒤를 이은 아하스 왕(BC 735-727년)은 디글랏 빌레셀에게 사신을 보내 도움을 요청했다. 아하스의 사신들은 앗수르 왕에게 도움을 요청할 때, 왕궁 보물 창고와 성전에서 끌어 모은 엄청난 양의 금과 은을 뇌물로 바쳤다. 사실 그렇게 적극적으로 설득할 필요도 없었다. 앗수르 왕은 전략적 요충지인 팔레스타인에 고분고분한 봉신을 두고 싶어 했다.

따라서 반앗수르 동맹이 앗수르 왕의 봉신인 유다 왕 아하스를 까닭 없이 공격한 사건은 앗수르 왕이 개입하는 더할 나위 없이 좋은 구실이 되었다. 운 좋게도, 앗수르 왕은 자신에게 반기를 든 자들에게 패배를 안기고 그들을 폐위시켰다. 그럼으로써 아하스 왕에게 고마움을 샀다.

'필리스티아로'

그 시대의 기록인 앗수르 연대기 Assyrian Eponym Chronicle는 디글랏 빌레셀의 2차 서부 원정 첫해를 '필리스티아로to Philistia'라고 기록했다. BC 734년 봄, 디글랏 빌레셀은 군대를 이끌고 북쪽에서 침입해 페니키아 해안을 따라 진격했다. 지형 때문에 선택한

길이었다. 요단 골짜기로 갈 경우, 산악 지대이고 골짜기가 깊어 해안 평지로 들어가는 침입 경로가 제한적이었다.

디글랏 빌레셀은 페니키아에 도착하자, 지중해 교역의 중요한 중심지인 페니키아의 독립된 도시국가들을 복속시키기 시작했다. 그는 우선 사다리로 성벽을 기어올라 비블로스Byblos를 점령했다. 이보다 작은 성읍도 여럿 함락했다. 디글랏 빌레셀은 앗수르가 흔히 사용했던 위협 전략을 썼다. 이는 나머지 적에게 겁을 주어 싸우지 않고 항복을 이끌어 내려는 의도였다. BC 8세기의 또 다른 기록을 토대로 판단하건대, 앗수르군은 비블로스를 함락한 후 지도층을 도륙하고 가죽을 벗겼고 나머지 주민은 멀리 이주시켜 반란의 위험을 사전에 차단했다.

앗수르군의 전술은 거칠었으나 효과적이었다. 디글랏 빌레셀이 두로에 이르렀을 때, 두로 왕 히람은 앗수르군이 포위 공격을 정식으로 개시하기도 전에 항복하고 조공을 바쳤다. 그 다음 주요 성읍 아스글론도 마찬가지였고, 미틴티 왕은 앗수르 정복자에게 충성을 맹세했다. 이와 비슷한 방식으로,

양측 병력

앗수르군(추산)

기병	1만 2,000명
보병	2만 명
4인승 전차	2,000대
합계	**3만 4,000명**

(*위의 4인승 전차를 고려하면 4만 명 정도이다.)

대항군

연합한 작은 나라들 가운데 야전에서 앗수르군에 맞선 나라는 없었다. 따라서 앗수르군은 차례로 요새에서 적과 맞닥뜨렸고, 각 요새는 병력이 1,000–5,000명 정도였다.

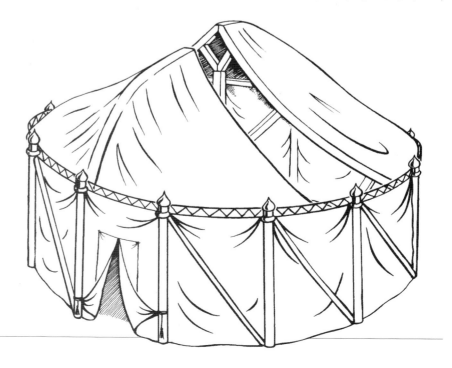

디글랏 빌레셀은 서쪽으로 진격해 블레셋 평원에 이르렀다. 그가 가사에 이르렀을 때, 하눈 왕은 이집트로 도망치고 없었다. 그러나 하눈은 나중에 돌아와 앗수르를 군주국으로 받아들였다. 디글랏 빌레셀은 팔레스타인의 남부 경계 와디 엘아리스Wadi el-'Arish에서 그해의 진격을 끝내고, 자신의 업적을 기리는 기념비를 세웠다.

'다메섹으로'

디글랏 빌레셀은 서부 원정 첫해에 주목할 성과를 거두었다. 그는 정복한 지역의 일부를 앗수르의 도(道, province)에 편입시켰다. 위협 전술도 통했다. 좀 더 동쪽에 위치한 에돔, 모압, 암몬, 유다 모두 사신과 조공을 보내 앗수르에 충성하겠다고 약속했다.

그런데 원정 두 번째 해에, 디글랏 빌레셀의 거대한 전략이 확연히 드러났다. 사실, 그의 주목적은 앗수르에서 훨씬 더 가까운 주변국 다메섹의 르신 왕이었다. 더욱이, 르신은 처음부터 앗수르에 저항하라고 주변국들을 선동한 인물이었다. BC 734년의 원정에서, 디글랏 빌레셀은 다른 연합군을 굴복시키고 다메섹을 고립시켰다. 다메섹을 여유롭게 요리할 수 있을 것 같았다.

그러나 다메섹의 시리아는 페니키아와 블레셋의 작은 나라들에 비해 군사적으로 훨씬 힘든 상대였다. 시리아 원정은 2년간 계속되었다. 따라서 앗수르 연대기는 BC 733년의 원정과 BC 732년의 원정 둘 다를 '다메섹으로to Damascus'라고 부른다. 다메섹은 번성하는 교역 중심지였고, 방어가 매우 튼튼했다.

BC 733년과 732년의 원정도 북쪽에서 시작되었다. 북쪽에서 접근하기가 가장 쉬웠기 때문이었다. BC 733년 초, 이번에는 앗수르군이 곧바로 퇴각하지 않고 다메섹을 포위하기 시작했다. 성 밖으로 나와 디글랏 빌레셀을 막을 군대는 없었다. 그래서 디글랏 빌레셀은 병력을 나눠도 안전하다고 판단했다. 일부 병력은 다메섹을 계속 포위하게 두고, 왕은

나머지 병력을 이끌고 남쪽으로 향했다. 이번에는 유대 산지 동쪽을 따라 이동했다. 디글랏 빌레셀은 요새화된 성읍 야노아를 신속하게 함락했고, 다시 병력을 나누었다. 일부 병력은 동쪽으로 한참 진격해 헤스본까지 함락했다.

나머지 병력은 서쪽으로 진격했고, 디글랏 빌레셀은 반란을 일으킨 이스라엘 왕 베가를 응징할 기회를 잡았다. 디글랏 빌레셀은 북쪽 이스라엘을 통과하면서 가데스와 가나를 함락했고, 마침내 해안까지 진격했다. 이 과정에서, 앗수르군은 이스라엘의 납달리와 상부 갈릴리를 점령했고, 요단 강 건너편 북쪽 지역도 점령했

▲디자인이 단순한 BC 8세기의 청동 투구. 터키 우라르투에서 발굴되었는데, 앗수르 보병의 전형적인 투구도 이와 매우 비슷했을 것이다.

▶디글랏 빌레셀이 성공한 숱한 포위 공격 가운데 하나를 기념하는 왕궁의 부조이다. 이런 부조는 앗수르군의 장비와 전술에 관한 정보를 제공하는 아주 중요한 자료다.

다. 디글랏 빌레셀이 이 지역을 어떻게 유린했는지 보여 주는 암시는 단 하나, 그가 이스라엘 백성 1만 3,520명을 포로로 잡아 내륙으로 강제 이주시켰다는 기록뿐이다. 강제이주는 이들이 문제를 일으키지 못하게 막고, 이들을 통해 필요한 전쟁 물자를 공급받기 위해서였다.

다메섹은 앗수르의 서부 원정 3년인 BC 732년이 시작되고 한참이 지나서야 함락되었다. 포위 공격에 관한 자세한 기록은 남아 있지 않다. 그러나 앗수르군이 늘 그러듯이 철두철미하게 공격한 것은 분명하다. 앗수르군은 먼저 항복을 요구했을 것이다. 그러나 다메섹이 항복 요구를 거부하자, 앗수르군은 도시의 모든 출구를 봉쇄하고, 성벽을 향해 경사로를 쌓았을 테고, 큰 방패를 든 병사들이 경사로를 쌓는 일꾼들을 보호했을 것이다.

경사로가 준비되자, 앗수르군 공병대가 완만한 경사로를 따라 공성루와 공성퇴를 밀고 올라갔다. 공성퇴는 현대의 탱크와 비슷한 이동 가옥 안에 숨겨져 거북이처럼 보호받으면서 뾰족한 끝으로 성벽의 돌과 돌을 잇는 반죽 부분을 겨냥해 거침없이 공격했다. 튼튼한 가로대에 질긴 밧줄로 매단 공성퇴가 앞뒤로 움직이며 성벽을 타격할 때마다 돌과 돌을 잇는 반죽이 조금씩 떨어졌고 마침내 한곳에 구멍이 뚫렸다. 그러면 공격 부대가 그곳에 사다리를 걸치고 올라가 성으로 진입했고, 그동안 궁수들과 무릿매꾼들은 공성루에서 화살과 돌을 날려 성벽 위의 적을 무력화시켰다. 앗수르군이 성에 진입하자 살육이 시작되었다. 앗수르군으로서는 그 성읍을 점령하기 위해 길고 위험한 포위 공격을 감행해야 했기에, 자비를 베풀 만한 까닭이 없었다.

마침내 다메섹이 함락되고 르신 왕은 생포되었다. 디글랏 빌레셀은 그를 죽였으며, 치욕을 안기는 특별한 표시로 르신의 고향 하다라Hadara를 일부러 파괴했다. 다메섹은 살아남았다. 파괴하기

에는 교역 중심지로서 아주 가치가 높았기 때문이었다. 그러나 살아남은 다메섹 주민 수천 명이 앗수르로 끌려갔다.

그 후

디글랏 빌레셀의 진노가 이스라엘에게 고스란히 쏟아질 뻔했다. 그러나 BC 732년, 이스라엘 왕 베가가 암살당했다. 그의 후계자 호세아 왕(BC 732-724년)은 곧바로 사신을 보내 디글랏 빌레셀에게 충성을 약속했다. 이렇게 해서, 이스라엘은 합병을 가까스로 면했다. 이 지역은 두리아Du'ria, 마기두Magidu, 갈라자Gal'az라는 앗수르의 도道가 되었다. 이스라엘 왕국은 비록 영토의 주요 부분을 잃었으나 짧은 기간이나마 살아남았다.

디글랏 빌레셀의 팔레스타인과 시리아 원정으로, BC 8세기에 이스라엘 같은 작은 나라는 대제국과 맞설 수 없다는 것이 증명되었다. 이스라엘이 막강한 앗수르에 맞서기에는 군대가 너무 작았고

전문성도 갖추지 못했다. 이스라엘 성벽들은 견고했으나 앗수르 왕들은 엄청난 공성 무기를 보유했다. 남쪽 유다처럼, 이스라엘도 선택은 둘 중 하나였다. 하나는 앗수르의 종주권을 받아들이고 이스라엘의 왕이 디글랏 빌레셀 같은 통치자들의 꼭두각시나 지방 총독으로 전락하는 것이었다. 다른 하나는 지역의 작은 나라들과 연대해 앗수르를 몰아낼 만큼 강력한 동맹을 결성하는 것이었다. 그러나 다메섹 왕 르신과 이스라엘 왕 베가의 동맹은 더 강한 세력에 공동으로 맞서려는 일관된 계획이 아니라 막연한 희망에 근거한 동맹이 분명했다.

동맹한 나라들이 서로를 군사적으로 지원했거나 함께 앗수르에 맞서 싸웠다는 증거가 전혀 없기 때문이다. 따라서 동맹군이 제각각 자기 성벽 뒤에 숨어 언제 적이 공격해 올지 몰라 두려워하는 상황에서, 디글랏 빌레셀이 적을 하나씩 격파해 나가기란 식은 죽 먹기였을 것이다.

▼폐허로 남은 시돈 유적. 디글랏 빌레셀 3세는 BC 734년의 원정에서 페니키아 해안 도시 가운데 하나인 시돈을 성공적으로 점령했다. 이 폐허는 후대의 것이다.

라기스 전투

BC 701년

Lachish

누가 : 앗수르 왕 산혜립이 대군을 이끌고 요새화된 성읍 라기스를 공격했다. 라기스는 유다 왕 히스기야의 영토였다.

무엇을 : 앗수르군은 예루살렘으로 통하는 주요 진입로를 방어하는 전략적 요충지 라기스 요새를 포위했다.

어디서 : 고대 유다의 라기스. 현재는 이스라엘 예루살렘 남서쪽에 자리한 텔 에드-두웨이(Tell ed-Duweir)

언제 : BC 701년

왜 : 유다 왕 히스기야가 자신의 동맹 아스글론 왕 지드카와 손잡고 군주국 앗수르에 반기를 들었다. 산혜립의 정벌은 라기스 포위에서 절정에 이르렀는데, 그는 반란을 진압하고 이 지역에서 자신의 통치를 견고히 하려 했다.

결과 : 라기스는 앗수르군에게 포위된 지 얼마 지나지 않아 함락되었다. 라기스를 방어하던 수비대 수백 명이 죽었고, 많은 주민이 강제 이주되었다.

앗수르가 BC 724년에 북쪽 이스라엘 왕국을 무너뜨린 후, 유다는 앗수르에 종속되었다. 미래를 내다본 유다 왕 히스기야는 여러 해에 걸쳐 독립을 준비했다. 히스기야는 예루살렘을 다시 요새화했고 야심차게 수로를 뚫어 물을 확보함으로써 포위 공격에 대비했다. 또한 유다 전역에서 성읍의 방어책을 강화했다. 외교적으로는 팔레스타인의 지배권을 놓고 앗수르와 경쟁하는 이집트와 손을 잡았다. BC 701년 무렵, 히스기야와 그의 동맹 아스글론 왕 지드카Zidka는 이집트의 도움을 기대하며 앗수르의 강력한 세력에 반기를 들 준비를 마쳤다.

앗수르, 유다를 침공하다

앗수르 왕 산혜립은 신속하게 대응했다. BC 8세기가 끝날 무렵, 앗수르는 세계사에 가장 강력한 군사 국가 가운데 하나로 성장해 있었다. 산혜립은 병력을 많게는 15만 명까지 동원했을 것으로 추정된다. 하지만 이 가운데 다수는 앗수르가 정복한 지역의 수비대에 복무했을 것이다. 최소한으로 추산하더라도, 산혜립은 작은

▶ 산혜립의 지시로 니느웨에 새겨진 부조 벽화. 이러한 부조는 앗수르군에 관한 정보를 제공하는 더없이 귀한 자료다. 지금은 대영박물관에 보관되어 있다.

앗수르 왕 산헤립(BC 704-681년)은 반역을 꾀하는 유다 왕 히스기야(BC 726-697년)를 진압하려고 유다로 진격했다. 그가 맞닥뜨린 첫 번째 큰 장애물은 예루살렘으로 통하는 남쪽 진입로를 방어하는 강력한 요새 라기스였다. 산헤립은 앗수르군의 고전적인 포위 공격을 펼쳤고, 마침내 라기스를 함락하고 약탈했다.

나라 유다를 징벌하기 위해 2만 5,000-3만 5,000명 정도의 병력은 쉽게 동원할 수 있었을 것이다. 반면 유다는 역사상 그 어느 때라도 야전군을 1만 명 이상 동원할 수 없었을 것이다. 이 정벌에 관한 성경 기사(왕하 18-19장)를 보면, 앗수르인들은 유대인들이 기본적인 기마병까지도 이집트에 의존해야 한다고 조롱했다.

또한 앗수르군은 전문적이었을 것이다. 핵심 전력은 1년 내내 급여를 받는 병사들로 구성되었고, 그 가운데 다수는 외국 용병이었으며, 지역에서 차출된 병력이 그 뒤를 받쳤다. 더욱이, 산헤립의 군대는 궁수와 무릿매꾼과 창병을 지원하는 기병대와 공병대까지 갖춘 완전한 통합군이었다. 적어도 엘리트 부대는 탁월한 무기를 갖췄고 청동 몸통 갑옷(청동 조각을 가죽에 이어 붙인 형태)을 입었다.

히스기야 왕은 천하무적 앗수르군을 야전에서 상대할 엄두조차 내지 못했다. 다만 앗수르군이 포기하고 돌아갈 때까지 유다의 강한 요새들이 버텨 주길 바랐다. 그래서 산헤립은 포위 공격을 펼쳐야 했다. 앗수르군은 포위 공격이라면 일가견이 있었다.

산헤립은 이제 익숙해진 앗수르의 침입로를 따라 이동했으며, 북쪽에서 팔레스타인으로 들어가 지중해 동쪽 해안을 따라 남쪽으로 신속하게 진격했다. 앗수르군의 이전 원정 때, 페니키아와 이스라엘은 이미 앗수르의 봉신이 되었다. 그래서 산헤립은 아무 저항 없이 필리스티아(블레셋) 평원에 이르렀다. 아스글론의 지드카 왕은 나머지 블레셋 도시국가들의 지원을 받으려고 최선을 다했을 것이다. 그러나 산헤립이 이르렀을 때, 그에게 저항한 도시국가는 둘 뿐이었다. 아스글론은 저항조차 못한 채 항복했고, 아스글론의 왕은 많은 조공을 바치

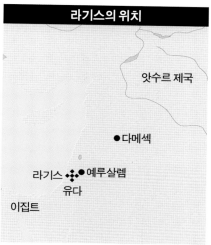

라기스의 위치

라기스는 서쪽에서 유대 산지로 들어가는 주요 진입로인 라기스-헤스본 길을 막고 있었다. 라기스를 함락하지 않고는 유다의 수도 예루살렘으로 진격할 수 없었다.

앗수르 근위병

산헤립 군대의 핵심 전력은 전문적인 상비군이었다. 이들은 왕을 경호했고, 수비대에 복무했으며, 앗수르군을 대단히 강력한 군대로 훈련시켰다. 근위대원들은 기본 장비를 지급받았는데, 여기에는 몸통 갑옷, 투구, 방패, 세계 역사상 최초로 규격화된 군화가 포함되었다. 이들 엘리트 부대는 세 분화되었는데, 창병뿐 아니라 궁수와 공병도 적지 않았다. 수세기 동안, 이들은 중동 국가들에게 공포의 대상이었다.

양측 병력	
앗수르군(추산)	
기병	5,000명
보병	3만 명
4인승 전차	2,000대
합계	**3만 5,000명**
라기스 수비대(추산)	
성읍 인구	2,000명
합계	**2,000명**

며 화친을 구했다.

불행한 그의 동맹들은 앗수르의 공격에 추풍낙엽 신세였다. 많은 주민이 전투 중에나 전투 후에 죽었고, 개중 정복자에게 쓸모 있는 기술을 가진 주민은 포로가 되어 메소포타미아로 끌려갔다.

처음에는 유다가 살아남을 듯 보였다. 산헤립은 욥바를 비롯해 여러 성읍을 파괴했으나 에그론을 포위했을 때 진퇴양난에 빠졌다. 이집트 지원군이 도착해 엘드게(Eltekeh, 야브네Jabneh 북쪽에 자리한 텔 에쉬 샤리아Tell esh-Shallaf)에 매복했다가 앗수르군에게 큰 타격을 입힌 것이다. 그곳에서 정확히 무슨 일이 일어났는지 분명하지 않다. 앗수르군이 이집트군에게 패했는지도 모르고, 단지 이집트군을 피했는지도 모른다. 어느 쪽이든 간에, 결국 산헤립은 에그론으로 돌아가 그곳을 점령했다. 그 뒤, 산헤립과 그의 군대는 내륙으로 방향을 돌려 유다를 향했다.

견고한 요새, 라기스

유다를 점령하려면, 이 작은 나라에서 전쟁이 거의 끊이지 않던 200년 동안 건설된 숱한 요새를 함락해야 했다. 산헤립이 가장 먼저 맞닥뜨린 큰 장애물은 라기스였다. 라기스는 서쪽에서 유대 산지로 들어가는 주요 진입로인 라기스-헤스본 길을 막고 있었다. 라기스를

▼앗수르군의 공격을 묘사한 그림이다. 앗수르군이 경사로를 쌓은 후 궁수들의 엄호를 받으며 공성퇴로 성벽을 공격했다. 앞쪽에 포로들이 무기력하게 끌려가는 장면에 주목하라.

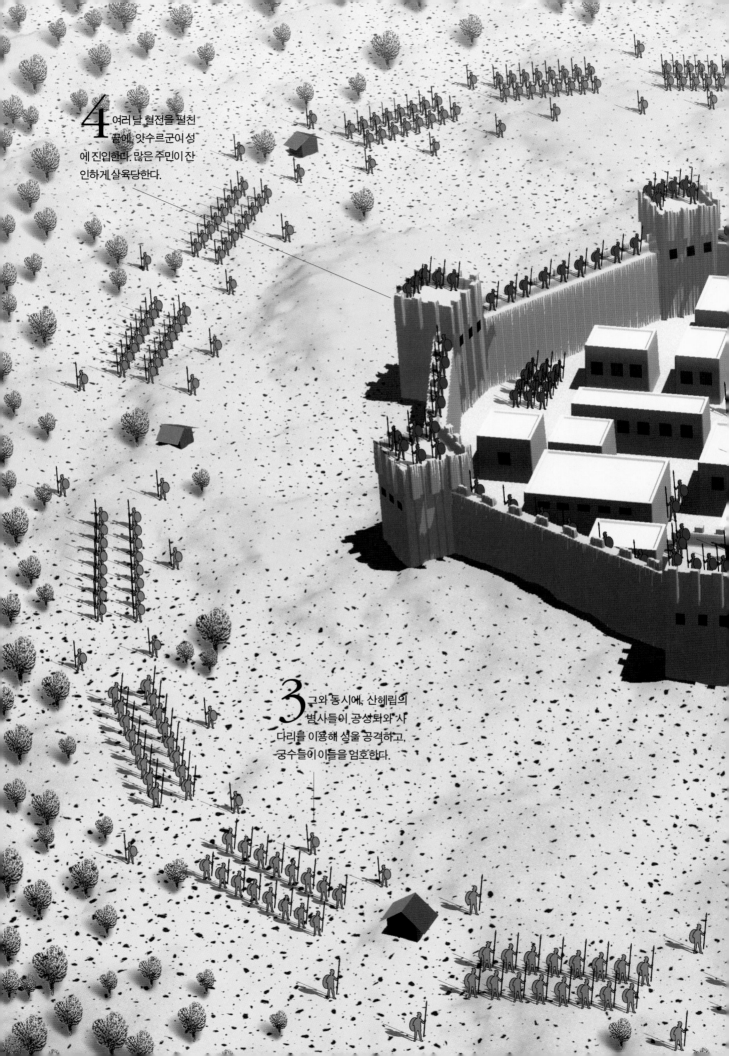

4 여러 날 혈전을 펼친
끝에, 앗수르군이 성
에 진입한다. 많은 주민이 잔
인하게 살육당한다.

3 그와 동시에, 산헤립의
병사들이 공성탑와 사
다리를 이용해 성을 공격하고,
궁수들이 이들을 엄호한다.

라기스 전투 (BC 701년)
Lachish 701BC

1 산헤립 왕이 성을 포위한다. 산헤립의 궁수들이 화살을 퍼부어 수비대를 성벽에서 몰아낸다.

2 넓은 경사로(토성)를 쌓고, 성벽을 부수기 위해 돌로 포장한 경사로를 따라 공성추를 밀고 올라간다.

▲어떤 군대는 궁수부대를 가벼운 소규모 전투를 위한 부대 정도로 생각했다. 반면, 앗수르 궁수들은 최전방 전투 요원이었다. 위험할 경우, 이들은 칼을 뽑아 싸울 수 있었으나 이보다는 방패병과 보병의 보호를 받을 때가 더 잦았다. 앗수르군은 전술이 아주 잘 발달했기에, 보병이 궁수를 보호하려고 전진했다가 보호가 필요 없으면 퇴각할 수 있었다.

함락하지 않고는 유다의 수도 예루살렘으로 진격할 수 없었다.

라기스는 대단히 견고한 요새로, 가파른 언덕에 잔해가 쌓여 이뤄진 인공 둔덕에 자리했다. 이중 성벽에는 총안(銃眼, 몸을 숨긴 채 총이나 활을 쏘기 위해 성벽이나 보루에 뚫어 놓은 구멍 — 옮긴이)이 뚫려 있고, 사각형 탑이 일정 간격으로 성읍 전체를 에워싸고 있었다. 성벽 전체가 견고한 돌로 건축되어 이전에 쌓은 포곽벽(casemate walls, 속에 잡석을 채워 넣은 얇은 성벽)을 대신했다. 수비대는 성벽 꼭대기를 따라 목재 난간을 세워 성벽을 더욱 높였다. 실제 전투에서는 방패병들에게 보호를 받으며, 궁수들과 투석꾼들이 적을 공격했다.

경사면에 제방이 둘러 있어 적들은 성벽에 접근하기가 더더욱 어려웠다. 또한 바위로 촘촘히 쌓은 가파른 경사면 때문에 공격은 고사하고 오르기조차 어려웠다. 게다가 성벽과 제방 너머에는 깊은 도랑못이 있었다. 라기스의 주 성문은 성벽 남서쪽 구석에 있었는데, 성문으로 향하는 길이 좁아 대규모

공격이 불가능했다.

성문 자체도 이중이었다. 바깥문은 강력한 두 탑이 방어했고, 바깥문을 통과하면 낮은 성벽으로 둘러싸인 뜰이 나왔다. 침입자들이 여기까지 뚫고 들어왔더라도, 오른쪽으로 방향을 틀어 안쪽 문으로 향해야 하는데 안쪽 문도 두 탑이 방어했다. 안쪽 문을 지나면 큰 문지기집gatehouse이 나왔다. 군대가 성안으로 들어왔더라도 요새화된 복잡한 건물들을 장악해야 비로소 성을 완전히 점령할 수 있었다.

산헤립의 포위 공격

산헤립은 포위 공격을 시작하기 전에 사신을 보내 즉시 항복하라고 부드럽게 종용했다. 어쨌든, 포위 공격은 여러 주, 혹은 여러 달이 걸릴 수도 있었다. 그래서 산헤립은 오래 지체하다가는 병사들이 나쁜 날씨와 질병에 노출될 뿐만 아니라 이집트의 공격까지 받을까 봐 두려웠던 게 틀림없다.

산헤립은 성의 서쪽 모서리, 곧 성문에서 960미터 가량 떨어진 지점에 진을 쳤다. 여기서 성에 접근하는 게 가장 쉬워 보였기 때문이었다. 산헤립은 라기스 포위 공격을 주요 업적으로 여겼고, 이 승리를 니느웨에 있는 궁전 벽에 부조로 조각해 기념했다(이 조각은 현재 대영박물관에 있다). 덕분에 우리는 포위 공격 과정을 아주 자세히 알 수 있다.

이 부조에는 라기스 포위 공격 장면이 자세히 묘사되어 있다. 게다가, 1930년대에 이뤄진 대규모 발굴로 더 많은 부분이 밝혀졌다. 열왕기하와 역대하 모두 산헤립의 BC 701년 원정을 다루지만, 라기스 포위 공격은 구체적으로 언급하지 않는다.

산헤립의 공병대는 앗수르 진영 근처에 경사로을 쌓기 시작했다. 라기스 주요 성벽의 남서쪽 모서리를 향해 완만한 경사로를 쌓았고, 동시에 주 성문을 향해서도 돌과 나무로 견고한 경사로를 건설했다. 경사로는 약 30도 각도로 꼭대기까지 완

만하게 쌓았다. 주 경사로는 길이가 55미터 정도였고, 너비는 앗수르군이 성벽을 향해 공성퇴 다섯 대를 투입할 만큼 넓었다.

물론, 수비대는 경사로 건설을 지연하거나 막으려고 온갖 수단을 동원했다. 투석기는 아직 발명되지 않았으나 화살과 창과 돌덩이는 넉넉했을 테고, 그래서 경사로를 건설하는 일꾼들에게 쏘고 던졌을 것이다.

경사로를 건설하던 일꾼들이 틀림없이 많이 죽거나 다쳤을 텐데, 그중에 다수는 유대인들로 주변 지역에서 끌려와 강제 노역에 동원되었을 것이다.

앗수르군은 아군의 피해를 최소화하는 조치도 취했다. 앗수르 궁수들은 사정거리가 274미터나 되는, 물론 위를 향해 쏘았으므로 중력 때문에 사정거리가 줄어들었을 테지만, 강력한 복합궁을 이용해 라기스 수비대를 공격했다. 니느웨의 부조에서 앗수르 궁수들은 발목까지 오는 갑옷을 입고 있다. 이 때문에 기동성은 현저히 떨어졌으나 사상자는 크게 감소했다. 이렇듯, 궁수는 앗수르군에서 중요하고 특별했다.

방패병 하나가 궁수 하나를 보호했는데, 거대한 방패(또는 나무판)는 방패병과 궁수 쪽으로 완만하게 휘어져 화살이나 돌을 대부분 막아 냈다. 경사로가 성벽에 이르자, 앗수르 병사들은 공성루를 밀고 성벽으로 진격했다. 공성루는 성벽 높이에 맞춰 제작되었고, 공성루의 궁수들은 수비대와 대등한 높

▼19세기 화가가 그 시대의 부조를 토대로 그린 앗수르 왕 산헤립

▶니느웨 왕궁의 어느 부조에 묘사된 두 앗수르 신하. 보석으로 치장하고 단정한 차림인데도 칼을 차고 있다. 이렇듯, 앗수르 사회는 군인이 중심이었다.

이에서 싸울 수 있었다.

공성퇴

경사로가 성벽에 이르자, 앗수르군은 공성퇴를 투입했다. 앗수르군의 공성퇴는 병사들이 운반하는 단순한 통나무가 아니라 성을 부수는 복잡한 무기였다. 공성퇴 자체는 엄청나게 긴 통나무였고 뾰족하게 깎은 앞쪽 끝에 쇠를 입혔다. 또한 가로대 기둥에 튼튼한 밧줄로 매달아서 적은 인원으로도 앞뒤로 흔들어 몇 초 간격으로 성벽을 가격할 수 있었다.

공성퇴는 바퀴 달린 견고한 작은 집에 숨긴 채 밀어서 운반하거나 성벽 근처에 박은 말뚝에 걸린 밧줄을 당겨 성벽 쪽으로 운반했다.

공성퇴를 숨기는 집은 나무로 짓고, 그 위에 오래되지 않은 가죽이나 금속판을 덮었다. 방어자들이 공성퇴 공격을 막는 최선의 방법은 공성퇴에 불을 지르는 것이었기에 이러한 예방 조치는 꼭 필요했

다. 어느 부조가 보여 주듯이, 수비대가 횃불을 던지거나 불덩이를 떨어뜨려 공성퇴에 불이 붙을 경우, 공성퇴 부대에는 거대한 국자로 물을 부어 불을 끄는 전담 병사들도 있었다.

앗수르의 포위 공격을 묘사한 여타 유적뿐 아니라 니느웨에서 발굴된 라기스 전투에 관한 부조에서 보듯이, 성벽의 최대한 높은 지점을 타격하는 게 일반적이었다. 공성퇴의 뾰족한 머리로 큰 돌이 이어진 반죽 부분을 정밀하게 타격해 그 부분을 조금씩 부수면 마침내 큰 돌들이 무너져 내렸다. 성벽을 높이 겨냥할수록 무너져 내린 잔해가 경사로에 더 높이 쌓이고 최후 공격도 더 쉬워졌다.

라기스 수비대는 함락을 미루려고 필사적으로 저항했는데, 틀림없이 예루살렘이나 이집트에서 지원군이 오길 고대했을 것이다. 이들은 공성퇴에 불덩이를 던지고 긴 사슬에 장착한 갈고리로 공성퇴를 붙들어 매어 공격을 차단하려 했다. 전투는 치열했다. 고고학자들은 라기스 근처에서 앗수르 병사 1,500명의 거대한 무덤을 발견했다.

그러나 마침내 공성퇴가 제 역할을 해냈다. 몇몇 앗수르 병사들이 무너진 성벽 틈으로 진입했고, 또 다른 병사들은 사다리를 통해 진입했다. 승리자들은 약탈을 자행하고 남자와 여자와 아이들 수백 명을 도륙했다. 산헤립의 부조에는 라기스 지도자들이 어떻게 죽었는지 묘사되어 있다. 이들은 껍질이 벗겨진 채 성벽 옆에서 서서히 죽었다. 부조를 보면, 다른 주민들은 포로가 되어 앗수르로 끌려간다.

그후

라기스는 앗수르군의 진격을 지연시켰다. 처음에는 이들의 희생이 예루살렘을 구하기에는 역부족인 듯 보였다. 산헤립이 아직 라기스에 있을 때, 히스기야 왕은 성전과 왕궁의 보물을 바치며 항복했다. 그런데도 산헤립은 라기스를 함락하고 수도로 진격해 또 다시 포위 공격을 준비했다. 이번에는 방어

▶산헤립이 높은 왕좌에 앉아 내시들의 부채질을 받으며 라기스의 항복을 받고 있다. 왕의 머리 부분은 고대에 훼손되었다.

▼네덜란드 화가 람베르트 데 혼트(Lambert de Hondt)가 그린 17세기 작품이다. 산헤립이 예루살렘을 앞에 두고 하늘에서 내리는 신의 진노를 받고 퇴각한다.

가 아주 튼튼한 예루살렘이었다. 그러나 예루살렘의 방어력은 전혀 시험대에 오르지 않았다.

이어지는 성경 기사는 등골이 서늘하다.

그날 밤에 주님의 천사가 나아가서, 앗시리아 군의 진영에서 십팔만 오천 명을 쳐죽였다. 다음날 아침이 밝았을 때에 그들은 모두 주검으로 발견되었다 〈왕하 19:35, 새번역〉.

산헤립은 앗수르로 돌아갔다. 정확히 무슨 일이 일어났는지 못 박기는 어렵다. 역사가들은 앗수르 진영에 갑자기 전염병이 창궐했다고 추정한다. 예루살렘을 포위해 함락하려면 오랜 시간이 걸릴 테지만, 이집트군이 주변에 있어 오랜 포위 공격이 불가능했는지 모른다. 산헤립이 바벨론에서 반란이 일어났다는 갑작스런 전갈을 받아 철수할 수밖에

없었다는 증거도 있다. 산헤립의 정복은 완결되지 못했다. 그렇더라도 산헤립이 유다 정벌에서 돌아와 자랑할 이유는 충분했다. 주요 요새 라기스와 에그론을 비롯해 46개 요새를 함락했다. 또한 포로 20만 150명을 사로잡았으며, 이들 중에 다수는 앗수르군에 물자를 조달하기 위해 평생 강제 노역을 하거나 직접 앗수르군에서 싸우다가 죽을 운명이었다.

산헤립의 주요 적인 아스글론과 유다는 항복하고 충성을 재차 맹세하며 엄청난 조공을 바쳤다. 이 지역은 이제 공포 분위기가 충분히 조성되었다. 뒤이은 왕들이 이집트와 손잡고 강력한 앗수르에 반기를 들 엄두를 내지 못할 듯이 보였다. 그래서 산헤립은 안심하고 돌아갔다.

유다의 멸망

BC 588-586년

Fall of Judah

전투 개요

누가 : 바벨론 왕 느부갓네살 2세가 대군을 이끌고, 반란을 일으킨 봉신 유다 왕 시드기야를 응징하러 왔다.

무엇을 : 유다는 이집트와 손잡고 바벨론 제국에 맞섰다. 이 때문에 레반트에 대한 바벨론의 지배권이 위협 받았다. 그래서 느부갓네살은 유다 왕국을 무너뜨리기로 했다.

어디서 : 유다 왕국 남부(현대의 남부 이스라엘). 전투는 18개월간 계속된 예루살렘 포위 공격에서 절정에 이르렀다.

언제 : BC 588-586년

왜 : 북쪽 이스라엘 왕국은 멸망하고 없었으나 유다는 계속 자치권을 유지하길 바랐다. 이를 위해, 유다 왕 시드기야는 이집트의 지원을 받아 자신의 군주인 신바벨론 제국의 통치자에게 맞섰다.

결과 : 유다 왕국이 멸망했다. 유다의 마지막 왕은 눈이 뽑힌 채 바벨론으로 끌려갔고, 그의 영토는 바벨론에 흡수되었다. 수도 예루살렘은 솔로몬 성전을 비롯해 완전히 파괴되었고, 유다인 수천 명이 노예가 되었다.

강력한 앗수르 제국이 BC 612년에 무너졌다. 이때, 근동에 산재한 여러 작은 나라의 통치자들은 초강대국이 사라졌으니 자신들도 독립할 수 있으리라 기대하며 안도의 한숨을 쉬었을 것이다. 그러나 이들의 꿈은 말 그대로 일장춘몽에 지나지 않았다. 곧바로 바벨론이 앗수르에 이어 새로운 초강대국으로 등장했다. 따라서 유다처럼 작은 나라들은 또다시 메소포타미아의 신흥 강대국과 이집트가 펼치는 힘겨루기의 희생자가 되었다. 특히 유다는 라이벌 관계인 이집트와 바벨론 제국을 잇는 요충지였기 때문에 그 피해가 더 컸다.

유다의 반란

느부갓네살 2세는 새롭게 부상한 신바벨론(또는 갈데아) 제국의 두 번째 통치자였다. 그는 재위 기간에 중동 패권을 두고 이집트와 끊임없이 싸우며 앙숙 관계로 지냈다. 하지만 이집트를 상대하는 그의 전력이 들쭉날쭉하자 앗수르의 지배를 받다

▶ 어느 스페인어 성경에 나오는 삽화다. 유다 왕 시드기야가 느부갓네살의 포로가 되어 바벨론으로 끌려간다. 무기와 갑옷은 AD 15세기 초의 전형적인 형태다.

신바벨론 제국의 두 번째 통치자 느부갓네살 2세(BC 605-562년)는 반란을 일으킨 유다 왕 시드기야를 그대로 둘 수 없었다. BC 588년에서 586년까지 계속된 정벌에서, 느부갓네살은 유다의 여러 성읍을 함락했고, 18개월간 포위한 끝에 수도 예루살렘마저 함락했다. 승리한 느부갓네살은 솔로몬 성전을 허물고 유다 주민 수천 명을 바벨론으로 끌고 갔다.

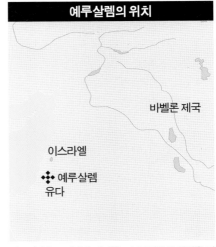

예루살렘의 위치

예루살렘은 고지대에 자리했고 난공불락에 가까운 지형이었다. 한 세기 전, 히스기야 왕은 성벽을 수리했고, 방어력을 높이려고 성벽에 탑도 여럿 세웠다.

가 곧바로 바벨론의 지배를 받게 된 나라들은 다시 독립을 꿈꿨다. BC 601년 느부갓네살은 이집트의 나일 강 유역을 침입했으나 실패로 끝났다. 이를 틈타 유다를 비롯해 바벨론의 껄끄러운 봉신 국가들이 독립의 꿈을 꾸며 반란을 일으켰다.

느부갓네살의 군대는 비록 이집트를 이기지는 못했으나 유다처럼 작은 봉신 국가쯤은 충분히 무너뜨릴 수 있었다. 게다가 유다에게 따끔한 맛을 보여 주지 않으면 이집트로 이어지는 전략적 요충지인 팔레스타인에 대한 지배권을 잃을 판이었다. 그래서 BC 597년, 느부갓네살은 바벨론 대군을 이끌고, 반란을 일으킨 유다 왕 여호야긴을 치러 왔다. 여호야긴은 이집트가 바벨론을 물리쳐 주리라고 철석같이 믿었기에 병력을 소집조차 못했던 게 틀림없다. 느부갓네살은 막강한 전문 전투 요원인 통합군 4-5만 명을 이끌고 왔고, 민병대(차출군)가 이들의 뒤를 따랐다.

반면 유다군 병력은 1만 명을 넘었을 가능성이 매우 희박하다. 유다는 월등한 전력을 자랑하는 바벨론군과 성 밖에서 맞붙을 엄두도 낼 수 없었다. 여호야긴의

바벨론 전차

전차는 근동의 전투에서 BC 6세기에 마지막으로 중요한 역할을 했다. 유다가 멸망할 무렵, 바벨론 전차는 훨씬 무거워졌고 네 명까지 탑승했다. 전차가 이 정도 중량을 견디려면 네 마리 말이 효과적으로 끌어야 했다. 그러나 당시 멍에는 말의 호흡을 방해하는 경향이 있었다. 바벨론 전차는 이전 전차처럼 기수 한 명과 궁수 한 명을 태우고도 방패병 한 명과 짧은 창을 든 창병 한 명을 추가로 태울 공간이 있었다. 이는 바벨론 전차가 이전 여러 세기의 전차와는 달리 적진을 빙빙 도는 게 아니라 적진으로 직접 돌진했음을 암시한다.

양측 병력

바벨론군(추산)

공성무기와 기병대를 포함하는
바벨론 야전군 전체

합계   **4-5만 명**

유다군(추산)

예루살렘 주민과 느부갓네살에게 함락된 지
역에서 예루살렘으로 몰려든 피난민 4만 명
기타 여러 성읍의 주민 1,000-5,000명

합계   **약 4만 5,000명**

대응책은 견고한 예루살렘 성벽 뒤에 피하는 것뿐이었다. 결국, 느부갓네살은 예루살렘으로 진격해 성을 포위했다. 그러나 여호야긴이 항복하고 성전 창고의 금과 은을 비롯해 엄청난 조공을 바치자 느부갓네살의 진노는 누그러졌다. 여호야긴은 포로가 되어 1만여 명의 지도층을 비롯해 쓸 만한 기술자들과 함께 머나먼 곳으로 끌려갔다. 그러나 유다는 최소한 국가로서 계속 존립했다.

느부갓네살은 시드기야를 유다의 왕좌에 앉혔다. 시드기야는 좀 더 고분고분한 봉신이었지만, 그래도 바벨론의 지배에서 벗어날 꿈을 버리지 않았다. 이집트의 파라오 프삼메티쿠스 2세(Psammetichus II, BC 594-588년)가 반란을 일으키도록 시드기야를 부추겼던 것 같다. 물론, 자신의 전력을 축내지 않고 바벨론을 약화시킬 심산이었다. 시드기야는 BC 593년에 두 번째 반란을 계획하기 시작했다. 시드기야는 페니키아의 주요 도시국가 두로와 시돈뿐 아니라 바벨론의 지배를 받는 시

리아 국가들(에돔, 모압, 암몬)과도 교섭했다. BC 591년, 시드기야는 준비를 마쳤고, 바벨론으로부터의 독립을 선언했다.

느부갓네살은 반란을 일으킨 봉신을 곧바로 응징하지 않고, BC 588년에야 응징했다. 그러나 이때 취한 행동으로 볼 때, 그는 유화책이 더는 통하지 않는다고 믿은 게 분명하다. 또다시, 느부갓네살은 대군을 이끌고 유다로 진격했다. 이번에도 5만 명에 달하는 고도의 전문 병력을 투입했다.

시드기야는 진노한 바벨론 통치자와 성 밖에서 맞붙을 엄두도 내지 못했다. 대신, 견고한 여러 성벽을 의지했고, 군대를 보내겠다는 이집트 파라오 아프리스 (Apries, BC 589-570년, 성경에는 '호브라Hophra'로 나온다)의 약속을 의지했다.

BC 588년 봄, 느부갓네살은 팔레스타인을 침입해 우회로를 선택했다. 우회로였으나 요단 골짜기를 지나고 유대 산지를 넘는 길보다 훨씬 수월했다. 느부갓네살의 군대는 해안 평지로 진격해 페니키아 도시들을 함락한 후, 예전의 이스라엘 영토로 진격했다. 많은 도시들이 강력한 군대 앞에 저항할 엄두도 내지 못했다. 게데스, 므깃도, 아벡은 바벨론군에게 용감히 저항했으나 빠르게 무너졌다. 전력이 압도적인 느부갓네살의 군대는 한 요새의 여러 지점을 동시에 공격할 수 있었으며, 오랜 포위 공격보다는 사다리를 이용해 성을 점령했다. 느부갓네살의 군대가 일으킨 두려움은 유다 도시 라기스에서 출토된 어느 전초기지 지휘관의 편지에 나타난다. 이 편지에서, 지휘관은 더 이상 북쪽에 불빛이 보이지 않는다고 했다. BC 588년이 기울 무렵, 느부갓네살은 주공격 목표인 예루살렘에 이르렀다.

예루살렘

예루살렘은 유다의 수도이자 지역에서 가장 큰 도시였고 인구는 약 2만 명이었다. 포위됐을 당시 예루살렘은, 느부갓네살의 군대를 피해 들어온 피난민 때문에 인구가 배나 늘고 식량이 매우 부족했을 것이다. 느부갓네살은 이미 한 차례 항복을 요구했었다. 그러나 시드기야 왕은 저항을 선택했다. 유다의 두 번째 반란이었기에 바벨론에게 자비로운 처사를 기대하기 힘들다는 것을 알았다. 시드기야는 이집트 원군이 올 때까지 예루살렘이 바벨론의 포위 공격을 버텨 내길 바랐던 게

◀화가의 상상력이 가미된 그림이다. BC 586년 바벨론 병사들이 사다리를 타고 올라가 예루살렘을 함락하고 있다. 그러나 실제로는 공성퇴로 성벽을 부수고 예루살렘을 함락했다.

▼느부갓네살 2세는 전쟁을 좋아했을 뿐 아니라 고대 세계의 7대 불가사의 가운데 하나인 바벨론의 공중정원을 만든 인물로도 유명하다. 그는 산지에서 태어난 아내를 위해 이 정원을 만들었다.

라피아

2 바벨론군은 병력을 나
눠 유다의 여러 도시를
함락하고, 예루살렘으로 진격
해 성을 포위한다.

가사

아스돗

욥바

3 이집트군이 시드기야 왕
을 도우려고 북으로 진
격하지만 패배하고 퇴각한다.

브엘세바

라기스

아세가

아

5 예루살렘을 포위한
채, 바벨론군은 헤
스본과 아세가와 브엘세바
를 비롯해 남부 유다의 여러
전초기지를 함락한다.

벧 세메스

아랏

헤스본

벧 하케렘

예루살렘

엔게디

여리고

사해

4 느부갓네살의 군대가
돌아와 예루살렘을 다
시 포위한다. 성이 함락된다.

6 시드기야 왕은 소규모 수
행원들과 함께 예루살렘
을 빠져나오지만 여리고 근처 유
대 산지에서 생포되고 만다.

유다의 멸망 (BC 588-586년)
Fall of Judah 588-586BC

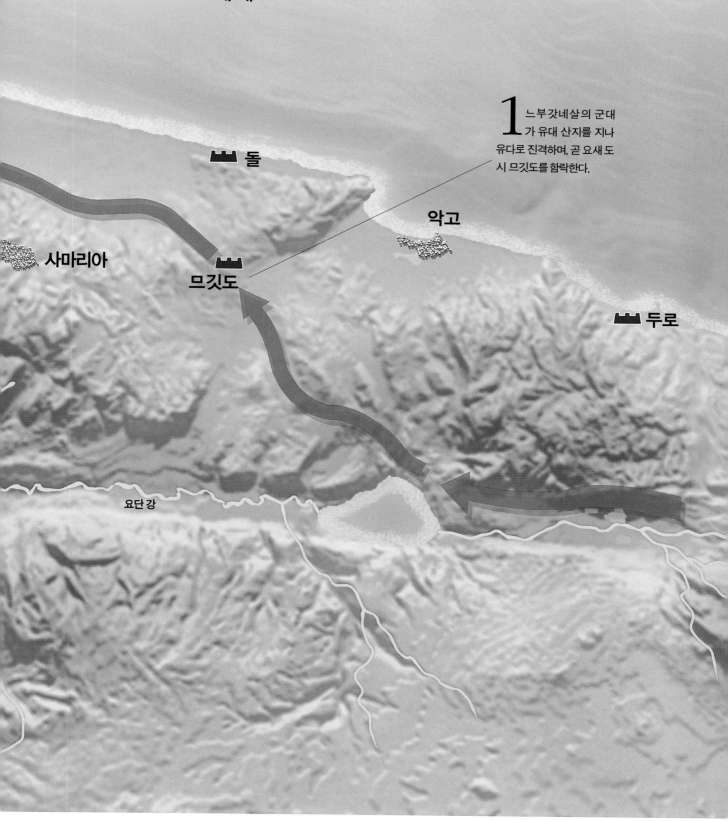

대 해

1 느부갓네살의 군대가 유대 산지를 지나 유다로 진격하며, 곧 요새 도시 므깃도를 함락한다.

돌

악고

사마리아

므깃도

두로

요단 강

▲예루살렘의 멸망. 이탈리아 화가 에르콜레 데 로베르티(Ercole de' Roberti)의 작품이다. 르네상스 화가들은 커다란 역사적 주제를 즐겨 그렸다.

분명하다.

터무니없는 희망은 아니었다. 예루살렘은 고지대에 자리했고 난공불락에 가까운 지형이었다. 한 세기 전, 히스기야 왕은 성벽을 수리했고, 방어력을 높이려고 성벽에 탑도 여럿 세웠다. 또한 기존 성벽 바깥에 바벨론의 공성퇴에도 쉽게 무너지지 않을 만큼 큰 바위로 무려 6미터 폭의 2차 성벽을 쌓았다. 히스기야는 앗수르의 공격을 예상하고 거대한 공사를 감행하여, 수도에서 쓸 물까지 확보했다. 이때 뚫은 수로가 지금도 남아 있다. 히스기야는 예루살렘 성안에서 성 바깥에 자리한 기손 샘까지 533미터에 이르는 터널을 뚫었고, 달리 접근하지 못하도록 샘을 완전히 봉했다. 따라서 포위되더라도, 예루살렘 주민들은 깨끗한 물을 계속 공급받

을 수 있었다.

이렇듯, 히스기야는 예루살렘을 더욱 견고한 요새로 만들었다. 이러한 요새화 작업은 BC 701년 앗수르 왕 산혜립이 예루살렘을 포위했으나 끝내 함락시키지 못했을 때 그 가치가 증명되었다. 그해, 산혜립은 곧 포위를 풀었다. 앞서 말했듯이 앗수르군 진영에 대규모 전염병이 돌았을 수도 있고 바벨론에서 반란이 일어났다는 전갈 때문이었을 수도 있다.

급변하는 고대 근동의 정치 상황에서, 시드기야는 느부갓네살이 예루살렘을 길게 포위하지는 못하리라고 기대한 게 분명하다. 이는 타당한 희망처럼 보였다.

예루살렘 포위

예루살렘 포위 공격은 BC 587년 1월 10일, 우기가 한창일 때 시작되었다. 느부갓네살은 먼저 성을 에워쌌다. 성에 갇힌 적을 굶겨 항복을 받아내려는 심산이었다. 이런 결정은 느부갓네살과 바벨론 공병대 모두 예루살렘 방어벽을 뚫기 어렵다는 사실을 알았음을 암시한다.

처음에, 시드기야의 대담한 자세는 효과가 있어 보였다. 파라오 아프리스가 이집트 국경을 넘어 사면초가에 처한 동맹국을 구하러 왔을 때, 느부갓네살은 포위를 풀어야 했다. 느부갓네살은 예루살렘을 계속 포위하는 대신 직접 군대를 이끌고 아프리스와 일전을 벌이러 남쪽으로 향했다. 두 군대는 가사 북쪽에서 맞붙었다. 시드기야 왕에게는

안타깝게도, 바벨론군이 승리했다. 느부갓네살은 곧 돌아와 예루살렘을 다시 포위했다. 이제 유다는 더는 외부의 도움을 바랄 수 없게 되었다.

예루살렘 포위 공격에 관한 최고의 자료는 예레미야 선지자가 남긴 기록들이다. 예레미야는 포위된 예루살렘 안에 있었고, 예루살렘이 곧 함락된다고 예언했다가 감옥에 갇혔다. 그는 예레미야서와 예레미야 애가서에서 예루살렘이 포위된 암울한 상황을 그려 낸다. 예레미야는 바벨론군의 경사로를 언급한다. 경사로는 바퀴달린 공성 무기를 성벽으로 이동하기 위해 바위와 나무로 완만하게 닦았다. 바벨론군의 장비를 구체적으로 언급하는 기사는 없다. 그러나 바벨론군의 장비는 성벽 높이에 맞게 제작되었고, 공격자들이 올라가 방어자들에게 화살을 쏘고 무릿매질을 하는 공성루도 있었을 것이다. 덕분에 공격자들은 방어자들을 성벽에서 충분히 몰아냈고, 공성퇴 부대가 비교적 안전하게 성벽에 접근할 수 있었다.

핵심적인 공성 무기는 공성퇴였다. 공성퇴는 청동이나 철로 잇고 앞쪽 끝 부분에 날카로운 쇠를 덧댄 거대한 나무 기둥으로, 이것을 가로대에 매달아 앞뒤로 흔들어 성벽의 약한 부분을 반복적으로 타격했다. 느부갓네살의 군대에는 공성퇴가 많았을 것이다. 포위당한 예루살렘군은 공성퇴를 가동하는 병사들을 죽이거나 공성퇴에 불을 지르거나 공성퇴를 매단 밧줄을 긴 장대에 달린 칼로 끊는 등, 어떻게든 공성퇴 공격을 막아야 했다.

◀예레미야 선지자를 조각한 유명한 12세기 작품으로, 프랑스 무아사크(Moissac) 수도원 교회 입구 중앙 기둥에 새겨져 있다.

▼바벨론 공성퇴의 한 형태. 보호용 금속판을 겉에 붙였다. 공성퇴는 뒤에서 밀어 성벽으로 이동시킨 다음, 뾰족한 부분을 앞뒤로 흔들어 성벽의 이음 부분을 반복적으로 타격했다.

▼히스기야 터널은 고대 이스라엘 때 이뤄진 가장 인상적인 공사 가운데 하나다. 히스기야는 예루살렘의 기혼 샘까지 이어지는 수직 통로와 터널을 뚫었는데, 지금도 그대로 남아 있다.

결말

느부갓네살의 예루살렘 포위 공격은 18개월이나 계속되었다. 예루살렘 수비대의 방어 기술이 빛을 발했다. 그러나 성에 양식이 떨어지고 질병이 퍼지면서 수비대의 전력이 약해졌다. 예레미야서와 예레미야 애가서 모두 굶주림을 말한다. 특히, 예레미야 애가 4장 10절은 굶주린 어머니들이 자녀를 삶아 먹었다고 말한다. 성안에는 피난민이 가득했고, 그 가운데 다수는 길거리 움막과 성전 앞마당에서 기거했을 테고, 따라서 질병이 더욱 빠르게 번졌을 것이다.

마침내 BC 586년 7월 9일, 바벨론군은 북쪽 성벽을 뚫었다. 바벨론군이 성으로 들어와 거리에서 전투를 벌이는 동안, 예루살렘 수비대 일부는 견고한 요새나 다름없는 솔로몬 성전으로 퇴각했다. 이들은 성전에서 8월 4일까지 3주를 더 버텼다. 사흘 후인 8월 7일(유대월력으로 아브월 9일), 느부갓네살은 성전을 비롯해 예루살렘을 완전히 파괴하라고 명령했다.

그후

느부갓네살의 군대가 성벽을 뚫었을 때, 시드기야 왕은 수행원들과 함께 성을 빠져나갔다. 이들은 동쪽 유대 산지로 향했다. 추격을 따돌리려는 의도가 분명했다. 그러나 요단 강에 이르기 전에 바벨론 순찰대에게 붙잡혔고, 느부갓네살이 사령부를 건설한 북쪽 성읍 리블라로 압송되었다.

느부갓네살은 자신에게 반역하고 맹세를 어긴 봉신을 잔인하게 응징했다. 우선 느부갓네살은 왕자들을 아버지 시드기야가 보는 앞에서 죽였다. 그리고 시드기야는 눈이 뽑힌 채 사슬에 묶여 바벨론으로 압송되었다.

느부갓네살은 남유다 국가를 해체하여 다시는 반란이 일어나지 못하도록 못을 박았다. 유대인들을 바벨론으로 강주 이주시킨 것이다. 얼마나 많은 유대인들이 '바벨론의 포로'가 되었는지에 관해서는 저마다 견해가 다르다. 그러나 70년 후, 이들의 후손 4만 명이 귀환한 사실로 볼 때, 포로로 끌려간 유대인이 적지는 않았던 것 같다.

다행히 느부갓네살이 무자비하지만은 않았다. 농사짓는 서민들은 남겨 두어 땅을 경작하게 했던 것으로 보이는데, 이런 사람들이 인구의 절대다수였을 것이다. 다만 바벨론 통치에 또다시 반기를 들 법한 주요 인물들과 그 가족들, 바벨론 왕이 당장 써먹을 만한 숙련된 기술자와 전사들이 포로로 압송되었다. 이제 이 지역은 바벨론 총독이 다스렸고, 한동안 유대인은 독립한 나라를 갖지 못했다.

▼ 어느 화가가 '바벨론 포로기' 때 나라를 잃은 슬픔에
탄식하는 유다 사람들을 그린 상상화이다.

알렉산드로스의
두로 포위 공격

BC 332년

Siege of Tyre

전투 개요

누가 : 알렉산드로스 대왕이 이끄는 마케도니아–그리스 연합군 약 3만 명을 비롯해 이들을 돕는 페니키아 여러 도시와 키프로스(Cyprus, 구브로)의 연합 함대가 두로와 맞붙었다. 두로는 페니키아의 주요 도시로 페르시아에 복속되어 있었으며 인구는 5만 명 정도였다.

무엇을 : 마케도니아군이 두로를 포위했다. 두로가 지중해 동부 해안을 장악하려는 알렉산드로스에게 맞섰기 때문이었다.

어디서 : 두로(현재 남부 레바논의 수르 Sur). 당시 두로는 둘레가 약 4.4킬로미터이고, 페니키아 해안에서 약 0.8킬로미터 떨어진 섬이었다.

언제 : BC 332년 1월–8월

왜 : 알렉산드로스가 해상을 장악하지 못한 채 페르시아를 정복하기란 불가능했다. 하지만 알렉산드로스는 페르시아 함대와 맞설 만한 해군력을 보유하지 못했다. 그래서 두로를 비롯해 페르시아가 장악한 지중해 동부 연안의 항구들을 점령해 위협을 제거하러 나섰다.

결과 : 두로는 7개월 동안 시간이 지날수록 더 필사적으로 저항했으나 알렉산드로스는 마침내 두로를 함락했다. 성인 남자는 대부분 죽이고 여자와 아이들은 노예로 삼았다.

페니키아의 두로는 역사상 최고의 요새 가운데 하나였다. 따라서 두로를 복속시키는 일은 페르시아 제국을 정복하려는 알렉산드로스 대왕(BC 356–323년)의 계획에 매우 중요했다. 알렉산드로스는 20차례 이상 포위 공격을 감행했는데, 그 가운데 두로가 가장 어려웠다. 알렉산드로스는 두로를 7개월간 포위해 마침내 함락했고, 이로써 마케도니아의 군사 기술을 한껏 드러냈다.

▶ 알렉산드로스가 기병대를 이끌고 그라니쿠스 강을 건너고 있다. 알렉산드로스는 야전 전투로 더 유명하지만, 어떤 역사가들은 포위 공격이야말로 알렉산드로스의 군사적 역량을 보여 주는 진정한 표지라고 말한다.

두로의 위치

프리지아

메소포타미아

두로 ✤✤ ●다메섹

●예루살렘

두로는 지중해 동부 해안 중간쯤에 위치했고 그 지역 해상로를 장악하고 있었다. 따라서 알렉산드로스가 페르시아를 이기려면 두로를 반드시 수중에 넣어야 했다.

BC 334년, 마케도니아의 알렉산드로스 대왕은 페니키아와 팔레스타인을 지배하던 페르시아 제국을 침공했다. 페르시아와 처음 맞붙은 그라니쿠스Granicus 전투에서, 알렉산드로스는 페르시아 야전군에게 패배를 안겼다. 하지만 알렉산드로스는 곧바로 내륙으로 진격해 페르시아 제국의 심장부를 공격하지 않고, 대담한 전략으로 보급로를 확보한 후 아시아 내륙으로 진격했다.

알렉산드로스는 페르시아가 장악한 페니키아 함대에 도전할 만한 해군력을 갖추지 못했다. 아테네를 비롯한 몇몇 그리스 동맹이 해군력을 갖추었으나 알렉산드로스는 이들의 충성심을 믿지 않았다. 알렉산드로스는 페르시아에게서 지중해 동부 지역을 빼앗는 방법은 하나뿐이라고 생각했다. 지중해 해안을 따라 자리한 페니키아 해군 기지들을 점령해 군함들이 마케도니아군을 막지 못하도록 하는 것이었다.

그래서 알렉산드로스는 그라니쿠스 전투에서 승리한 후, 곧바로 지중해의 아나톨리아 해안과 페니키아 해안을 따라 남쪽으로 이동했다. 페니키아 도시들은 대부분 페르시아의 지배 아래서 전혀 행복하지 못했으므로 마케도니아 정복자에게 순순히 성문을 열었다. 그러나 두로는 인접한 페니키아 도시 시돈과 앙숙 관계였기에, 시돈이 알렉산드로스에게 넘어가자 자신들은 알렉산드로스에게 저항하기로 했다.

방패막

고대의 포위 공격은 방어하는 쪽이 유리했다. 성벽을 무너뜨릴 만한 대포는 아직 발명되지 않았고, 방어자들은 중력을 이용해 각종 무기를 아래로 쏘거나 던져, 공성퇴로 성벽을 공격하는 적을 쫓아 버렸다. 그러나 땅이나 공성루에서 쏘는 화살이나 투석기에서 날아오는 돌에는 당하기 쉬웠다. 그래서 방어를 위해 그림과 같은 대규모 방패나 스크린을 성벽에 세웠다.

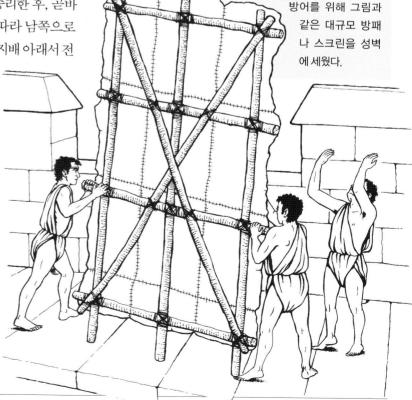

완벽한 요새

두로 사람들은 알렉산드로스의 공격을 이겨낼 수 있다고 자신만만해했고, 그럴 만할 이유가 충분했다. 페르시아 왕 다리오 3세Darius III가 그라니쿠스 전투 때보다 훨씬 큰 군대를 곧 이끌고 와서 무례한 야만인을 쓸어버리리라 기대했던 것이다. 그러나 다리오는 오지 않았다. 그가 왜 적기에 알렉산드로스의 위협에 대응하

양측 병력

마케도니아군(추산)

마케도니아와 그리스 보병	3만 명
페니키아와 키프로스 3단 군함	200척
수병과 노군(櫓軍)	4만 명
합계	**7만 명 + 군함 200척**

두로군(추산)

징집 연령의 남자	1만 5,000명
그 외 민간인	1만 5,000명
두로의 3단 군함의 수병	2만 명
전체 주민	**5만 명**

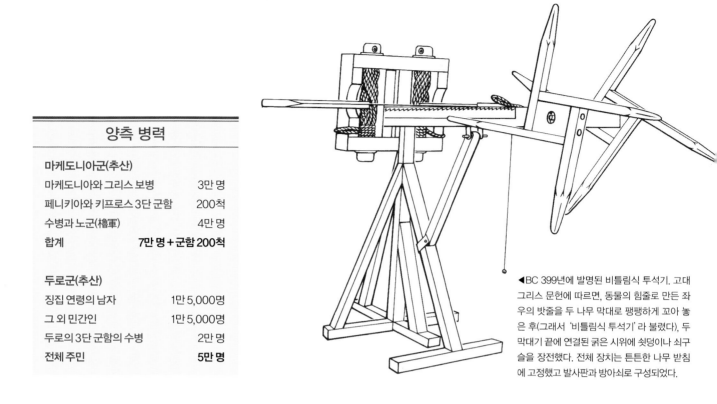

◀BC 399년에 발명된 비틀림식 투석기. 고대 그리스 문헌에 따르면, 동물의 힘줄로 만든 좌우의 밧줄을 두 나무 막대로 팽팽하게 꼬아 놓은 후(그래서 '비틀림식 투석기'라 불렸다), 두 막대기 끝에 연결된 굵은 시위에 쇳덩이나 쇠구슬을 장전했다. 전체 장치는 튼튼한 나무 받침에 고정했고 발사판과 방아쇠로 구성되었다.

알렉산드로스는 두로 성벽을 향해 방파제, 곧 인공 방죽 길을 서서히 쌓았고, 이 길을 따라 거대한 두 개의 공성루를 옮겼다.

지 못했는지는 아직도 풀리지 않은 수수께끼다.

다리오가 오지 않더라도, 두로 사람들은 두려울 게 없다고 느꼈다. 두로는 육지에서 0.8킬로미터 떨어진 섬에 위치했으며, 사방이 견고하게 요새화되어 있었다. 육지 쪽은 성벽 높이가 무려 46미터였으며, 바다 끝에 솟아 있어 어느 침입자도 공격을 위한 교두보를 확보할 수 없었다. 또한 성벽을 따라 사방으로 투석기가 배치되어 있었다. 두로 수비대를 서서히 굶겨 항복을 받아 내는 전략도 불가능해 보였다. 섬의 북쪽과 남쪽에 좋은 항구가 있어 해상으로 물자를 쉽게 나를 수 있기 때문이었다. 약 80척에 이르는 강력한 두로 함대는 대부분 노가 3단으로 설치된 배였고, 물길을 열기에 충분했다.

두로 사람들은 조상들이 강력한 여러 군대의 포위 공격을 수차례 견뎠다는 사실도 알았다. 앗수르군은 BC 7세기에 두로를 함락하려다 실패했다. 바벨론도 두로를 무려 13년간 포위했으나 결국 포기했다. 알렉산드로스의 두로 공격은 계란으로 바위치기로 끝날 공산이 아주 커 보였다. 다리오 왕은 두로가 마케도니아군의 공격을 충분히 견디리라고 믿고 군대를 천천히 소집했을 것이다.

공격 개시

BC 332년, 알렉산드로스는 포위 공격을 개시했다. 성벽에 접근할 방법을 찾는 게 가장 시급했다. 알렉산드로스는 거의 곧바로 방파제, 곧 육지와 섬을 잇는 방죽 길을 쌓기 시작했다. 주 설계자는 알렉산드로스 휘하의 가장 뛰어난 포위 공격 전문가 카리아스Charias와 디아데스Diades였다. 이들은 알렉산드로스의 아버지 필립 2세(BC 382-336년) 때 벌인 그리스 포위 공격에서 큰 전과를 올려 신임을 얻었다. 그러나 방파제 건설은 여러 난관에 부딪혔다.

기술적으로는 어렵지 않았다. 그러나 규모가 엄청난 일이라 노동력이 많이 필요했다. 알렉산드로스의 병사들은 육체 노동이 서툴렀다. 그러나 알렉산드로스는 지역 주민을 대규모로 동원해 병사들과 함께 일하게 함으로써 이 문제를 해결했다. 알렉산드로스는 직접 공사를 지휘하기도 했고, 병사들의 사기를 높이려고 선물도 많이 뿌렸다. 돌은 해안에 자리한 옛 두로의 폐허 더미에서, 목재도 인근 레바논 숲에서 쉽게 구했다. 육지에서 가까운 쪽은 수심이 낮아 처음에는 공사가 빠르게 진척되었다. 하지만 두로 쪽에 가까워지면서 수심은 5미터까지 깊어졌다.

방파제가 두로에 가까워지자, 두로 병사들은 성벽에 설치해 둔 비틀림식 투석기torsion catapults로 일꾼들을 공격했다. 배를 이용해 방파제에 접근해 화살을 퍼붓고 배에 장착한 소형 투석기로도 공격했다. 알렉산드로스는 이러한 해상 공격으로부터 일꾼들을 보호하려고 말뚝 울타리를 세웠다. 그뿐아니라 방파제 끝에 두 개의 공성루를 세웠다. 공성루는 높이가 무려 46미터였으니 역사상 가장 높지 않았을까 싶다. 높은 성벽의 투석기와 이를 조종하는 적을 타격하려면 이처럼 높은 공성루가 반드시 필요했다.

1 섬에 위치한 도시 두로는 사방으로 높은 성벽이 둘렸고, 몇몇 지점은 성벽 높이가 50미터가 넘었다. 게다가 두로 함대가 섬 주변을 지키고 있어 섬에 접근하는 것조차 불가능했다. 따라서 두로를 상대로 포위 공격을 감행하기란 어려운 일이었다.

두로

5 방파제가 섬에 이르자, 마케도니아군은 투석기로 성벽을 공격하기 시작했다. 알렉산드로스 함대에서도 투석기로 성을 공격했다. 두로는 성을 용감하게 방어했으나 방파제 남쪽 성벽이 무너지자 밀려드는 마케도니아 병사들을 막지 못하고 결국 함락되었다.

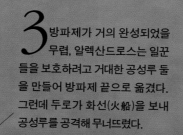

3 방파제가 거의 완성되었을
무렵, 알렉산드로스는 일꾼
들을 보호하려고 거대한 공성루 둘
을 만들어 방파제 끝으로 옮겼다.
그런데 두로가 화선(火船)을 보내
공성루를 공격해 무너뜨렸다.

2 BC 332년, 알렉산드로스군이 두로
건너편 해변에 나타나 두로에게 항
복을 요구했다. 두로가 이를 거부하자, 알
렉산드로스는 해변과 섬을 잇는 500-600
미터 길이의 방파제를 쌓기 시작했다. 그리
고 함대를 동원하여 섬을 봉쇄했다.

4 알렉산드로스가 해상을 봉쇄
하여 상황이 악화되자, 두로는
함대를 띄워 마케도니아와 그리스와
페니키아 함대를 공격했다. 그러나 알
렉산드로스 함대에 섬멸되고 말았다.

알렉산드로스의 두로 포위 공격 (BC 332년)
Siege of Tyre 332BC

▲알렉산드로스의 함대는 대부분 3단 노의 군용선이었다. 그러나 알렉산드로스는 보다 더 가볍고 방향을 전환하기 쉬운 2단 노의 배, 즉 그림에서 보듯이 노가 상단과 하단으로 장착된 배도 활용했다.

공성루 겉면에는 불이 쉽게 붙지 않도록 생생한 가죽을 덮었다. 두로군은 이들을 물리치려고 더 정교한 작전을 구사했다. 이들은 기병을 수송하는 배를 개조해 유황과 역청을 비롯한 인화성 물질을 가득 실었다. 돛의 활대(돛 위에 가로 댄 나무)에는 솥을 매달아 인화성이 더욱 강한 물질로 채웠다. 화살이 더 멀리 날아가도록 병사들은 고물 쪽에 배치했다. 두로의 3단 노의 군함들은 화선火船을 끌고 방파제 끝으로 가서 최대한 늦게 밧줄을 끊었고, 화선에 탄 병사들은 배에 불을 지른 후 바다로 뛰어들었다.

마케도니아군의 두 공성루에 불이 붙었다. 공성루가 불탈 때, 작은 배에 타고 있던 두로 병사들이 알렉산드로스가 일꾼들을 보호하려고 세운 말뚝울타리를 허물었고 작은 공성 무기들도 불태웠다.

얼마 후, 높은 파도가 방파제를 대부분 삼켜버렸다. 1회전은 두로의 승리가 분명했다.

바다에서 포위하다

두로군이 방파제를 공격하자, 알렉산드로스의 가장 큰 약점이 고스란히 드러났다. 알렉산드로스는 배가 필요했다. 알렉산드로스에게 배가 없기 때문에, 두로 함대가 그의 군대를 마음대로 괴롭힐 뿐 아니라 필요한 물자도 바다를 통해 얼마든지 공급받을 수 있었다.

이즈음 마케도니아 왕 알렉산드로스에게는 다행스럽게도, 마케도니아군에게 항복한 페니키아의 여타 해군 기지들이 제 역할을 했다. 페니키아의 3단 군함 80척이 시돈에 당도했을 때, 시돈은 이제 알렉산드로스를 지지하고 그를 군주로 따르고 있

그리스 공성루는 매우 인상적이었다. 가죽이나 금속판을 외부에 덧대어 불이 잘 붙지 않았다. 이러한 공성루는 공격자들을 성벽과 같은 높이에 위치시켜 방어자들이 갖는 높이의 이점을 상쇄했다.

▼두로의 유적. 두로는 알렉산드로스에게 함락된 후 재건되어 로마 시대에 중요한 항구의 위치를 유지했다.

었다. 키프로스(구브로) 함대도 곧 알렉산드로스의 휘하에 들어간 것으로 보인다.

알렉산드로스는 두 함대를 손에 넣었고 200척이 넘는 3단 군함을 보유했다. 이 정도 전력이라면 두로 함대를 저지하기에 충분했다. 알렉산드로스의 새 함대는 곧 해전에서 두로 함대를 격퇴하고, 두로의 두 항구를 봉쇄했다.

북쪽 항구(시돈항)에 발이 묶인 두로의 배들은 해상 봉쇄를 뚫기 위해 필사적으로 노력했다. 이들은 항구 입구에 돛을 매달아 자신들의 계획을 감추었고, 5단 노의 배 3척, 4단 노의 배 3척, 3단 노의 배 7척으로 봉쇄망을 뚫으려 했다. 이들은 방심한 키프로스 수군을 급습해 몇 척을 침몰시키고 몇 척은

해안으로 쫓아버렸다. 하지만 타격은 그리 크지 않았다. 알렉산드로스가 주변 남쪽 항구에서 페니키아 함대를 신속하게 이끌고 와서 두로 함대를 격파했기 때문이다.

한편, 알렉산드로스와 그의 공병대는 처음보다 좀 더 북쪽에 새로운 방파제를, 폭풍우에 잘 견디도록 61미터 너비로 넓게 쌓기 시작했다. 두 번째 방파제는 지금도 남아 있으며, 레바논의 수르와 육지를 잇는 지협(isthmus, 두 개의 육지를 연결하는 좁고 잘록한 땅)의 기초를 이룬다. 새로운 공성루가 일꾼들을 보호했고, 이번에는 마케도니아의 새로운 동맹들이 초계선단을 띄워 두로의 추가적인 해상 공격을 미리 방지했다. 알렉산드로스는 배에다 공성퇴를 싣

고 두로의 해안 성벽을 탐지하기도 했다. 이때, 배를 서로 묶어 공성퇴를 위한 안정된 바닥을 마련하고, 사방에 닻을 내린 채 배를 성벽 가까이 붙였다.

두로군은 물속으로 들어가 닻줄을 끊어 몇 척을 좌초시켰다. 그러나 알렉산드로스는 닻줄을 쇠사슬로 교체하고 공격을 계속했다. 알렉산드로스의 새로운 함대는 두로군이 배의 접근을 막으려고 성벽 앞 바다에 놓아둔 큰 바위들을 제거했다.

공격

여름이 계속되면서, 알렉산드로스는 포위 공격의 강도를 빠르게 높였고, 두로군은 성을 지키려고 더욱 필사적으로 저항했다. 두로군은 알렉산드로스

의 병사들을 생포해 성벽 위에서 끌고 다니다가 죽여 바다에 던졌다. 두로군은 알렉산드로스의 사신마저 죽였다. 알렉산드로스가 두로에게 냉혹하게 보복한 것도 이 때문이 아니었을까 싶다.

마케도니아군이 성벽에 접근하자, 두로군은 매우 혁신적인 방어 전략을 쓰기도 했다. 역사가 디오도루스 시쿨루스 Diodorus Siculus에 따르면, 알렉산드로스는 고대의 일반적인 군대와는 달리, 성벽을 손상시킬 만큼 큰 돌을 발사하는 거대한 비틀림식 투석기를 썼고, 이에 맞서 두로군은 성벽을 보강했다. 그러나 시쿨루스의 말과는 달리, 두로군이 대형 물레를 신속하게 성벽에 배치해 마케도니아군의 투석기 탄환이 비켜 가게 했을 것 같지는 않다.

▼로마 시대의 바닥 모자이크(BC 2세기). 3단 노의 군용선이 물에서 떨치는 위용을 잘 보여준다.

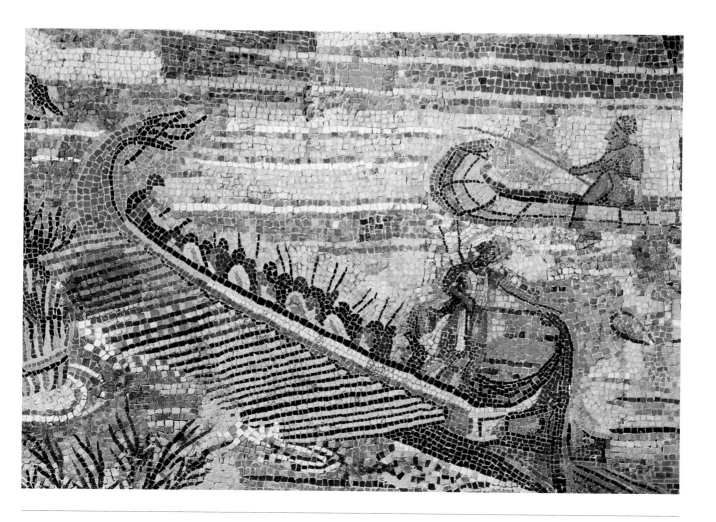

공성루에서 성벽 다리를 걸쳐 놓고 성에 진입하려는 첫 시도는 실패했다. 두로군은 성벽에 4.5미터짜리 목재 탑을 쌓아 공성루에 대한 높이의 우위를 유지했다. 두로군은 바깥 성벽 2미터 안쪽에 제2성벽을 쌓고 그 공간에 돌과 흙을 채웠다. 마케도니아군이 방파제에서 공격을 개시했을 때, 방어군은 삼지창으로 공격자들의 방패를 찌르고 낚아챘으며, 그물을 던지고 뜨겁게 달궈진 모래를 부었다. 뜨거운 모래가 갑옷 속으로 들어가자 공격자들은 도저히 견디지 못했고 공격은 이내 실패했다.

8월 초, 배에 장착한 공성퇴는 남쪽 성벽에서 약한 부분을 찾아냈다. 알렉산드로스의 수군은 마침내 남쪽 항구와 방파제 사이의 성벽에 구멍을 뚫었다. 알렉산드로스는 날씨가 좋아질 때까지 이틀을 기다렸다가 해상 작전이 가능해지자 곧바로 공성 무기를 장착한 선단을 보내 성벽의 구멍을 더 넓게 뚫었다.

모든 준비가 끝나자, 알렉산드로스는 사방에서 대규모 공격을 개시했다. 알렉산드로스는 성벽에 구멍이 뚫린 지점에서 직접 공격을 지휘했는데, 이를 위해 두 척의 배로 최정에 보병을 실어 날랐다. 보병뿐 아니라 수군도 두로를 에워싸고 함께 공격했는데, 주 함대는 두 항구를 공격하고 방파제 쪽에서는 사다리로 성벽을 기어올랐다. 두로군은 이러한 대규모 공격을 동시에 막아 낼 만큼 병력이 많지 않았다. 알렉산드로스의 군대는 무너진 성벽을 뚫고 들어갔고, 함대는 두 항구를 점령하고 시가전을 펼쳤다. 이로써 마케도니아 주력부대가 방파제를 따라 성에 진입할 수 있었다.

그후
알렉산드로스는 패배한 적에게 관대하기로 유명했으나 이번에는 본때를 보였다. 한 도시가 항복하길 거부하다가 무력으로 함락되면, 승자는 무차별적으로 도륙하고 겁탈하며 약탈할 권리를 널리 인정받았다. 부분적으로, 이것은 고대 전투의 전형적인 특징이었다.

방어군의 성인 남자를 모두 죽이는 경우가, 특히 수비대가 공격자와는 다른 인종일 때, 드물지 않았다. 알렉산드로스라면 좀 더 관대했을지도 모른다. 그러나 두로인들은 '공정한 플레이'를 하지 않았다. 특히, 이들은 마케도니아 포로들뿐 아니라 사신(전령)들까지 죽였다.

알렉산드로스는 두로를 불태웠고, 약 8,000명을 도륙했다. 살아남은 성인 남자가 약 2,000명이었는데, 알렉산드로스는 이들을 십자가형에 처했다. 하지만 멜카르트Melkart 신전에 피신한 사람들은 모두 살려 주는 놀라운 관용을 베풀었는데, 이는 알렉산드로스가 멜카르트 신을 그리스의 헤라클레스 신과 동일시했기 때문이었다.

두로의 왕도 살아남았는데, 알렉산드로스는 그를 정중하게 대했다. 그러나 두로인들은 포위망을 뚫고 아이들과 여자들을 자신들의 북아프리카 식민지 카르타고로 보내기로 결정했다. 그러나 때늦은 결정이었다. 이 계획이 미처 실행되기 전에, 알렉산드로스는 해안을 봉쇄했고 공격에서 살아남은 민간인을 노예로 삼았다.

마케도니아는 두로를 포위하느라 귀중한 7개월을 지체했다. 그러나 페르시아 왕이 지체하는 바람에, 이렇게 지체하고도 해를 당하지 않았다. 더욱이, 알렉산드로스는 군사를 400명밖에 잃지 않았는데, 그가 언제든지 병사들을 최대한 보호하려고 세심한 주의를 기울였다는 증거다.

그 대가로, 젊은 마케도니아 왕은 지중해 동부를 손에 넣고, 페니키아와 팔레스타인에 교두보를 마련했다. 그 뒤 페니키아와 팔레스타인은 거의 2세기 동안 그리스의 손에 들어간다. 알렉산드로스는 역사상 가장 위대한 포위 공격 지휘자가 아니었을까 싶다.

◀ '알렉산드로스 석관' (Aexander Sarcophagus, BC 310년경)에 새겨진, 말을 탄 알렉산드로스 형상이다. 양의 뿔을 주목하라. 양의 뿔은 알렉산드로스가 이집트의 신 암몬의 아들로 그 자신도 신이라는 것을 나타낸다.

엠마오 전투

BC 165년

Emmaus

전투 개요

누가 : 유다 마카베오가 이끄는 유대 반란군이 각각 프톨레마이오스, 고르기아스, 니카노르가 이끄는 셀레우코스군과 맞붙었다.

무엇을 : 유다 마카베오는 전략을 수정해 적의 약점을 이용했고, 셀레우코스군은 이들에게 패해 도주했다.

어디서 : 유대 산지에서 가까운 엠마오. 서쪽으로는 지중해가 가까웠고 동쪽으로는 예루살렘이 가까웠다.

언제 : BC 165년

왜 : 셀레우코스 왕조는 유다 마카베오가 이끄는 골치 아픈 유대 반란군을 완전히 진압하려 했다.

결과 : 유대 반란군은 수적, 기술적으로 열세인데도 셀레우코스군에게 연달아 승리했고, 이듬해 벧술에서 다시 셀레우코스군을 격파하고 예루살렘에 입성해 성전을 재봉헌했다.

안티오코스 에피파네스 4세(Antiochus IV Epiphanes, 에피파네스는 '신현'이라는 뜻이다. BC 175-164년)는 로마의 영향력이 커지면서 셀레우코스 왕국의 안전이 위협을 받으리라고 보았다. 그래서 유대 지역을 로마가 이집트를 경유해 침입하는 것을 막는 완충지대로 활용하려 했다. 실제로, 안티오코스는 이집트를 침입했으나 로마와 전쟁을 벌일까 봐 겁나서 철수해야 했다. 화가 치민 안티오코스는 안디옥으로 돌아오는 길에 예루살렘을 공격했다. 역사가 플라비우스 요세푸스는 그 다음에 일어난 일을 이렇게 기록했다.

안티오코스는 예기치 않게 그 성(예루살렘)을 취하고 약탈하며 숱한 사람들을 도륙하고도 만족하지 못했다. 도리어 포악한 열정에 사로잡혔으며, 자신이 예루살렘을 포위 공격할 때 당한 고통을 기억하고는 유대인들에게 그들의 율법을 어기도록 강요했고, 사내아이들의 할례를 금지했으며, 제단에서 돼지를 잡아 제물을 바치게 했다.

▶ 유대를 '헬라화' 하라는 임무를 가진 셀레우코스 원정대가 사령관이 가리키는 유대 반란군의 요새를 향해 개울을 건널 준비를 하고 있다.

유대인들이 안티오코스 에피파네스 4세의 헬라 정권에 맞서 반란을 일으킨 지 3년째 되는 BC 165년 봄, 리시아스Lysias 총독이 보낸 셀레우코스군이 반란을 진압하려고 유대로 진격했다. 그동안 유대 주민들은 처음에는 이집트를 근거로 하는 프톨레마이오스 제국의 일부로서, 나중에 셀레우코스 제국이 BC 198년에 무력으로 그 지역을 장악했을 때는 셀레우코스 제국의 백성으로서, 1세기 넘게 상당한 종교적 자유를 누렸다.

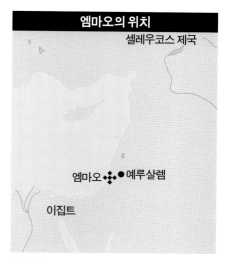

셀레우코스 장갑보병

전통적인 원형 방패와 그리스 스타일의 단검으로 무장한 이 셀레우코스 장갑보병은 유다 마카베오가 이끄는 유대 반란군을 진압하기 위해 파병된 셀레우코스군 병사의 전형이다. 볏으로 장식한 투구는 머리에 잘 맞아 머리와 목까지 보호하고, 작은 쇠사슬을 엮어 만든 갑옷은 겉옷에 착 달라붙어 유용했다. 셀레우코스군 병사들은 잘 훈련되었으며 인원도 많고 무기도 잘 갖췄다. 그러나 유대 반란군은 가장 유리한 상황에서만 전투를 벌이고 게릴라전을 펼쳐서 이들을 당황하게 했다. 유대 반란군은 셀레우코스군의 수적 우세와 뛰어난 무기를 무용지물로 만드는 전략을 거듭 구사했다.

이렇듯, 안티오코스는 유대의 '헬라화' 작업을 시작하면서 유대인의 종교적, 문화적 관습을 금지하고 그리스의 여러 신과 전통으로 대체할 것을 강요했다. 셀레우코스군은 유대인을 대량 학살하고 예루살렘을 다시 약탈했으며, 예루살렘에 수비대를 두고 주민을 박해했다. 이들이 성전을 약탈하고 더럽힌 사건은 유대 항쟁의 불씨가 되었다.

셀레우코스군은 유대 제사장 마타티아스에게 사람들이 보는 앞에서 돼지를 잡아 제사를 드리고 돼지고기를 먹으라고 강요했다. 그 순간, 제사장은 의분을 참지 못하고 셀레우코스군 장교를 죽인 후 사람들을 이끌고 산으로 들어갔다. 유대 반란군은 비록 잘 훈련되고 무장한 군대에 비해 수적으로 열세였으나 그래도 신출귀몰했다. 이들은 병력을 증강하며 적은 무기로 훈련했다. 1년 후, 마타티아스가 죽으면서 셋째 아들 유다 마카베오Judas Maccabeus가 반란군 지도자가 되었다. 유다는 역사에 남을 위대한 전사가 될 사람이었으나, 유대의 승리는 요원하기만 했다.

유다 마카베오

유다 마카베오는 하나님을 믿는 신앙 때문에 셀레우코스의 공격에 저항해야만 했다. 그가 이끈 유대 반란은 역사에서 종교의 자유를 위해 싸운 최초의 전쟁 가운데 하나였을 것이다. '마카베오'라는 성은 '마카바 maqqaba'라는 아람어 단어에서 왔는데 '망치'라는 뜻이다. 그는 한때 오합지졸이었던 애국자들을 이끌고 수적으로도 압도적으로 우세한 직업군인들과 맞붙었다. 이 때문에 마카베오라는 이름은 그에게 잘 어울렸다.

유다 마카베오는 혁신적인 책략가의 기질을 여러 차례 발휘했고, 상황이 유리하지 않으면 셀레우코스군과 맞붙지 않았다. 정면 대결로는 승산이 없음을 알았기 때문이었다. 역사가 차임 헤르조그와 모드카이 지촌은 유다군이 직면한 현실을 이렇게 그려 낸다.

원시적인 농기구와 철퇴와 무릿매 등, 집에서 제작한 무기로 무장한 유다의 작은 무리는 현대적인 무기로 무장한 그리스군과 맞서 싸울 준비를 했다. 셀레우코스군은

엠마오의 위치

셀레우코스 제국

엠마오 ✦✧● 예루살렘

이집트

유대 사람들은 그리스, 즉 셀레우코스 왕국의 지배를 받으며 살았다. 그러나 로마가 침입해 올 위험성이 커지면서 안티오코스는 잠재적인 적을 막는 완충지대를 설치해야 했다.

양측 병력

유대 반란군(추산)

보병	6,000명
합계	**6,000명**

셀레우코스군(추산)

보병	2만 명

(마카베오상에는 4만 명으로 나오지만 마카베오하에
는 그 절반으로 나온다)

기병	7,000명
합계	**2만 7,000명**

잘 훈련되었고, 잘 조직되었으며, 전투 경험도 풍부했다. 셀레우코스군은 다양한 지원부대는 물론이고 중보병과 경보병, 중기병과 경기병, 전차, 코끼리 부대, 발리스타(ballistae, 거대한 돌을 발사하는 무기. 노포라고도 한다)를 운용하는 '포병대'로 구성되었다. 이들은 칼, 창, 투창, 활, 무릿매, 노포, 공성퇴로 무장했다.

유다는 게릴라 전술이 목적에 가장 잘 맞는다고 결론지었다. 그는 일반적으로 골짜기 같은 좁은 지형에서 셀레우코스군을 공격하는 전술을 썼다. 이런 지형이라면, 긴 창에 방패까지 들고 천천히 이동하며 공격하는 대규모 병력을 효율적으로 운용하기란 불가능할 것이라 판단한 것이다. 유다의 핵심 전술은 기습, 매복, 치고 빠지기였고, 이러한 유다의 전술 때문에 셀레우코스군은 보급 기지에서 멀리 벗어나지 못했을 뿐 아니라 사기와 전투의 효율성마저 떨어졌다. 유다는 선견지명이 있었고, 백성에게 종교적 열정과 민족정신도 고취시켰다.

유대 주민들은 반란군의 눈과 귀가 되어 정보를 수집했고, 유다는 이러한 정보를 토대로 셀레우코스 정찰대를 함정에 빠뜨리고, 보급로를 위협하고, 늘어나는 병사를 위해 더 나은 무기를 모았다. 유대 주민들은 길이 없는 유대 산지에 숨은 반란군에게 식량도 공급했다.

골짜기 전투

유대 지역의 불안한 정세가 계속되자 안티오코스 4세는 사마리아 군정관 아폴로니우스Apolonius에게 유대 반란을 진압하라고 명령했다. 아폴로니우스는 반란군의 세 배가 넘는 병력 2천 명을 이끌고 왔다. 유다는 겨우 600명의 정예 부대를 이끌고 정벌군을 막아야 했다. 그는 셀레우코스군의 이동 경로를 파악해 가장 유리한 지점에서 공격을 감행했다.

◀ 이 그림의 제목은 '마타티아스의 관용(Generosity of Mattathias)' 이다. 늙은 제사장이 셀레우코스군 병사를 죽이는 장면을 상상력을 동원해 묘사했다. 이 사건을 계기로 유대 반란이 일어났고, 제사장의 아들 유다 마카베오가 두각을 나타내었다.

▼ 셀레우코스군의 팔랑크스는 가공할 만한 군사 대형으로 정면의 적은 대부분 무너뜨릴 수 있었다. 그러나 팔랑크스 대형의 약점은 측면이었다. 유다 마카베오는 이 약점을 최대한 활용해 이들의 장점을 무용지물로 만들었다.

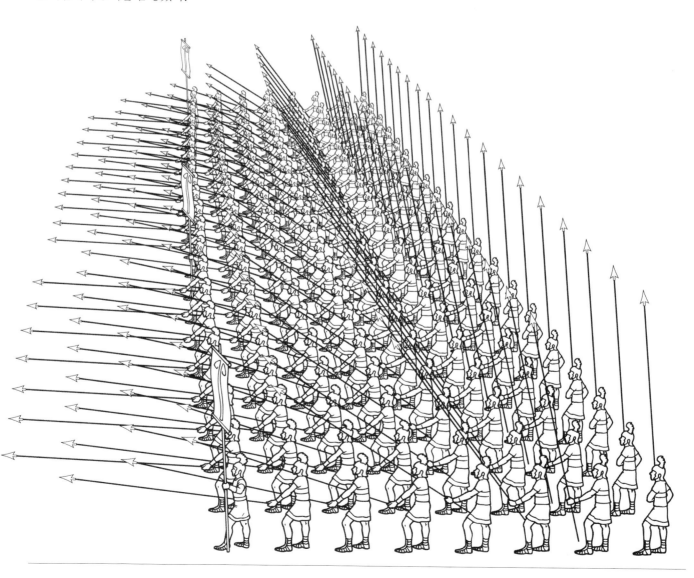

5 진에 남은 셀레우코스군은 고르기
아스가 예루살렘으로 향하는 길에
산악 지대에서 이스라엘군을 이미 공격했
으리라고 생각하고 있다가 이스라엘군의
급습에 당황해 퇴각한다.

게셀

엠마오

2 유다 마카베오는 셀레우코
스군이 밤에 공격해 올 거
라는 경고를 받고, 진에 횃불을 밝
혀 두고 후위 부대만 남겨 둔 채 주
력부대를 뒤로 뺀다.

3 고르기아스는 이스라엘
진을 공격하고, 예루살렘
으로 퇴각하는 후위 부대를 추격
하지만 길목마다 이스라엘군에
게 공격을 받는다.

4 유다 마카베오는 병력 1
만 5,000명을 넷으로 나
누고 남서쪽에서 셀레우코스
진을 공격하며, 팔랑크스의 약
점인 측면을 친다.

미스바

 **예루살렘**

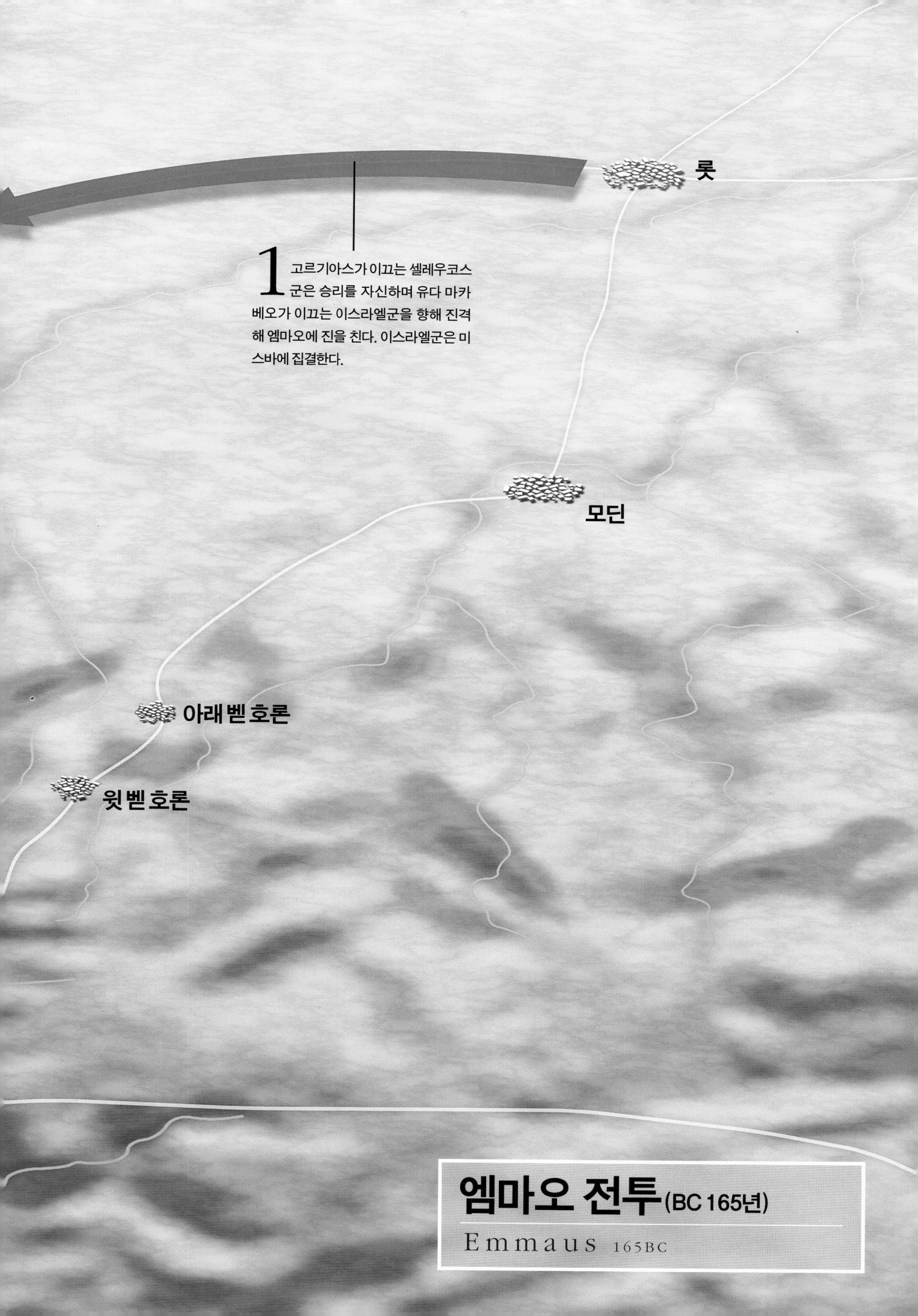

롯

1 고르기아스가 이끄는 셀레우코스 군은 승리를 자신하며 유다 마카 베오가 이끄는 이스라엘군을 향해 진격해 엠마오에 진을 친다. 이스라엘군은 미스바에 집결한다.

모딘

아래 벧 호론

윗 벧 호론

엠마오 전투(BC 165년)

Emmaus 165BC

아폴로니우스의 이동 경로에 나할 엘-하라미아 Nahal el-Haramiah 골짜기가 있었다. 고프나 Gophna 에서 동쪽으로 수 킬로미터 떨어진 지점이었다. 유다는 이곳이라면 셀레우코스군의 수적 우세와 뛰어난 무기를 무용지물로 만들 수 있다고 보았다. 유다는 셀레우코스군을 좁은 골짜기에 가두고 앞뒤 퇴로를 차단한 채 양 측면에서 공격할 계획으로 병력을 넷으로 나눴다.

셀레우코스군은 남쪽으로 내려와 오후 늦게 나할 엘-하라미아 골짜기에 들어섰다. 먼저 1,000명으로 구성된 두 부대가 사 열 종대로 늘어서서 골짜기에 들어섰다. 아폴로니우스는 두 번째 부대의 선두에 있었다. 유다가 신호를 하자, 남쪽에서 반란군이 셀레우코스군 제1부대의 정면을 공격했다. 뒤따르는 부대는 앞 부대의 상황을 곧바로 파악하지 못해 계속 골짜기로 들어왔고, 골짜기는 곧 셀레우코스군 병사로 들어찼다. 처음에는 동쪽에서, 그 다음에는 서쪽에서, 유대 반란군은 거대한 적을 공격했다.

아폴로니우스는 전투 초기에 전사했고, 유다는 북쪽에서 네 번째 부대를 이끌고 나할 엘-하라미아 골짜기에 갇힌 셀레우코스군을 도륙했다. 침입군은 궤멸되었고, 유다는 아폴로니우스의 검을 취해 차고 다니며 병사들의 사기를 돋우었다.

전투에서 승리하자, 종교의 자유를 위한 싸움을 지휘하는 군사적, 정치적 지도자로서 유다 마카베오의 위치는 더욱 확고해졌다. 그가 셀레우코스군과 싸울 때 펼친 전략은 유효했다. 그는 자신보다 강한 적과 맞서 게릴라전을 펼치는 자들에게 하나의 모델이 되었다.

벤 호론 전투

아폴로니우스가 완전히 패했다는 전갈을 받은 안티오코스 4세는 다른 장군에게 유대 반란을 진압하라고 명령했다. 정치적 야망이 강했던 세론 Seron 은 나할 엘-하라미아에서 패한 셀레우코스군의 배나 되는 병력을 이끌고 나가며 말했다.

이제 내 명성을 떨칠 때가 왔다. 왕명을 무시한 유다와 그 졸도들을 무찌르고 이 나라에서 영광을 차지하자 (마카베오상 3:14, 공동번역 개정판).

세론은 아폴로니우스의 운명에서 한 가지 중요한 교훈을 얻은 게 분명했다. 세론의 군대는 좁은 지역에 갇히지 않으려고 지중해 해안을 따라 먼 길을 돌아갔다. 세론은 예루살렘에서 셀레우코스 수비대와 합세해 유대 반란군을 섬멸할 계획이었다. 또한 혹시 있을지 모르는 매복에 대비해 시골 지역을 지날 때는 부대 사이의 간격을 더 넓혔다.

가공할 전력을 갖춘 적군이 예루살렘에서 하룻길도 안 되는 거리까지 진격했을 때, 유다는 고프나 근처 산지에서 나와 병력을 다시 넷으로 나누고 매복을 준비했다. 최고의 웅변가 유다는 전투 전날 다음과 같은 연설로 병사들의 결의를 다졌다.

유다의 부하들은 자기들을 치러 나오는 적군을 보고 유다에게 말하였다. "우리가 이렇게 적은 수효를 가지고 저 많고 강한 군대와 어떻게 싸워 낼 수가 있겠습니까? 게다가 우리는 오늘 아무것도 먹지 못하여 기진맥진해 있습니다." 유다가 대답하였다. "작은 군대가 큰 군대를 쳐이기는 것은 그리 어려운 일이 아니다. 하느님께서 구원하시려고 하면 군대가 크고 작은 것이 문제가 되지 않는다. 전쟁의 승리는 군대의 다수에 달린 것이 아니고, 하늘이 내려주는 힘에 달려 있다. 불손하고 무뢰한 놈들이 작당하여 우리와 우리 처자들을 없애 버리고 우리의 재산을 약탈하려고 덤벼들고 있으나 우리는 우리의 생명과 율법을 보호하기 위하여 싸우고 있는 것이다. 하늘은 우리가 보는 앞에서 원수들을 짓부수어 버리실 것이다. 그러니 너희들은 조금도 저들을 무서워하지 말아라" (마카베오상 3:17-22, 공동번역 개정판).

세론의 진격 경로에 맞춰, 유다 마카베오는 벤 호론 협곡을 전투지로 선택했다. 전략은 셀레우코스군을 나할 엘-하라미아에서 섬멸했을 때와 거의 같

▲17세기 그림으로, 유다 마카베오와 유대 저항군 이 리시아스의 부관 고르 기아스가 이끄는 셀레우 코스군과 엠마오에서 전 투를 벌이고 있다.

았다. 적의 퇴로를 차단하고, 양 측면에서 맹공을 퍼붓는 것이었다. 이번에는 세론이 군대의 전면에 서 전사했고 셀레우코스군 800명이 죽었으며, 유 대 반란군은 혼비백산하는 적을 고지대 벧 호론부 터 탁 트인 평지까지 추격했다.

3차 정벌

안티오코스 4세는 세론이 진압에 실패했다는 전갈 에 격분했다. 바닥난 재정을 메우려고 페르시아를 치려던 계획을 보류하고, 그는 통제 불능에 이른

유대 상황을 해결할 방안을 먼저 찾아내야 했다. 왕은 자신이 없는 동안 자신을 대신할 대리 통치자 로 리시아스Lysius를 임명하고, 그에게 상당한 병력 을 맡긴 후 동쪽으로 향했다. 리시아스는 안티오 코스에게 단호한 명령을 받았다. 플라비우스 요세 푸스의 기록에 따르면, 리시아스는 "유대를 정복 하고, 주민들을 노예로 삼으며, 예루살렘을 철저 히 파괴하고, 온 민족을 짓밟아야 했다."

자신의 임무를 분명하게 이해한 리시아스는 프 톨레마이오스, 니카노르, 고르기아스를 지휘관에

▲17세기에 그린 유다 마카베오 삽화. 삽화를 그렸던 시대의 전형적인 갑옷을 착용한 전쟁 지도자로 묘사했다.

▶안티오코스 에피파네스 4세는 자신의 셀레우코스 제국에 맞선 유대를 응징하기로 작정하고 예루살렘에 들어가는데, 이 과정에서 무고한 주민을 살육한다.

임명하고, 유대로 진격해 반란을 진압하라고 명령했다. 앞서 두 차례 진압에 나섰던 셀레우코스군과 비교하면, 이번에 진압에 나서는 병력은 규모가 엄청났다. 마카베오상에 따르면, 보병이 4만 명에 기병이 7,000명이었다. 마카베오하에서는 병력이 2만 명으로 줄지만, 여전히 대단한 전력이었다. 이에 비해, 유다 마카베오의 병력은 대략 6,000명에 지나지 않았다. 게다가, 셀레우코스의 장수들은 고지대를 피하고 해안을 따라 진격했으며, 마침내 아얄론 골짜기Valley of Ajalon에서 가까운 엠마오에 작전 기지를 세웠다.

셀레우코스 장수들은 남쪽의 병력 및 예루살렘의 병력과 합세하면 그 지역에 대한 영향력을 강화하고 반란을 종식시킬 수 있다고 확신했다. 장수들의

초청을 받았거나 여행자들에게 소문을 들었거나, 노예상들은 전투가 임박했다는 것을 알았다.

에돔과 불레셋에서 온 한 부대도 이들과 합세했다. 그 지방 상인들은 소문을 듣고 이스라엘 사람들을 노예로 사려고 많은 금은과 수갑을 가지고 그들의 진영을 찾아갔다 (마카베오상 3:41, 공동번역 개정판).

유다, 전투에 대비하다

한편, 유다 마카베오도 행동을 취했다. 그는 예루살렘 북동쪽의 미스바에 집결했는데, 엠마오에 진을 친 셀레우코스군을 타격할 수 있는 지점이었다. 유다는 병력을 많게는 1,000명에서 적게는 10명까지 세분해 체계적으로 조직하고 각 부대에 지휘관과 부지휘관을 두었다. 그리고 6,000명의 병력을 1,500명씩 나누었고, 자신과 자신의 형제 요나단, 시몬, 요하난이 각 부대를 지휘했다.

셀레우코스군이 엠마오에 진을 쳤다는 정보가 확인되자, 유대 반란군은 미스바에서 남동쪽으로 이동했다. 유다는 고르기아스가 자신과 비슷한 전술을 선택해 밤에 공격해 오리라는 경고도 받았다. 헤르조그와 지촌은 이렇게 기록했다.

고르기아스는 셀레우코스군이 야간에 공격하리라고는 유다도 예측하지 못할 거라고 생각했다. 셀레우코스군은 야간 전투에 익숙하지 않았기 때문이다. 따라서 고르기아스는 보병 5,000명과 기병 1,000명을 이끌고 산지로 진격했다.

유다는 셀레우코스군 전투 계획에 관한 핵심 정보를 손에 넣었고, 이에 맞게 대응했다. 그는 셀레우코스군의 눈에 잘 띄도록 모닥불을 그대로 피워둔 채 후위 부대 200명만 남긴 채 나머지 병력을 이끌고 진지를 빠져나갔다.

엠마오 전투

고르기아스는 텅 빈 유대 진영을 공격해 미끼를 덥석 물었다. 그는 예루살렘을 향해 계곡으로 퇴각

하는 후방 부대가 유다 마카베오가 이끄는 병력의 전부라고 믿었다. 후방 부대를 추격하던 셀레우코스군은 중간중간에 작은 부대와 마주쳤고, 이들은 어둠 속에서 셀레우코스군을 심하게 괴롭혔다. 이 무렵, 유다 마카베오는 다시 병력을 나눠서 1,500명은 북쪽으로 보내 전투를 돕게 했다. 그리고 나머지 병력 3,000명을 이끌고 엠마오에 있는 적의 진지를 공격했다.

그러나 이 시점에서 유다의 계획이 다소 엇나갔다. 그는 셀레우코스군의 진지로 향했는데, 그곳에는 1만 8,000명이나 되는 적이 진용을 갖춘 채 기다리고 있었다. 유다는 곧바로 전략을 수정했다. 셀레우코스군의 팔랑크스(phalanx, 밀집 장창보병대)는 남쪽으로 향해 있었고, 유다가 이끄는 병력은 서쪽 측면에 있었으며, 북쪽 병력은 진지 너머에 있었다. 유다는 병력 3,000명을 세 등분해, 한 부대는 셀레우코스 기병대를 맡고 나머지 두 부대는 팔랑크스의 가장 취약한 부분을 치게 했다. 한편, 북쪽 병력은 기습 부대처럼 북쪽에서 셀레우코스군의 엠마오 진지를 공격했다.

유다는 말 그대로 병력을 나누어 적진을 공격했다. 셀레우코스 진영의 군사들은 고르기아스가 이미 유대 반란군을 산으로 쫓아 버렸다고 믿었기에 경계를 게을리했다. 유다가 급습하자, 이들은 공포에 떨었다. 유다는 팔랑크스를 돌파했다. 고르기아스는 너무 멀리 있어 상황을 신속하게 회복시킬 수 없었다.

셀레우코스군의 팔랑크스는 붕괴되었고 팔랑크스의 병사들은 진지를 향해 도망쳤다. 이 때문에 혼란에 휩싸인 군사들과 습격을 받은 노예상들이 한데 뒤섞였다.

그 결과 이방인들이 패배를 당하여 평야 쪽으로 도망쳐 갔다. 적의 후위 부대는 전부 칼에 맞아 쓰러지고 유다군은 게젤과 에돔의 아조토와 얌니아까지 추격하여 적군 삼천 명을 죽였다(마카베오상 4:14-15,

공동번역 개정판).

마카베오상에 따르면, 유다는 자신의 군대를 단단히 통제했고, 셀레우코스군을 궤멸한 후에 전리품을 챙기라고 명했다.

고르기아스가 이끄는 군대가 계속 위협했으나 유다는 걱정할 필요가 없어 보였다. 결국 고르기아스와 남은 병력 6,000명도 자신들의 진영이 불타는 것을 보고 겁에 질려 지중해 해안으로 도망쳐 버렸다.

성전을 재봉헌하다

유다 마카베오는 반란군을 이끌고 셀레우코스군에게 세 번째 승리를 거두었다. 유다가 엠마오 전투에서 승리하자, 병력이 상당히 늘어났다. 1년

유다 마카베오가 BC 167-164년에 펼친 전투를 표시한 지도

1. 셀레우코스 제국의 사마리아 군정관 아폴로니우스가 북쪽에서 유다를 침입했을 때(1차 침입), 마카베오군은 고프나 근방의 산지로 퇴각해 매복했다가 진격하는 셀레우코스군을 공격했다.

2. BC 165년 세론 장군이 이끄는 셀레우코스군이 침입해 해안을 따라 내려와 내륙으로 향했을 때(2차 침입), 마카베오군은 벧 호론에서 다시 매복했다가 셀레우코스군을 물리쳤다.

3. 니카노르와 고르기아스가 이끄는 셀레우코스군이 침입해 게셀로 향하는 중에 엠마오에서 마카베오군과 맞닥뜨렸을 때(3차 침입), 이들은 이곳에서 유다 마카베오의 뛰어난 전략에 말려 또다시 패하고 말았다.

4. BC 164년 리시아스가 이끄는 셀레우코스군이 남쪽에서 침입했을 때(4차 침입), 이들은 벧술에서 또다시 패배했다.

▶중세 삽화에서, 바키데스(Bacchides)가 이끄는 보병 2만 명과 기병 2,000명이 엘라사에서 유다 마카베오가 이끄는 반란군과 맞닥뜨린다. 유다 마카베오는 전사했고 병사들은 도망쳤다.

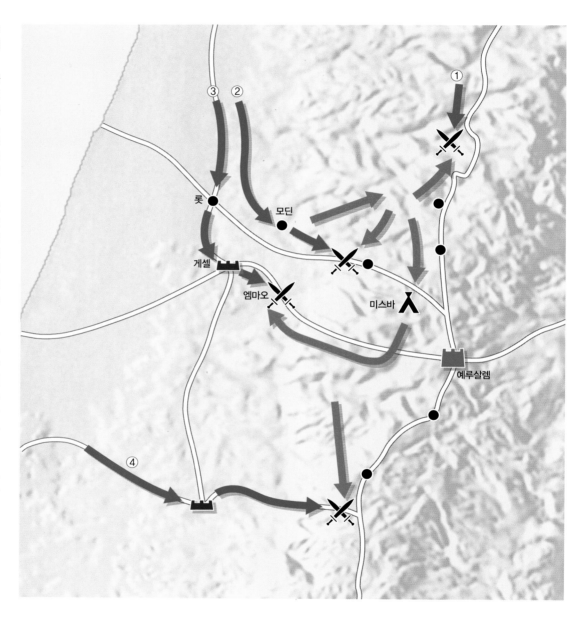

후, 벧술에서, 리시아스는 직접 군대를 이끌고 유다의 반란군과 들판에서 맞붙었으나 이번에도 패배했다.

벧술 전투에서 승리한 후, 유다의 군대는 예루살렘에 당당하게 입성했다. 유다는 성전을 정화해 예전의 거룩한 상태로 회복하라고 명했다. 성전의 등대를 밝힐 깨끗한 기름이 하루치밖에 없었으나 놀랍게도 등불은 8일 동안 꺼지지 않았다. 현대에,

유대인들은 이 사건을 하누카 Hannukah, 즉 빛의 축제로 기념한다.

그러나 반란이 계속되는 동안, 불안과 무력 충돌이 끊이지 않았다. 유다는 나중에 엘라사 전투에서 전사했는데, 이때 상당수 병력이 전투지를 이탈해 도망쳤으나 유다는 승산이 없는 중에도 저항을 계속했다. 결국, 유대인들은 자신의 뜻대로 예배할 자유를 한동안 잃고 말았다.

벧술 전투

BC 164년

Beth-zur

헬라의 군사 기술이 새로운 지도자를 중심으로 다시 솟구치는 히브리 민족주의의 불길을 능히 진압할 수 있을까? 제국의 총독이 뜻밖에 성공한 반란을 진압하러 나선 순간, 한 종교와 한 제국의 운명이 결정될 판이었다.

전투 개요

누가 : 흔들리는 셀레우코스 제국의 장수 리시아스와 유다 '망치' 마카베오를 비롯한 그의 추종자들이 맞붙는다.

무엇을 : 풍비박산 난 셀레우코스군에서 포획한 무기로 무장한 유다 마카베오와 1만 명의 의연한 추종자들이 예루살렘으로 향하는 길목에서 셀레우코스군 보병 2만 명과 기병 4,000명을 기다린다.

어디서 : 벧술. 산으로 둘러싸인 데다 골짜기로 외부와 차단된 벧술의 좁은 지형은 마카베오군이 대규모로 매복했다가 대열을 이루고 이동하는 셀레우코스군을 치기에 완벽했다.

언제 : BC 164년

왜 : 셀레우코스 통치의 마지막 보루는 예루살렘 성전이 내려다보이는 아크라 요새였다. 이곳이 무너질 경우, 안티오코스 에피파네스 4세의 팔레스타인 지배도 무너질 판이었다.

결과 : 리시아스는 정형화된 전투에서는 저항군을 이길 힘과 능력이 있었다. 그러나 유다 마카베오는 전술이 리시아스보다 뛰어났으며, 유대인이 예루살렘을 탈환하고 성전을 재봉헌하는 길을 열었다.

▶ 유대 민족주의 수호자 마타티아스의 아들 유다는 헬라의 통치와 문화에 맞서 신앙과 백성을 지켜 냈다. 율리우스 슈노르 폰 카롤스펠트(Julius Schnorr von Carolsfeld)의 채색 목판화 작품이다.

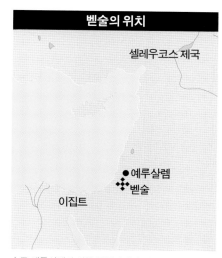

벳술의 위치

셀레우코스 제국

예루살렘
벳술

이집트

수도 예루살렘이 최종 목표였기에, 셀레우코스 장군들 가운데 상황 판단이 가장 빠른 리시아스 총독은 곧바로 예루살렘과 성전으로 향했다. 마카베오군은 좁은 산길에 매복했다가 적을 급습해 성공한 적이 많았다.

알렉산드로스 대왕은 이전 어느 누구와도 다르게 새로운 땅을 정복하고 통치했다. 알렉산드로스가 이룬 제국의 일부를 다스린 그의 많은 장군들도 비슷한 야망을 키웠고, 이 야망을 후손에게 물려주었다. '대왕the Great' 안티오코스 3세Antiochus III는 알렉산드로스 이후 대다수 통치자들이 실패한 부분에서 성공해, 이집트의 세력을 약화시키고 소아시아 대부분을 정복했다. 그러나 안티오코스 3세는 BC 190년 마그네시아Magnesia 전투에서 로마군에, BC 191년 시데 근처에서 로도스 함대Rhodian fleet에 참패해 유럽에서 길이 막혔다.

그의 아들 안티오코스 에피파네스 4세는 로마에 볼모로 잡혀 있다가 돌아와 흔들리는 셀레우코스 제국을 통치하고 부흥시켰다. 셀레우코스 제국은 아직 부유했기에, 안티오코스는 돈으로 용병을 모집해 로마식으로 무장시켜 또다시 이집트 정복을 시도했다. 그러나 로마의 특사가 그에게 시리아로 돌아가라고 명령했다. 굴욕감과 좌절감에 빠진 안티오코스는 제국의 힘을 키웠으나 후에 제국은 완전히 무너졌다.

안티오코스 4세의 유대인 헬라화 정책

알렉산드로스 이후로, 이집트의 프톨레마이오스 왕조가 이스라엘을 지배했다. 이들은 안전거리 밖에서 화약고 지역에 세금을 부과하고 아시아로 이어지는 교역로를 장악하는 데 대체로 만족했으며, 예루살렘 성전을 장식할 선물을 보내기까지 했다(아름답게 장식된 진설병 탁자를 보냈다고 한다 — 옮긴이). BC 199년에 예루살렘을 손에 넣은 셀레이코스 제국의 안티오코스 3세는 자신을 위한 성전 제사 비용까지 지불했다.

안티오코스 4세는 아버지가 펼친 지혜로운 정책의 가치를 알아보지 못했다. 늘 그랬듯이, 이스라엘의 전략적 중요성은 그 땅의 크기나 인구에 비해 더 큰 주목을 끌었다. 안티오코스는 이집트로 가는 길을 트고 싶었다. 예루살렘은 분파들 간의 알력으로 불안정한 상태가 지속되었고, 유대인들이 헬라의 문화와 제도를 받아들이길 단호히 거부하자 분노한 안티오코스는 유대인들을 억압했다. 이로써 그는 '미치광이 에피파네스'라는 평판을 굳혔다.

셀레우코스 장갑보병

셀레우코스군 장갑보병의 이러한 어정쩡한 장비는 안티오코스 3세의 패배가 낳은 결과물이자 그의 아들이 헬라의 팔랑크스를 물리친 로마의 군사 기술에 매료된 결과물이다. 팔랑크스 병사의 전통적인 소형 방패는 로마의 사각 방패를 모방한 원형 방패로 대체되었다. 하지만 알렉산드로스에게 제국을 선사했던 마케도니아의 긴 창을 고수했으므로, 이 방패는 불편했다. 결연한 마카베오의 병사들이 매복했다가 급습했을 때, 이도저도 아닌 장비 탓에, 셀레우코스 병사들은 불리한 처지에 놓였을 것이다.

▼돼지를 잡아 제사하고 돼지고기를 먹으라고 강요하는 셀레우코스군 지휘관을 죽인 유대 제사장 마타티아스에게 하나님의 말씀과 뜻이 전해진다. 그의 아들로 그의 뒤를 이은 유다는 결단력과 지혜를 겸비한 지휘관이 되었고, 전술과 지형을 잘 활용해 아버지가 시작한 반란을 확대해 10년간에 걸친 치열한 전쟁으로 발전시켰다. 19세기 프랑스 석판 인쇄물에서.

▶이러한 헬라 운동선수의 누드 조각상은 독실한 유대인들(Hasidim)에게는 결코 아름다움을 의미하지 않았다. 안티오코스 4세는 유대인들에게 신앙을 버리고 자신의 경기장에 들어오라고 강요했다. 그리스 운동선수들은 대중 앞에서 벌거벗는 게 자연스러웠으나, 이것을 뿌리깊이 혐오하는 유대인들은 마카베오군에 점점 더 가세했다.

안티오코스 4세는 유대 문화를 뿌리 뽑기 위해 예루살렘에서 대학살을 자행하고 성전을 약탈하는가 하면 더럽히기까지 했다. 성전을 내려다보는 곳에 아크라 요새를 세웠고, 점령지 예루살렘에 상설 수비대를 두어 혐오스런 문화 의식, 곧 헬라화된 규범을 유대인들에게 강요했다.

마카베오의 등장

안티오코스의 억압정책 때문에 유대 사회에 분노와 불안과 살인까지 일어났으며, 마침내 새로운 유대 지도자가 등장했다. 마타티아스의 아들 유다는 전통 신앙에 강력한 지도력과 군인으로서 뛰어난 능력까지 겸비한 인물이었다.

양측 병력	
셀레우코스군(추산)	
보병	2만 명
기병	4,000명
합계	**2만 4,000명**
마카베오군(추산)	
보병	1만 명
기마정찰대	모름
합계	**1만 명**

1 리시아스가 보병 2만 명과 기병 4,000명을 이끌고 시리아를 출발해 셀레우코스가 장악한 마리사 요새로 이동한다.

마리사

3 리시아스는 셀레우코스군이 매복 공격을 당했던 협곡과 산길을 피해 유대의 수도 예루살렘으로 빠르게 진격하는 한편 기병대가 노련한 용병들을 보호케 한다.

2 유대 정찰병과 동조자들이 리시아스군의 갑작스런 진군을 알려온다. 마카베오는 병사 1만 명을 모아 셀레우코스군이 포위된 예루살렘 수비대를 구해 내기 전에 막으려고 이동한다.

헤브론

벧술

벧 스가랴

5 리시아스는 적기에 퇴각해 사상자를 최대한 줄인다. 그는 전열이 흐트러진 군대를 이끌고 헤브론을 거쳐 안디옥으로 이동한다. 그리고 다음에 유대 반란을 진압하기 위해 더 많은 용병을 체계적으로 고용한다.

4 마카베오는 지형을 잘 활용해 옛 국경 요새 벧술 근처에서 매복에 적합한 장소를 찾아낸다. 마카베오는 병력을 독립적인 네 개의 부대로 나누었고, 각 부대는 시리아 진영을 교대로 공격해 무너뜨린다.

벧술 전투 (BC 164년)
Beth-zur 164BC

롯

가사

6 마카베오군은 승리를 거두고 곧바로 예루살렘으로 이동해 셀레우코스 수비대의 남은 병력을 아크라 요새로 몰아넣는다. 마카베오와 그의 군대는 성전을 정화하고 재봉헌함으로써 승리를 확고히 한다.

고프나

 예루살렘

▲셀레우코스 제국은 가장 뛰어나고 똑똑하고 부유한 청년들로 최정예 부대를 구성했는데, 이들은 짧은 창을 들고 로마식 갑옷을 입었다. 이들 기병은 확실한 대형을 갖추고 적진의 틈을 집중적으로 공략하며 도망치는 적을 섬멸하는 역할을 했다.

BC 167년, 안티오코스는 사마리아 군정관 아폴로니우스에게 마카베오가 산악 지대에서 이끄는 저항군 수천을 진압하라고 명령했다. 그러나 아폴로니우스뿐 아니라 그의 군대도 마카베오군과의 전투에서 살아남지 못했다.

이 전투에서, 마카베오는 자신의 전매특허 전술을 신속하게 구사했다. 가볍게 무장한 비정규군을 이끌고 지형을 최대한 활용해 적군의 사령관을 공격해 쓰러뜨려 적군을 사령관이 없는 군대로 만들었다. 외경에 따르면, 마카베오는 죽은 아폴로니우스의 칼을 취했고 이후 여러 전투에서 사용했다.

안티오코스는 두 차례 더 군대를 보냈다. 그러나 그의 군대는 이듬해 벧 호론에서, BC 165년 엠마오에서 처음과 비슷하게 패배했다. 전투에서 승리할 때마다, 반란군은 수가 늘었고 무기도 많아졌는데, 무기 가운데 다수는 죽거나 도망치는 적에게 탈취한 것이었다. BC 165년, 반란군은 예루살렘과 그 수비대를 아주 강하게 압박했고, 결국 안티오코스는 사면초가에 처한 수비대를 구하기 위해 새로운 장군과 군대를 보내야 했다.

제국의 대응

새로운 장군은 소규모 지방군을 이끄는 지역 군정관 governor 이 아니었다. 안티오코스 4세는 리시아스를 유프라테스에서 이집트 국경에 이르는 모든 영토를 관할하는 총독에 임명했고, 반란군의 재산을 몰수해 여전히 셀레우코스 제국에 충성하는 자들에게 분배하는 권한을 그에게 부여했다. 유대 반란을 진압할 때마다 리시아스의 최종 목표물은 늘 같았다. 예루살렘이었다. 요새화된 수도와 성전이 이방인에게 넘어가면, 지도자로서 마카베오의 신뢰도 치명타를 입을 테고 그 지역을 평정하기도 아주 쉬울 터였다.

리시아스의 전략은 대단한 분석이 필요하지 않았다. 그러나 리시아스는 전략을 아주 신중하게 실행했고, 그럴 만한 힘도 있었다. 따라서 리시아스는 마카베오가 대결하는 셀레우코스군 지도자 가운데 가장 강력했다.

현대 학자들은 리시아스의 군대가 보병 2만 명에 기병 4,000명 정도로, 엠마오에서 패한 셀레우코스군과 같은 규모였다고 추정한다. 그러나 리시아스는 이전 장군들의 실수를 타산지석으로 삼았으며, 반란군이 매복했다가 징발대나 정찰대를 급습할 법한 좁은 산길을 피하는 신중함도 보였다. 게다가 그는 갑옷을 입은 병사들이 지치지 않고, 화살이나 무릿매에 노출되어 반격도 못한 채 속절없이 당하지 않도록 가파른 산악 지대를 피해야 한다는 것도 알았다. 리시아스의 군대는 시리아에서 해안 길을 따라 내려오다가 내륙으로 방향을 틀어 우호적인 지역을 지나 여전히 셀레우코스가 지배하는 마리사에 이르러 필요한 물자를 공급받은 후, 남쪽에서 예루살렘으로 진격했다.

그러나 예루살렘으로 향하는 길에는 병목 지점이 하나 더 있었다. 양쪽의 골짜기들 덕에 매복은 쉽지만 대규모 군대가 전투 대형을 이루기는 어려운 좁은 지역이었다. 한편, 마카베오는 국경 요새 벳술에서 가까운 곳에 병력을 집결하고 전술을 구상했다.

알렉산드로스의 시스템

모든 헬라 왕국의 이상적인 군제軍制는 알렉산드로스 대왕에게서 비롯되었다. 그러나 시간이 지나면서, 알렉산드로스의 모델은 급변하는 세계의 요구에 맞게 수정되었다. 더욱이, BC 2세기에는 어느 나라도 알렉산드로스의 원 모델을 그대로 사용하지 않았다. 알렉산드로스가 거느렸던 긴 창으로 무장한 거대한 팔랑크스와 최고로 훈련된 마케도니아 병사들은 사라진 지 오래였다. 정복자의 측

▼마카베오군 정찰대는 셀레우코스군 정찰대에 비해 갖춘 것이 없었다. 하지만 마카베오군 정찰대는 급조되었으나 적의 동태를 파악해 마카베오에게 전달하는 데는 더없이 유용했다. 이들은 창 외에 이렇다 할 무기가 없었기에, 민간인들 틈에 숨기 쉬웠다.

▼유다 마카베오와 네 형제는 명실 공히 기사(騎士)였으며, 하나님의 정의를 셀레우코스 군에게 실현했다. 이 그림은 신앙을 지키려는 이들의 싸움을 묘사한 16세기 목판 삽화다.

면을 수비했고 실제로 적의 대열을 측면에서 공격하거나 간격이 벌어지면 약점을 집중적으로 공략해 여러 차례 전투를 승리로 이끌었던 대규모 기병대도 마찬가지였다.

리시아스의 군대는 셀레우코스 제국의 전역에서 사 온 용병들과 지역 차출병(민병대)으로 구성되었다. 지역 차출병은 전투 경험이 부족해 쓸모없거나 알렉산드로스의 꿈을 되살리려는 숱한 시도 때문에 되풀이된 전쟁으로 그 수가 크게 줄어들었다. 리시아스가 군대를 준비하는 동안, 유대 반란군도 전력을 다지고 병사를 훈련시켰으며 점점 늘어나는 해방 지역에서 물자를 확보했다. 리시아스는

아크라 요새의 수비대를 구해야 하는 과제를 계속 안고 있었으나 준비를 서둘렀다가는 전투에서 패배하리라는 것을 잘 알았다.

안티오코스 3세가 마그네시아에서 로마군과 싸울 때 활용한 셀레우코스군의 팔랑크스는 알렉산드로스의 원 모델이 가졌던 결점을 많이 보완했다. 창병들을 사각형 대열로 배치하고 주변에 방패를 든 경보병을 함께 배치해 전체적으로 기동성을 크게 높였다. 두레오포로이(thureophoroi, 큰 타원형 방패를 든 보병의 한 형태)와 갑옷을 입은 칼카스피데스(chalkaspides, 팔랑크스 창병들)는 알렉산드로스의 마케도니아 병사들이 지방에서 모집한 콘도티에리(condottieri, 용병들)

로 대체되었다는 것을 보여 준다.

그러나 죽은 용병은 급여와 전리품을 챙길 수 없었다. 중무장한 용병의 존재 자체가 팔랑크스의 전력을 상당히 약화시켰다. 왜냐하면 정규군은 이들이 전투의 압박에 무너질 테고, 그러면 핵심 대형에는 가볍게 무장한 로마 병사들이나 유대 비정규군이 집요하게 파고들 틈이 생기리라는 것을 알기 때문이었다. 측면을 방어하거나 삼분오열하는 군대를 몰아갈 기병이 더 적었으므로, 페르시아 제국을 무너뜨렸던 무기가 갑자기 훨씬 더 취약했다.

리시아스와 그의 군대는 극복해야 할 약점이 또 하나 있었는데, 이 전투에 관한 다른 기사들에서는

이 약점이 제대로 평가되지 않았다. 안티오코스는 로마군의 장비와 전술을 모방하기로 결정했다. 로마와 맞붙기 전까지만 해도 모든 적에게 승리했던 안티오코스 3세가, 로마군에게 패했기 때문이었다. 로마군의 장비와 전술이 부왕의 군대를 상대로 대성공을 거두었던 것이다. 결국 셀레우코스군은 안티오코스의 결정에 적응하려고 노력했다.

그러나 불행히도, 안티오코스 4세의 병사들은 로마식 방패와 칼에 익숙지 않았다. 아무리 훈련을 해도 기술을 로마군과 대등한 수준까지 끌어올릴 가망이 없었다. 곧 로마를 지중해 세계의 주인 자리에 올려놓을 로마군의 전문성을 이들이 흉내 낼

▼저주받은 자의 고통이 안티오코스 4세에게 고스란히 나타났다. 그는 '미치광이'였고, 그의 백성도 이것을 알았다. 르네상스 시대의 목판화에서, 유대인들의 신앙을 억압했던 셀레우코스 왕은 벌레가 살을 파먹는 것보다 더한 고통을 당했다.

훈련된 군대

유다 마카베오는 리시아스에 비해 물자가 부족했으나 큰 이점이 많았으며, 이러한 이점이 결국에는 결정적인 역할을 했다. 첫째, 유다 마카베오와 그의 병사들은 지형을 손금 보듯 속속들이 알았다. 아무리 재빠른 정찰대가 수집한 정보라도 수도 에루살렘 주변 길과 동굴과 샘과 골짜기와 수십 년을 함께 살아온 이스라엘 사람들의 익숙함에 비할 수는 없었다. 그러므로 정찰은 셀레우코스군보다 유대인들에게 훨씬 쉬웠다. 우물가에 멀뚱하게 서있는 사람이 더는 언짢은 농민이 아닐 수도 있었다. 그는 기회가 생기면 산으로 곧장 달려가 마카베오에게 언제, 무슨 일이 일어날지 낱낱이 보고할 수도 있었다.

경험의 문제도 있었다. 경험에서는 리시아스의 전문 용병들이 훨씬 유리하리라고 예상했을 것이다. 그러나 지금까지 셀레우코스군이 유대 반란을 진압하려다 네 차례나 완패하고 궤멸되었다. 이러한 사실을 감안할 때, 가장 노련한 베테랑들이라고 하더라도 이들 중에, 빈곤한 적, 곧 안티오코스의 억압에 심하게 약탈당한 땅에서 신앙심으로 무장한 채 끝까지 싸우려드는 적과 맞서 싸우려는 사람들이 과연 얼마나 있었겠는가.

리시아스와 그의 군대가 벳술 근처에 이르렀을 때, 마카베오군의 핵심 전력은 적어도 2년 간 마카베오의 지휘 아래 전장을 누볐던 사람들이었다. 마카베오군은 이처럼 잘 훈련되어 있었고, 따라서 마카베오는 병력을 계속 나누면서도 서로 긴밀하게 협력하며 공격을 전개할 수 있었다. 한 해 전에 엠마오 전투에서, 마카베오는 퇴각하는 셀레우코스군에 대한 추격과 약탈을 그치고 돌아와, 산속에 남은 적을 내쫓은 후에야 전리품을 챙기도록 명령

▲시리아의 셀레우코스 왕 안티오코스 에피파네스 4세의 두상이 들어간 4드라크마(Tetradrchma) 동전. 그는 유대인들에게 그리스 법과 관습을 강요했고, 이 때문에 마카베오 항쟁이 일어났다(BC 167년). 예루살렘의 이스라엘 박물관(IDAM) 소장.

수는 없었다.

또한 나중에 헬라 전투에서 아주 유용한 장비였던 코끼리 부대가 이 전투에는 등장하지 않았다. 코끼리 부대는 이동에 문제가 있었고, 리시아스는 코끼리 부대 없이도 이번 전투에서 이길 수 있다고 생각했다. 이와 비슷하게, 고대 헬라의 그 유명한 투석기도 벳술 전투에는 등장하지 않았다. 사정거리가 길어진 당시의 대포(대형 투석기)는 크고 무거워 운반이 쉽지 않았고, 갑자기 전투가 벌어지면 신속하게 써먹지도 못하기에 비효율적이었을 것이다. 싸움터에서는 무거운 무기보다는 궁수들이나 무릿매꾼들이 더 유용할 테고 예루살렘은 아직 셀레우코스의 지배 아래 있었기에, 리시아스는 공성 무기까지 동원해 진격에 부담을 줄 필요를 느끼지 못했다.

했고 병사들은 이 명령에 따랐다.

유대 반란군은 오랫동안 전투를 치르면서 지금 맞닥뜨린 적과 비슷한 군대를 여러 차례 물리쳤고, 수많은 갑옷과 장비를 노획했으며, 적장賊將의 칼까지 노획했었다.

훈련과 신앙, 지도자에 대한 믿음이 이 전투를 비롯해 여러 전투에서 유대 반란군의 강력한 무기였다. 유다 마카베오는 이러한 요소와 익숙한 지형을 십분 활용했다.

전투

지휘관으로서, 마카베오는 아주 지혜로웠기에 적에게 예측을 허용하는 심각한 실수를 하지 않았다. 앞선 전투에서, 마카베오는 셀레우코스군의 진지를 공격했었기에 벧술에서는 같은 전술을 쓰지 않을 작정이었다.

가장 앞선 역사 자료들을 보면 마카베오군 보병이 1만 명이었다고 나오지만 기병은 언급하지 않는다. 마카베오가 어느 정도의 병력을 거느렸는지는 알 수 없다. 하지만 병력의 규모는 전투 지형에 따라 결정되었을 것이다.

마카베오는 병력을 나눠 리시아스의 진영에서 멀지 않은 여러 지점에 매복시켰다. 셀레우코스 병사들이 가장 졸리고 전열이 가장 느슨한 시간에, 날이 새고 이동을 시작하는 시점에 공격할 계획이었다. 협곡 지대라 소리가 쉽게 퍼졌다. 그래서 마카베오의 명령으로 공격이 개시되는 소리가 들리면, 이를 신호로 매복해 있던 나머지 부대들도 연이어 공격할 계획이었다.

어느 시대든, 병사들은 견고한 대열과 전술을 갖추고, 후방과 측면은 동료에게 맡긴 채 정면에서 공격을 막는 데 익숙하다. 마카베오가 정면 공격을 개시하자, 리시아스군은 곧바로 진격을 멈추었을 테고 부드럽게 이동하던 대열은 맨 앞에서 맨 뒤까지 온통 혼란에 빠졌을 것이다. 헬라의 팔랑크스는 대형을 갖추려면 시간과 공간이 필요했다. 하지만 마카베오군의 습격에 셀레우코스군은 대형을 갖출 틈이 없었다.

자료에 따르면, 마카베오 부대들이 개별적으로 공격하자 셀레우코스군은 급격히 무너졌고 점점 전열이 흐트러졌다. 인간의 가장 기본적인 한 가지 본능은 가장 최근에 알고 있는 안전한 장소로 물러나는 것이다. 이 경우에는 셀레우코스군의 진陣이었는데, 마카베오는 간밤에 이곳을 공격하지 않고 그대로 두었다. 패주한 병사들이 겁에 질려 진으로 몰려들 것을 예상한 것이다. 그러나 정확히 말하면, 아직 진군을 위해 짐도 채 꾸리지 못한 진이었으니, 그곳에 방어선을 구축하기란 불가능했을 것이다.

당시, 이동 중에 하루를 머물더라도 진을 견고하게 방비하는 로마군의 관행은 헬라 세계에서 높이 평가되었다. 하지만 안티오코스 4세가 이런 유익한 관행을 따랐다고 암시하는 기록이 전혀 없다.

자료들은 지휘관으로서 리시아스의 능력을, 리시아스군의 전문성을 말한다. 그러나 가장 오래된 기사들에 따르면, 리시아스군의 사상자는 최소 5,000명이 넘었다. 무기도 없고 갑옷도 입지 않은 병사들이라면, 뛰어서 자신들을 추격하는 무장한 병사들에 비해 최소한 발은 더 빠르다. 흩어지는 마카베오군은 셀레우코스군을 가둘 기병이나 보병이 충분하지 않았는데도 퇴각하는 적에게 이 정도 손실을 입혔으니, 상당한 전과였다.

그후

리시아스는 안디옥의 셀레우코스 기지에서 군대를 재편했고, 반란을 다시 진압하려고 더 많은 용병을 끌어모았다. 아크라 요새에 남겨진 셀레우코스 수비대는 이후 몇 주 동안, 마카베오군이 성전에서 이방인의 흔적을 제거하고 유대교의 고대 의식을 회복하는 광경을 지켜볼 수밖에 없었다.

벧 스가랴 전투

BC 162년

Beth-Zechariah

셀레우코스 지배자들에게는 요새가 하나밖에 남지 않았다. 예루살렘 성전이 내려다보이는 요새였다. 유다 마카베오는 여러 차례 거둔 승리에 자신감이 넘쳤으나 그의 희망과 군대는 베헤못(Behemoth, 구약성경 욥기에 나오는 커다랗고 무시무시한 괴수)의 발 아래 부서지고 말았다.

전투 개요

누가 : 유다 마카베오가 이끄는 유대 반란군이 2년 전에 셀레우코스의 리시아스 장군을 격퇴했다. 그러나 리시아스는 더 잘 준비하여 두 번째 진압에 나섰다.

무엇을 : 유다 마카베오는 이스라엘의 독립이라는 궁극적 목표를 실현하려면 대격전에서 리시아스의 군대를 격퇴해야 한다는 것을 알았다.

어디서 : 예루살렘의 마지막 외부 방어선 벧술 요새

언제 : BC 162년. 안티오코스 4세가 죽은 뒤였다.

왜 : 이스라엘이 수도를 방어해 내느냐, 아니면 한 민족으로서 무너지느냐가 달린 전투였다. 유다 마카베오는 자신의 전술과 군대를 굳게 믿고 최후의 결판을 내려 했다.

결과 : 헬라군의 가장 강력한 전력에 속하는 코끼리 부대가 유대 반란군을 격파했고, 다시 일어나던 이스라엘을 거의 완전히 무너뜨렸다.

▶ BC 5세기에 제작된 아테네 꽃병에 새겨진 그림. 이 그림에서 보듯이, 그리스군의 밀착대형 전투는 300년을 거슬러 올라가는 전통이었다. 이 대형을 이루고 측면을 방어할 수만 있다면, 그리스나 헬라의 팔랑크스는 그 어느 적이라도 가볍게 여기지 못할 위협적인 존재였다.

셀레우코스군의 코끼리

리시아스는 유대인의 수도인 예루살렘을 두 번째 공략할 때, 전투 코끼리의 위력을 지중해 세계에 극명하게 보여 주었다. 두꺼운 갑옷은 코끼리의 측면과 몸통을 화살과 창으로부터 보호했다. 등에 고정된 커다란 나무상자는 궁수와 창병이 활과 창으로 반격하고 적의 움직임을 살필 때 이들을 보호하는 역할을 했다. 전투 코끼리는 전열을 갖춘 전투나 시가전에 투입되었는데, 돌진하는 거대한 전투 코끼리의 위용에 두려워 떨지 않는 말이나 보병이 없었다.

그러나 마카베오군에는 전투 코끼리의 위용에 떨지 않는 용사가 있었다.

어느 신생국가의 역사에서든, 야전野戰에서 침입자에게 결정적인 승리를 거두고 영토를 수호해야 하는 순간이 오게 마련이다.

유다 마카베오도 비슷한 순간을 맞이하는 듯했다. 마카베오는 매복, 야간 공격, 급습 등의 전략으로 셀레우코스 제국의 군대를 물리쳤고, 예루살렘에 주둔한 셀레우코스 수비대를 유대교 신앙과 이스라엘의 민족적 존립의 중심인 성전이 내려다보이는 언덕에 고립시켰다. 셀레우코스 제국의 총독 리시아스 장군은 2년 전에 벧술에서 마카베오군의 매복 공격에 패배하고 퇴각했었다. 이때, 유대 반란군은 침입자들을 격퇴할 힘이 있었다. 그러나 셀레우코스처럼 강력한 제국이 이스라엘을 다시 정복하려는 야망을 포기하게 하려면, 적을 섬멸하는 전투를, 최소한 참담한 패배를 안기는 전투를 치러야 했다.

민족의 존립을 위한 싸움

잠시, 시간은 마카베오와 그를 따르는 사람들 편이었다. 안티오코스 4세는 그리스-마케도니아 지배 아래서 이스라엘처럼 점점 반기를 드는 페르시아 도시들에게서 재물을 모으러 원정을 떠났다가 죽었다. 왕이 죽은 후, 리시아스는 수도 안디옥으로 돌아와 질서를 회복하고, 자신에게 맡겨진 왕자 안티오코스 유파토르 5세 Antiocus V Eupator를 새로운 통치자로 세웠다.

한편, 마카베오는 벧술의 승전지가 내려다보이는 구릉에 자리한 성읍을 요새화하고, 아크라 요새의 셀레우코스 수비대를 압박하기 위해 대포(투석기)를 비롯한 무기를 제작하느라 바빴다. 그러나 유대 반란군이 예루살렘의 소유권과 독립국의 지위를 확고히 주장할수록 고대 수도에 대한 지배권을 유지해야 하는 책임도 커졌다. 리시아스의 목적은 지난번과 다름없이 예루살렘을 함락하는 것이었다. 하지만 이번에는 훨씬 강력한 방어에 부딪힐 게 분명했다.

벧 스가랴의 위치

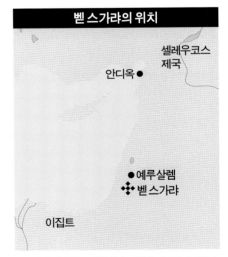

예루살렘 자체를 요새화하기 이전에 마지막 성곽에서, 유다 마카베오와 그의 군대는 진격해 오는 셀레우코스군과 전면전을 벌여 승리하려 했다. 요새화된 성읍 벧 스가랴는 승리자의 상이 될 터였다.

양측 병력

셀레우코스군(추산)

보병	3만 4,000명
기병	1만 6,000명
코끼리	32마리
합계	**5만 명 + 32마리**

마카베오군(추산)

보병	4만 명
기병	모름
합계	**4만 명**

대군의 진격

리시아스는 적을 얕잡아보지 않는 지혜로운 장수였다. 리시아스는 방어선을 확고히 구축한 반란군을 진압하려는 값비싼 노력을, 달리 방법이 없다면, 포기하려 했을 것이다. 그러나 셀레우코스 제국의 실력자로서 리시아스는 이스라엘을 최종적으로 평정해야 한다는 것을 알았다. 리시아스는 자신의 제자 안티오코스 5세의 왕위를 유지하기 위해 유대 반란을 철저히 진압해야 했다. 반면에 마카베오는 자신이 아크라 요새를 손에 넣고 예루살렘을 지켜야 한다는 것을 알았다. 이렇듯 두 적장의 임무가 서로 충돌했으므로 전면전은 불가피했다.

마카베오는 모든 자원을 총동원해 회복된 성전을 지켜 내고 전초기지(아크라 요새)를 계속 포위해 공격할 계획이었다. 그런가 하면 벳술의 새 요새를 방어하기 위해 적잖은 병력과 장비를 투입했다. 유대인들이 두 전략 지점의 방비를 굳게 하자, 리

이번에 진격할 때, 리시아스는 마카베오와 그의 추종자들이 다시 구축한 벧술 성벽과 견고한 예루살렘의 방어벽을 뚫기 위해 대포(투석기)와 공성퇴도 투입할 작정이었다. 영토를 지키려면, 유대 반란군은 적의 맹공격을 견뎌 내야 했다. 하지만 적에게 시간을 주었다가는 비틀림식 투석기가 쏘아 대는 27킬로그램짜리 돌덩이에 어느 방어선이라도 무너질 판이었다. 게다가 벧술 전투 때와는 달리, 리시아스에게는 믿을 만한 특수부대가 또 하나 있었다. 바로 코끼리 부대였다.

지축을 흔드는 야수

BC 168년, 안티오코스 4세는 한 달간 호화스런 행진을 벌이며 선전에 열을 올렸다. 아마도 자신의 경쟁자들과 백성은 물론이고 자신에게까지, 셀레우코스 제국

◀마카베오는 2년 전 벧술 전투에서 좁은 골짜기에 매복했다가 적을 공격해 승리했다. 그러나 이제 리시아스는 경계를 강화해 측면 수비대와 정찰대를 배치했고, 전초기지 벧 스가랴 앞 언덕에서 유대 반란군과 맞닥뜨렸다. 19세기 삽화에서.

▲셀레우코스군이 진격해 오면서 마카베오군은 위험을 맞는다. 마카베오군은 반란 이후 처음으로 방어 태세를 갖추고 적을 기다린다. 전날 밤의 공격도, 지형지세로도 리시아스군의 강한 전력을 막기에는 역부족이었다. 귀스타브 도레의 목판화.

1 왕가의 분쟁으로 준비가 늦어진 리시아스는 안디옥에서 2년 전보다 규모가 배나 큰 군대를 꾸린다. 리시아스는 경보병을 앞세워 언덕을 먼저 장악한 후 보병 5만 명과 공성 무기와 코끼리 32마리를 이끌고 진격한다.

3 마카베오와 그의 군대는 이전 여러 차례 승리로 자신감이 있었고 재건한 유대 국가를 굳건히 해야 했기에 예루살렘으로 향하는 길목에 자리한 마지막 좁은 골짜기에서 전면전을 펼친다.

마리사

헤브론

벧술

2 성경이 명하는 휴년(休年)이라 상황이 어려울 때, 마카베오는 벧술에 재건한 전초기지를 포기하는 어려운 결정을 내린다. 벧술은 리시아스의 조건을 받아들여 항복했고, 셀레우코스군은 진격에 속도를 붙인다.

4 리시아스의 군대는 코끼리 부대를 앞세워 마카베오군을 격파하고 예루살렘으로 향하는 길을 뚫는다. 마카베오 병사들 가운데 일부는 주변 지역으로 숨어들었고, 일부는 예루살렘으로 도망쳤다.

벧 스가랴 전투 (BC 162년)
Beth-Zechariah 162BC

롯

게셀

6 리시아스는 예루살렘으로 진격해 최후의 성전 수비대를 포위한다. 그러나 왕가에 문제가 발생해 리시아스는 셀레우코스 수비대를 예루살렘에 남겨 둔 채 퇴각했다. 성전과 예루살렘은 다시 유대인에게 넘어갔다.

5 마카베오는 남은 병력을 이끌고 계획된 진로를 따라 예루살렘을 지나 반란이 시작되었던 먼 산악 도시 고프나로 퇴각한다.

 예루살렘

 고프나

▼리시아스의 척후병들은 여러 개의 창과 가벼운 방패로 무장했으며, 치명적인 매복 공격으로부터 본진을 보호하기 위해 본진과 코끼리 부대의 측면에 배치되었다.

은 여전히 막강하다는 확신을 심어 주기 위해서였을 것이다. 행진에는 코끼리 부대도 참가했는데, 코끼리 32마리가 전차를 끌거나 갑옷으로 무장하고 전투 태세를 갖추었다. 셀레우코스군이 BC 191년에 마그네시아 전투에서 로마군에 패한 후, 로마는 안티오코스 4세의 아버지인 안티오코스 3세에게 코끼리 부대를 분명하게 금지했었다.

알렉산드로스는 코끼리 부대를 한 번도 실전에 배치하지 않았지만, 사실 코끼리 부대는 알렉산드로스의 유산이었다. 그를 따른 장군들은 알렉산드로스의 군대가 BC 326년 히다스페스 강Hydaspes River 전투에서 인도의 라야 포루스Rajah Porous가 팔랑크스에 맞서 투입한 코끼리 부대에 엄청난 어려움을 겪은 사실을 잘 알았다. 이들은 전투에서 이러한 팔랑크스와 맞닥뜨린 적이 있었기에, 코끼리 부대를 꼭 두고 싶어 했다.

그래서 리시아스는 이번 원정에 코끼리 32마리를 동원했다. 아마 인도산으로 페르시아를 통해 수입했거나 셀레우코스군에서 사육했을 것이다. 이 코끼리들은 전투 경험이 있었으며, 셀레우코스가 이집트와 로마를 상대로 오래 전쟁을 계속하는 동안 제 역할을 했다. 라야 포루스의 코끼리 부대는 알렉산드로스 군대를 당혹하게 한 것은 분명하지만, 전쟁 경험이 충분하지 못했기에 결국 알렉산드로스의 팔랑크스와 기병을 견디지 못하고 공포에 질려 허둥대다 패하고 말았다. 전투에 익숙

한 코끼리와 몰이꾼이라면, 통제 불능에 빠질 위험이 훨씬 적을 터였다.

이들에게는 코끼리를 다루는 방법이 두 가지 있었다. 우선 망치와 끌이었다. 카르타고의 코끼리 몰이꾼은 저마다 망치와 끌을 휴대했는데, 코끼리가 전투에서 통제 불능에 빠지면 끌을 코끼리 척수에 박아 죽였다. 또 하나는 '포도와 뽕나무 열매의 붉은 즙'이었다. 리시아스는 공성 무기에 설치된 창고에 보관한 이 자극적인 음료를 전투 직전에 코끼리에게 먹였다. 취한 코끼리는 난폭하기로 유명했다. 이집트의 프톨레마이오스 4세Ptolemy IV는 알렉산드리아의 경기장에서 취한 코끼리를 이용해 유대인을 죽이려고 계획했었다. 벧 스가랴에서는 유대인들이 이렇게 취한 코끼리에게 죽을 판이었다.

고대의 장갑차

고대 전쟁에 투입된 코끼리는 현대의 장갑차에 자주 비유된다. 이러한 시각은 코끼리의 배치를 이해하는 데 있어 완전히 옳지도 않고 완전히 틀리지도 않다. 탱크는 전투 중에 적진에 대포를 쏘고, 빠르게 움직이며, 장애물을 무너뜨린다. 적어도 이 경우에 리시아스의 코끼리 부대는 셋을 다 갖췄다.

코끼리 등에는 나무로 만든 튼튼한 하우다(hawdah, 화려하게 장식된 상자)를 단단히 붙들어 맸다. 하우다 하나에는 대개 궁수 한 둘과 창병 하나가 탑승했다. 창병은 코끼리가 야생에서 호랑이를 처치하듯이 몸통이나 앞다리로 해치우지 못하는 공격자를 찔러 접근을 막았다. 코끼리는 엄니로 들이받기도 했는데, 몇몇 그림에서 보듯이, 공격력을 강화하고 치명상을 입히기 위해 엄니 끝에 금속을 덧씌우기도 했다.

코끼리는 빠르게 걸으면, 갑옷을 입고 달리는 보병과 비슷하게 시속 22킬로미터로 이동할 수 있다. 리시아스의 코끼리 부대는 아주 무거운 갑옷을 입었으며, 이런 점에서 현대의 장갑차에 비유될 만하

다. 요세푸스는 짐승들이 '가슴 갑옷 thoraxes'을 착용했다고 말하는데, 외경의 언급은 코끼리의 발이나 취약한 뒷다리 힘줄을 보호하려고 '보호대'를 착용했음을 암시하는 것 같다.

코끼리에 익숙하지 않은 말은 가죽이 두꺼운 거대한 괴물의 기괴한 모습과 냄새에 겁을 먹고 도망쳤다고 한다. 비록 마카베오와 저항군에게는 기병대가 없었지만, 그래도 코끼리 부대는 다른 임무를 수행할 수 있었다. 코끼리는 육중한 장애물을 제거했다. 벧술과 예루살렘에서 벌어진 시가전에서 코

끼리들이 벽을 허물고 보병의 방어 거점을 무너뜨리는 장면을 묘사한 기록이 있다.

리시아스가 마카베오와 그의 군대를 상대로 구사한 전술을 보면, 현대의 또 다른 전술이 떠오른다. 현대의 기갑부대 지휘관들은 보병으로 탱크를 에워싸야 한다는 것을 쓰디쓴 경험을 통해 깨달았다. 탱크는 보병의 화력을 보완하고 적을 요충지에서 몰아내며, 보병은 탱크가 근접 공격을 받지 않도록 보호한다.

리시아스도 이러한 원리를 알았던 게 분명하다.

▼유다 마카베오가 돌진해 오는 셀레우코스 기병에게 죽는다. 벧 스가랴에서 작전상 후퇴한 지 약 4년 후, 다시 후퇴하기에는 유다 마카베오의 자존심이 허락하지 않았다. 그가 아버지를 계승했듯이, 형제들이 그를 계승해 반란을 계속 이끌었고 궁극적인 성공을 거두었다.

모든 기사들을 보면, 리시아스는 소규모 팔랑크스 사이에 코끼리를 분산 배치했으며, 대규모 일반 보병이 각각의 코끼리를 에워싸고, 보다 작은 규모의 중무장한 병사들이 코끼리를 바로 옆에서 에워싸게 했다. 기병대는 코끼리를 근접 보호하면서 코끼리가 반란군의 대열을 조금이라도 흩어놓으면 이를 최대한 활용했다. 그러나 리시아스가 아무리 준비를 많이 했어도, 코끼리들이 아무 탈 없이 전장을 벗어날 수는 없었다.

다시 성벽으로

모든 전투 기사는 하나 같이 막강한 무기와 코끼리 부대가 리시아스군의 전부가 아니었다고 말한다. 5만 명에 이르는 거대한 본진이 벳술로 진격할 때 중앙 골짜기가 내려다보이는 언덕에 경보병 부대가 모습을 드러냈다. 이곳에서 셀레우코스군은 2년 전에 마카베오군에게 매복 공격을 당했었다.

훌륭한 지휘관의 용맹을 가늠하려면, 어려운 결정을 신속하게 내리는 능력이 있는지를 보면 된다. 리시아스는 군사적 쇼맨십의 가치를 알았다. 리시아스의 괴물 같은 군대가 실제 괴물과 함께 점점 다가오자 마카베오군 전체에 두려움이 번졌다고 한다.

마카베오는 적이 진격해 오면 맞서 싸우려고 했으나 북쪽으로 약 10킬로미터 떨어진, 훨씬 더 좁은 벳 스가랴 골짜기로 후퇴하는 어려운 결정을 내렸다. 그곳이라면 코끼리와 지원 병력이 자신들의 공격을 견뎌 낼 공간이 없다고 판단했다. 그곳에서 벌어질 싸움은 최초의 방어 전투가 될 터였다. 후퇴를 결정하면서 마카베오는 더 준비를 잘할 시간을 벌었고 리시아스에게 익숙한 지형도 피할 수 있었다. 하지만 후퇴함으로써 마카베오는 벳술과 그 수비대를 희생해야 했다. 리시아스는 조직적이고도 과학적으로 벳술을 함락했다. 이 과정에서, 그는 유대인의 종교적 관습을 이용했다.

반란이 일어나고 아주 초기에, 안식일 준수가 전

투에 치명적이라는 게 증명되었었다. 그래서 마카베오군은 안식일에도 싸우는 법을 배웠다. 그러나 리시아스가 공격해 오던 해는 모세 율법에 따라 휴경을 해야 하는 안식년이었다. 따라서 벳술과 예루살렘에는 양식이 부족했다. 리시아스는 이런 약점을 이용했을 뿐 아니라 항복을 끌어내는 관용의 가치를 알 정도로 지혜로웠다.

셀레우코스군은 한 발 더 전진했다. 셀레우코스군은, 더 높은 곳에 자리했으며 마카베오군이 자신들을 기다리는 벳 스가랴를 향해 서서히 진격했다. 그동안 대열을 이끌었던 코끼리 부대는 군대 속으로 이동 배치되었다. 이 골짜기에서 11킬로미터만 더 올라가면 예루살렘이었다.

상황은 절망적이었다. 마카베오의 동생 엘르아살이 무모한 결정을 내려야 했을 만큼 절망적이었다. 선두에 선 코끼리의 보호 장비가 유난히 화려했기 때문에, 거기에 리시아스나 어린 안티오코스 5세가 탑승하고 있으리라 추측한 것은 전혀 비합리적인 생각은 아니었다. 죽은 코끼리가 다른 코끼리들의 진격에 장애물이 될 리는 없었다. 그래도 엘르아살은 5년 전에 마카베오가 아폴로니우스를 상대로 펼친 '목 베기 공격'을 떠올린 게 분명했다. 형의 손에서 빛나는 칼을, 그때 죽인 셀레우코스 장수의 칼을 보니 그때가 떠올랐다.

엘르아살은 전열을 이탈해 재빨리 뛰어나가 코끼리의 배 밑에 이르렀다. 에워싼 보병과 코끼리가 공격하기 어려운 지점이었다. 엘르아살에게 치명상을 입은 코끼리가 그의 위로 쓰러졌다. 하지만 엘르아살의 계획은 불후의 용맹을 남겼을 뿐이다. 리시아스는 왕이나 자신을 그렇게 위험한 위치에 세울 만큼 어리석지 않았다.

질서를 유지하며 퇴각하다

유대인들은 한동안 버텼다. 기사에 따르면, 공격해 오는 적을 600명이나 죽일 만큼 오래 버텼다. 그

◀엘르아살은 리시아스나 어린 안티오코스 5세가 타고 있다고 추정되는 코끼리를 쓰러뜨려 셀레우코스군을 혼란에 빠뜨리기 위해 창으로 코끼리를 필사적으로 공격했다. 코끼리 복부는 엘르아살과 코끼리 모두에게 치명적이었다. 코끼리는 마카베오의 동생 엘르아살 위로 쓰러져 그를 질식시켰다. 그러나 셀레우코스군의 사령관은 다른 곳에 있었다.

▶셀레우키아 피에리아
(Seleucia Pieria)의 방
파제 가운데 일부. 뒤
로 카시우스 산(Mount
Casius)이 보인다. 이 항
구는 셀레우코스 니카토
르 1세(Seleucus I Ni-
cator)가 BC 300년에
건설했다. 오론테스 강
어귀 가까이 위치했고,
안디옥의 상업항과 군항
역할을 했다. 셀레우키아
는 셀레우코스군과 프톨
레마이오스군 간의 싸움
에서 전략적으로 매우 중
요했다. BC 219년 셀레
우코스 안티오코스 3세
가 장악할 때까지 주인이
여러 차례 바뀌었다.

러나 유대인들은 결국 무너졌다. 전열이 무너
진 뒤 유다 마카베오의 또 다른 훌륭한 능력이
뚜렷이 발휘되었다. 승리했을 때 질서를 유지했
던 마카베오군은 요새로 후퇴할 때도 질서를
유지했다.

마카베오는 자신이 계획한 치열한 전투가 불
리하게 전개될 때를 대비해 탈출로를 준비해 두
었다. 마카베오군은 전투에서 패배했다. 그러
나 수도와 성전을 잃더라도 마카베오군이 계속
버티면 전쟁도 계속될 수 있었다. 지도력은 가
장 어려울 때 가장 빛나기 마련이다.

예루살렘으로 퇴각하는 대신, 마카베오는
군대를 이끌고 예루살렘을 통과했고 새로 지은
요새에 최대한 많은 병력을 남겨 두었다. 그리
고 자신은 병력 일부를 이끌고 다시 북쪽으로
24킬로미터를 이동해 반란이 태동했던 언덕 위
성읍 고프나에 이르렀다. 그는 항복하는 게 아
니라 다시 시작할 준비를 했던 게 분명하다.

리시아스는 군대를 이끌고 예루살렘으로 진
격했으며, 대단한 공성 무기를 동원해 하부 도
시를 점령했다. 리시아스는 아크라 요새에 갇혀
보급품이 부족한 중에도 버티고 있는 수비대를
구해 냈다. 영리하게도, 리시아스는 성전을 포
위한 동안 성전에서 의식과 제사가 진행되도록
허용함으로써 반란의 주요 불길을 꺾었다.

리시아스가 이번 원정에서 보여 준 지혜와 존
중은 그에게 마지막 보상을 안겨다 주었다. 리
시아스의 라이벌 필립Philip이 제국의 수도 안디
옥을 손에 넣으러 온다는 소식이 북쪽에서 날아
왔다. 다행히 협상이 진행되고 타결되었으며,
셀레우코스군은 시리아로 돌아갔다.

그해 말, 리시아스와 안티오코스 5세가 죽은
뒤에야, 그의 뒤를 잇는 데 성공한 데메트리우스
Demetrius의 손에서 유대인들에 대한 박해와 유대
인들의 반란이 다시 시작되었다.

폼페이우스의 예루살렘 함락

BC 63년

Jerusalem

유대 분파들 간의 알력은 흔한 일이었다. BC 64년, 유대 왕자 아리스토불루스와 히르카노스가 충돌했다. 이 충돌은 폼페이가 이끄는 로마군의 개입이 결정되면서 재앙을 부르고 말았다.

전투 개요

누가 : 그나에우스 폼페이우스 마그누스가 이끄는 로마군과 아리스토불루스에게 충성하는 유대군이 맞닥뜨렸다.

무엇을 : 폼페이의 군대는 성전 주변의 방어막을 서서히 무너뜨린 후 공격을 성공적으로 개시했다.

어디서 : 유대 지역의 예루살렘

언제 : BC 63년

왜 : 폼페이는 로마에 대한 위협을 제거할 만한 힘이 있었고, 예루살렘 문제에 개입할 충분한 근거가 있다고 판단했다.

결과 : 폼페이는 성전을 장악한 후, 자신이 선택한 사람을 대제사장으로 세웠다.

폼페이로 더 잘 알려진 그나에우스 폼페이우스 마그누스(Gnaeus Pompeius Magnus, BC 106-48년)는 이력이 아주 화려했다. 숱한 로마 정치가처럼, 그의 정치적 행운도 주로 군사 지도자로서 거둔 성공에 기초했다. 그는 한 발 더 올라설 요량으로 군사 원정을 아주 기꺼이 지휘하려 했다.

폼페이는 권력 투쟁에서 로마 독재관(Roman Dictator, 로마 전 지역을 다스리는 절대 통치자) 코르넬리우스 술라(Cornelius Sulla, BC 138년경-78년)를 지지했다. 물론 그에 따른 보상도 받았다. 그 가운데 하나로, 폼페이는 술라의 의붓딸 아이밀리아 스카우라(Aemilia Scaura, BC 100년경-82년)와 결혼했다. 이를 위해 아이밀리아와 폼페이는 기존의 배우자와 이혼했다.

폼페이는 술라의 이름으로 군사 원정을 계속했고, 시실리(시칠리아)와 북아프리카에서 크게 성공했다(BC 82-81년). 폼페이와 술라 사이에 작은 틈이 생기면서, 술라는 전도유망한 젊은 장수가 로마에서 더 높은 지위에 오르는 것에 대한 두려움에 사로잡혔다. 그러나 폼페이는 없어서는 안 될 존재였다. 술라는 오랜 세월 가이우스 마리우스(Gaius Marius, BC 157-86년)와 싸웠는데, 여전히 가이우스의 지지자들을 억압

▶ 그나에우스 폼페이우스 마그누스가 집정관에 선출되는 장면을 묘사한 고전적인 그림이다. 폼페이가 조금 어린 나이에도 집정관에 선출된 사실로 미뤄 보건대, 그는 당시 상당히 인기가 있었던 것 같다.

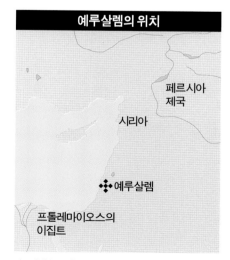

로마 군단 병사

BC 1세기 전형적인 로마 군단 병사의 모습이다. 군대가 이동할 때, 병사는 자신의 장비를 직접 운반해야 했다. 이 병사는 투창(pilum) 하나로 무장했으나 대부분 로마 군단 병사들은 투창 둘을 가지고 전투에 나갔다. 왼쪽 어깨에 걸친 칼집에 꽂힌 검도 눈에 들어온다. 반대쪽 엉덩이에는 긴급 상황에 대비해 작은 단검을 착용했다. 방패는 나무로 된 반원기둥 꼴인데, 널빤지를 십자 형태로 놓고 쇠로 이어 만들었으며 중앙에 둥글게 철판이 박혀 있어 적을 가격할 수 있었다. 방패 겉면에는 가죽을 입혔다. 머리를 보호하기 위해 뺨 끈을 조절하는 청동 투구를 썼고, 목 보호용 가죽이 달린 쇠사슬 갑옷도 입었다. 샌들은 가죽으로 만들었는데 바닥에는 징이 박혀 있었다. 휴대 장비 가운데는 야전삽, 침낭, 망토, 취사도구에 여러 날치 식량이 포함되었다.

해야 했다. 다른 사람들이 실패한 뒤, 폼페이가 이 일을 끝내기 위해 스페인Hispania으로 파견되었다. 6년에 걸쳐 폼페이는 스페인 지역을 평정했을 뿐 아니라 그 지역의 안정을 위한 토대를 마련했다.

폼페이는 이전에도 최소한 한 차례 스페인에 가라는 요청을 받았다. 하지만 군대를 통솔하는 지방총독 역할을 맡기에는 너무 어렸다. 로마의 더 높은 관리들(원로원)은 여러 이유에서 규정을 유연하게 적용하길 꺼렸다. 폼페이는 당시 스물아홉 살이었는데, 그 젊은 나이에 지방총독이 된다면 그 다음에는 무엇이 되려 하겠는가? 폼페이는 적당한 선에서 만족할 인물이 아니었다. 더 높은 관리들도 이 부분을 걱정했다. 그러나 스페인에 있는 마리우스의 군대를 누군가 진압해야 했다. 폼페이는 여러 사람들이 실패했으나 자신은 성공할 수 있다고 생각한 것 같다.

그의 판단은 옳았다. 마침 적진에서는 능력이 떨어지는 부관이 마리우스군의 장수를 살해하고 군대를 장악하는 반란이 일어났다. 폼페이는 이 반란 덕을 보았다. 마침내 폼페이는 적에게 패배를 안겼고, 그 지역에서 로마의 지배를 공고히 하는 상당한 기술을 보여 주었다.

스페인을 완전히 평정한 후, 폼페이는 이탈리아로 적기에 돌아와 마르쿠스 리키니우스 크라수스(Marcus Licinius Crassus, BC 115년경-53년)에게 패해 도망치는 반란군을 섬멸했다. 또한 스파르타쿠스Spartacus가 주도한 노예들의 반란을 성공적으로 진압했다. 이로써 폼페이는 평판이 훨씬 더 높아졌으나 크라수스를 더없이 격분시켰다.

이처럼 군인으로서 화려한 성공 이력을 갖췄기에, 길리기아를 거점으로 활동하는 해적을 소탕하는 일을 폼페이에게 맡기는 것은 타당한 판단이었다. 이 임무를 완수하기 위해 폼페이에게는 상당한 재량권이 부여되었다. 3년간 상당한 규모의 군대를 지휘하는 자율권도 부여되었다. 그에게 특권을 주어 오랜 시간이 걸리는 임무를 부여하는 것은 야심찬 청년을 제거하는 좋은 방법으로 보였다.

그러나 폼페이는 겨우 3개월 만에 길리기아를 평정했고, 남은 해적은 흩어졌다.

예루살렘의 위치

페르시아 제국

시리아

✤ 예루살렘

프톨레마이오스의 이집트

이스라엘은 로마에서 멀었고, 로마제국의 끝자락에 위치했다. 폼페이는 북부 원정에 성공한 후 남쪽으로 이동해 지역의 정치를 십분 활용했다.

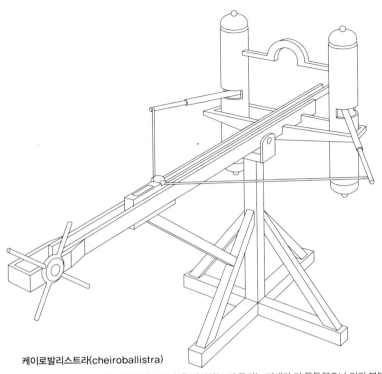

케이로발리스트라(cheiroballistra)
노포는 AD 1세기에 처음 등장했다. 쇠구슬을 발사하는 이 무기는 뼈대가 더 튼튼했으나 머리 부분을 거의 금속으로 만들었다는 점이 가장 혁신적이었다. 스프링은 날씨나 적의 화공에 대비해 청동 원통에 넣어 보호했고, 따라서 수명도 길어졌다. 아주 정확한 발사 무기였으며, 두 스프링 사이에 설치된 가늠자를 이용해 목표물을 겨냥했다. 케이로발리스트라는 공성루에 설치했고, 공성 무기들이 성벽에 접근할 때 방어자들이 머리를 내밀어 공격하지 못하게 하는 역할을 했다.

▶폼페이우스 마그누스(위대한 자, the great)라는 칭호는 술라가 비꼬며 모욕하는 뜻으로 부여했을 것이다. 하지만 나중에 폼페이는 이 칭호에 걸맞은 역할을 충분히 했다.

양측 병력

로마군
정규군 보병으로 규모는 모름

유대군
성읍 주민들로 규모는 모름

그가 군대를 자기 뜻대로 지휘할 수 있는 3년 가운데 아직 많은 기간이 남아 있었다. 그래서 폼페이는 이 기간에 가능한 일을 찾기 시작했다. 진정한 로마의 전통대로, 폼페이는 새 영토를 정복해 로마의 지배를 받고 있는 지역에 덧붙이기 시작했다.

첫째, 폼페이는 지금의 터키를 가로질러 북쪽으로 진격해 본도Pontus 지방을 로마에 합병했다. 그런 후, 동쪽으로 방향을 돌려 아르메니아 여러 부족을 단숨에 정복했고, BC 65년 말까지 카스피해에 이르는 지역을 대부분 정복했다. 그래도 아직 기간이 남아 있었다. 폼페이는 남쪽으로 내려가 시리아를 로마의 한 지방province으로 합병했다.

이로써 폼페이는 유대인들 간의 분쟁에 개입하는 위치에까지 올라섰다. 유대 여왕 알렉산드라 살로메(Alexandra-Salome, BC 139-67년)는 권력에 굶주린 두 왕자를 남겼다. 아리스토불루스Aristobulus는 사두개인들의 지지를 받았고 예루살렘 성전을 다스렸다. 히르카노스(Hyrcanus, BC 76-40년에 대제사장이었다)는 바리새인들의 지지를 받았을 뿐 아니라 페트라의

아라비아 세이크(Arbian Sheik, Sheik는 '장로' 또는 '지도자'를 뜻하는 아랍어이다 — 옮긴이)를 비롯해 외국 동맹국들의 지지도 받았다. 아리스토불루스는 히르카노스에 의해 잠시 예루살렘 성전에 갇혔었다.

폼페이와 유대 정치
두 유대 왕자는 자신들의 싸움에 대해 로마의 중재를 요청했다. 왕을 세우는 대신 신정공화국theocratic republic을 세우려는 제3의 그룹도 이러한 요청에 가세했다. 이 무렵, 폼페이는 지역 부족들을 정복하는 소규모 원정에 참여했으나 이 상황에서 이득을 챙길 기회를 포착했다.

뇌물은 당시에 한 나라의 일반적인 도구였다. 따라서 아리스토불루스가 시리아에서 폼페이를 대리하는 마르쿠스 아이밀리우스 스카우루스(Marcus Aemilius Scaurus, BC 163년경-89년)에게 엄청난 양의 은을 보낸 것은 전혀 이상한 일이 아니었다. 이러한 뇌물에 답해, 스카우루스는 히르카노스의 아라비아 동맹들이 동맹을 포기하고 페트라로 돌아가게 했다. 아리스토불루스는 폼페이가 이 지역에 도착하자 그에게 훨씬 더 많은 뇌물을 보냈고, 적어도 당분간은 그의 환심을 샀다.

폼페이는 다메섹에서 대표단들을 만났으며, 두 왕자에게 직접 자신을 찾아오라고 했다. 이런 식으로, 폼페이는 이들에 대한 지배를 어느 정도 확고히 했다. 그러나 폼페이는 분쟁에 곧바로 개입하지는 않았다. 그는 나바트 부족들을 먼저 처리하기로 결정했다.

아리스토불루스는 뇌물로 로마의 환심을 사는 데 성공했으나 만일의 사태(로마가 자신의 정적 히르카노스의 편으로 돌아서는 사태 — 옮긴이)에 대비해 알렉산드리움 요새에 틀어박혔다. 폼페이는 불쾌했고 아리스토불루스에게 항복하고 요새를 넘기라고 통보했다. 그러나 아리스토불루스는 예루살렘으로 돌아갔고, 폼페이도 여리고를 거쳐 같은 방향으로 향했다.

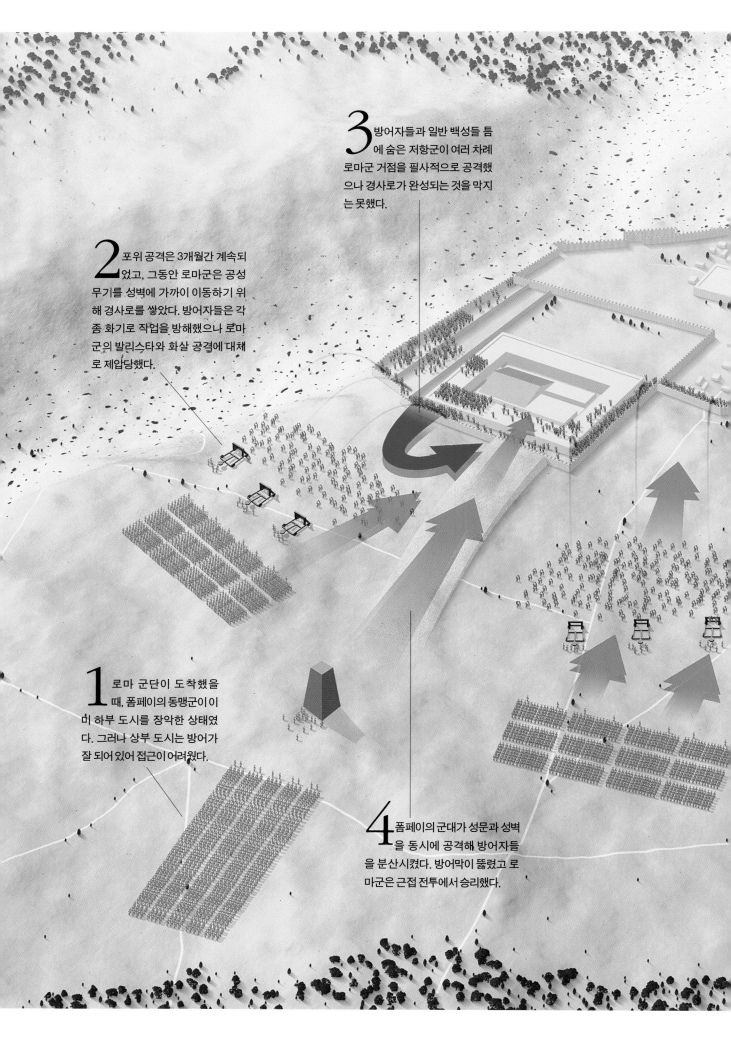

3 방어자들과 일반 백성들 틈에 숨은 저항군이 여러 차례 로마군 거점을 필사적으로 공격했으나 경사로가 완성되는 것을 막지는 못했다.

2 포위 공격은 3개월간 계속되었고, 그동안 로마군은 공성 무기를 성벽에 가까이 이동하기 위해 경사로를 쌓았다. 방어자들은 각종 화기로 작업을 방해했으나 로마군의 발리스타와 화살 공격에 대체로 제압당했다.

1 로마 군단이 도착했을 때, 폼페이의 동맹군이 이미 하부 도시를 장악한 상태였다. 그러나 상부 도시는 방어가 잘 되어 있어 접근이 어려웠다.

4 폼페이의 군대가 성문과 성벽을 동시에 공격해 방어자들을 분산시켰다. 방어막이 뚫렸고 로마군은 근접 전투에서 승리했다.

5 패배를 피할 수 없게 되자 많은 유대 병사들이 자결했다. 폼페이는 지성소에 들어감으로써 예루살렘을 완전히 점령했다.

폼페이우스의 예루살렘 함락 (BC 63년)
Jerusalem 63BC

▼거북 대형(Testudo)은 움직임이 느리고 불편하다는 한계가 있었지만, 진격하거나 공격을 준비할 때 적이 쏘거나 던지는 무기를 방어하는 데 탁월했다.

▶로마 군단의 공성루는 공성퇴와 경사로와 함께 짝을 이룰 때 효력을 제대로 발휘한다. 작은 바퀴는 거친 바닥에서 잘 구르지 않았기 때문에 공성루를 목표물 가까이 이동하기 위해 '경사로'나 '둑'을 쌓았다. 로마군은 BC 200년부터 공성루를 활용했다. 초기에는 당시의 헬라식을 기초로 제작했다. 그러나 로마군은 공성퇴와 같은 세밀한 무기를 추가해 실용성을 더했다. 출구(boarding ramp, 이곳으로 내려 성에 올랐다)는 로프와 도르래로 된 장치를 이용해 내리거나 공격하는 군대가 직접 앞으로 밀어서 내릴 수 있었다.

아리스토불루스가 여전히 로마를 자기편으로 확신했는지는 분명하지 않다. 그러나 어쨌든 아리스토불루스는 폼페이에게 사신을 보내 스카우루스가 돈을 적법한 뇌물로 받은 게 아니라 갈취했다며 그를 고발했다. 폼페이는 이 사건을 직접 조사했고, 예루살렘에 도착해서는 히르카노스의 편을 들기로 결정했다. 실제로 그가 돈 때문에 아리스토불루스에 등을 돌리고 히르카노스 편에 섰는지는 알려져 있지 않다. 그러나 당시의 정치를 고려할 때, 이것은 얼마든지 가능한 일이었다.

아리스토불루스는 체포되었다. 그러나 그의 추종자들은 여전히 성전을 사수했고 분쟁은 계속되었다. 폼페이는 단순히 중재만으로는 해결이 힘들다고 판단해 자신의 군대 가운데 일부를 예루살렘에 투입했다. 이들은 히르카노스파의 지지를 받으며 자유롭게 이동할 수 있었고, 곧 성전 산을 포위했다.

공격 준비

히르카노스와 그의 새로운 로마 동맹군이 예루살렘 하부 지역과 그 주변을 장악했으나 사두개인들은 성전과 그 인접 지역에서 요새를 군건히 구축했다. 이들은 도시와 성전을 잇는 다리를 허물어 접근을 어렵게 했다. 깊고 가파른 골짜기 때문에 남쪽이나 동쪽에서 공격하기란 사실상 불가능했다. 폼페이는 북쪽에서 공격하는 수밖에 없었을 것이다. 그래서 그는 전형적인 로마 방식으로 공격을 준비하기 시작했다.

로마군은 엄청나게 잘 조직되었고 체계적으로 요새를 공격하기 시작했다. 경사로를 쌓는 일꾼들을 보호하기 위해 공성 무기를 설치하고 돌과 창을 꾸준히 날려 방어자들을 지치게 했으며, 더 중요하게는 방어자들이 공격 준비 과정을 효과적으로 방해하지 못하도록 막았다.

이러한 포격의 엄호를 받으며, 로마 군단 병사들은 공성루를 성벽까지 밀고 올라갈 경사로를 쌓기

시작했다. 이것은 당시에 성을 공격하는 일반적인 전술이었으며, 엄청난 시간과 인력이 필요한 일이었다. 그러나 일단 경사로가 완성되면, 공성루를 성벽까지 쉽게 이동시킬 수 있었다. 이렇게 되면, 공격은 성공한 거나 마찬가지였다.

경사로는 중요한 야전 토목 공사였으며, 방어자들의 방해를 받으며 건설해야 했다. 그러나 로마 군단 병사들은 요새 구축에 아주 능숙했다. 진군 중일 때, 이들은 매일 밤 요새화된 진영을 구축했다. 이들에게 삽질은 낯설지도 않았고 체면이 구기는 일도 아니었다. 노련한 지휘관들과 숙련된 기술자들의 지휘 아래 잘 훈련된 병사들은 이 일을 효과적으로 수행했다.

포위 공격

로마 군단 병사들은 갑옷을 입고 포병대의 엄호를 받으며 흙과 잡석을 비롯해 수집 가능한 모든 재료를 동원해 경사로를 쌓았다. 유대인들은 각종 발

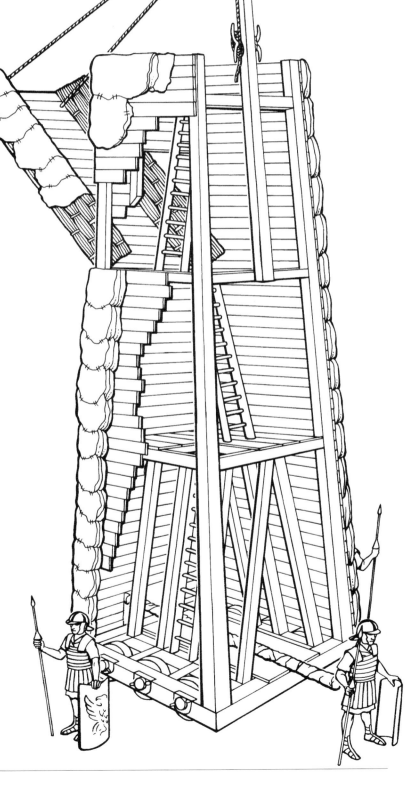

▲예루살렘 성전 원제단 잔해. 폼페이는 지성소에서 두루마리와 제단을 보기는 했으나 하나님의 신상이나 그림은 찾아볼 수 없었다. 로마인이 보기에는 매우 이상한 일이었다.

군에 분개했을 것이다. 사두개인들의 선동과 아리스토불루스의 영향으로, 유대인들은 성전 산을 포위한 로마군을 이따금 습격했다. 그러나 폼페이의 군대는 자기 방어에 매우 능숙했다. 게다가 무장이 잘 되고 거칠며 노련한 로마 군단이라면 비정규군의 습격을, 그들이 얼마나 광신적이고 결의가 확고하던 간에, 별로 어렵지 않게 막아 냈을 것이다.

로마군의 공격

포위는 계속되었고, 폼페이는 마침내 준비가 완벽하게 끝났다고 확신했다. 방어자들은 도무지 항복할 기미가 보이지 않았다. 폼페이는 어느 안식일에 공격을 개시했다.

몇몇 자료는 공격이 개시되던 날 유대인들이 성벽을 방어하지 않았다고 주장한다. 그러나 로마군이 공격 준비를 갖춘 상태에서 유대인들이 모두 무기를 놓고 있지는 않았을 것이다. 실제 공격에 관한 기록은 찾기 어렵다. 그러나 공격 형태는 로마군의 다른 작전을 통해 쉽게 알 수 있다.

포병대와 예비 발사 부대missile troops가 집중 포화로 엄호하는 동안, 공격 부대가 진격했다. 두로에서 가져온 공성퇴로 성문을 공격하는 동안, 보병들이 경사로를 따라 성벽으로 이동했다. 로마군이 동시에 여러 지점을 공격하자, 방어군은 전력이 분산되어 위험한 부분을 보강하기가 어려웠다.

고대 많은 군대가 창을 비롯해 긴 무기를 선호했는데, 이러한 무기는 밀집대형에서는 유용했으나 근접 전투에서는 그렇지 못했다. 로마 군단은 달랐다. 어떤 병사들은 성벽으로 전진하면서 창을 던졌으나 접근전을 펼칠 때는 단검을 결정적인 무기로 활용했다. 이들의 단검은 가볍고 편리했으며, 베기와 찌르기 모두 가능했다. 성을 공격할 때 이상적인 무기였다.

로마 군단 병사들의 방패는 돌진하며 공격할 때 적이 쏘고 던지는 무기를 막거나 적의 타격을 막았

사 무기로 대응했고, 이따금 성을 나와 일꾼들을 공격하기도 했다. 하지만 안식일에는 싸움을 극도로 꺼렸다.

예루살렘 방어군의 전력을 자세히 알기는 어렵다. 하지만 아리스토불루스에게 충성하며 훈련된 병사들로 구성된 소규모 핵심 전략이 있었고, 이보다 많은 비정규 병력이 뒤를 받쳤을 것이다. 이들 가운데는 일반인 자원병과 성전 수비대를 비롯해 성소를 침략자들에게서 지켜 내려고 몰려든 열정적인 광신자들도 있었을 것이다.

포위 공격은 3개월간 계속되었다. 성전 지역 밖에서 일어난 일에 관한 기록은 거의 없다. 하지만 예루살렘 주민의 상당수가 성전 산을 에워싼 로마

으나 이게 전부가 아니었다. 로마 군단 병사들은 오랜 훈련을 통해 방패를 이동 장애물로 활용하는 법을 익혔다. 특정 병사(왼손잡이)가 오른쪽에 있는 동료를 방패로 막고 왼쪽의 적을 공격할 때 발생하는 위험을 줄이는 식이었다. 또한 방패로 적을 밀어붙여 움직임을 둔화시키기도 했는데, 적이 뒤로 밀려 동료에게 막혀 꼼짝 못하면 재빨리 칼로 처치했다.

로마 군단은 상대보다 무기가 뛰어났을 뿐 아니라 그 외에도 여러 이점이 있었다. 이들은 훈련이 잘 되었고, 승리를 확신했으며, 북부 원정에서 승리를

거두고 왔다. 게다가 적과 싸울 태세가 되어 있었고, 이를 훌륭하게 증명한 지휘관들이 있었다. 예루살렘 성벽에 가장 먼저 오른 인물은 독재관의 아들 파우스투스 코르넬리우스 술라(Faustus Cornelius Sulla, BC 78-47년)였다.

공격은 다소 일방적이었다. 전장터는 피로 물들었다. 패배가 분명해지자, 성전이 로마군에게 더럽혀지는 꼴을 보지 않으려고 많은 유대인 방어자들이 자결했다. 몇몇 기사에 따르면, 이 전투에서 많은 제사장을 비롯해 유대인 1만 2,000명이나 죽

▲BC 70년, 스파르타쿠스와 동료 노예들이 강력한 로마 군단과 맞닥뜨린다. 유대를 정벌한 뒤, 폼페이는 운이 좋게도 적기에 이탈리아로 돌아와 스파르타쿠스가 이끄는 노예 반란군의 잔당을 진압하고, 3차 노예 진압 전쟁에 승리한 공로를 크라수스에게서 가로챈다.

▶예루살렘 함락을 묘사한 신고전주의 그림. 여러 부분이 부정확한데, 특히 칼이 그렇다. 그림의 칼은 로마군의 단검보다 칼날이 넓다.

었다. 이 수치가 정확하든 그렇지 않든 간에, 성전은 곧 폼페이와 그의 군대에게 넘어갔다.

폼페이는 지휘관들을 이끌고 지성소에 들어갔다. 이는 유대인들에게 대단한 모욕이었다. 폼페이는 성전의 신성함을 존중하는 뜻에서 성전에서 아무것도 제거하거나 부수지 말라고 명령했다. 오늘의 정복지를 로마의 안정된 하나의 지방이 되게 하려고 취한 조치였다. 폼페이는 성전에 들어감으로써 자신의 힘을, 자신이 다른 사람의 신앙에 매이지 않는다는 것을 꼭 보여 줘야 한다고 생각했을 것이다. 또한 동시에, 유대인들이 격렬하게 반항하지 않는다면, 그들의 신앙을 존중하고 그들의 성소를 훼손하지 않겠다는 의지도 보여 주었다.

그후

유대는 로마의 소유가 되었고, 로마에게 조공을 바쳐야 했다. 여러 도시들이 독립하거나 로마의 한 도province인 시리아의 관할로 넘어갔다. 히르카노스는 '행정 장관'(Ethnarch, 민족 지도자)이라는 칭호를 받았고, 아리스토불루스와 그의 자녀들은 포로가 되어 로마로 압송되어 폼페이의 개선 행진에 동원되었다. 그러나 유대에서 끌려온 포로들 가운데 다수는 마침내 자유를 얻어 로마에 정착했다. 마르쿠스 아이밀리우스 스카우루스는 그 지역을 계속 정벌했으며, 히르카누스를 지지했던 아라비아 세이크 아레타스Aretas와 전쟁을 벌였다. 그는 또 한 번 막대한 양의 은을 뇌물로 받았으나 곧 처형되었다.

한편, 폼페이는 크레타를 정벌하고 로마로 돌아갔다. 그는 본래 목적을 훨씬 초과 달성했고, 로마의 소유를 크게 늘렸다. 유대인들은 더는 독립 왕국을 갖지 못했다. 이제 유대인들은 로마의 봉신 국가에 지나지 않았고, 이 상태는 오랫동안 지속되었다.

티투스의 예루살렘 공격

AD 70년

Jerusalem

AD 66년에 일어난 유대 반란은 처음에 순조로웠으나 결국 티투스 플라비우스에게 처참하게 진압되었다. 로마는 잔혹하게 응징했고 수많은 유대인들이 죽었다.

AD 66년에 반란이 일어났을 때, 유대는 오랫동안 로마의 한 지방이었다. 여느 점령지와 마찬가지로, 유대 지역도 여러 해 동안 상당히 불안했으나 사건들은 지역에 한정되었고 쉽게 해결되었다. 그러나 유대인들은 매우 종교적이었고 자신들의 신앙을 모욕하는 행위를 참고 견디는 민족이 아니었다. 폼페이가 유대 지역을 로마에 복속시킨 후 이러한 모욕 행위가 여러 차례 있었다.

폼페이가 지성소에 난입한 사건이 이러한 모욕 행위 중에 첫 번째였다. 이는 유대인들에게 매우 심각한 사건이었다. AD 6년 무렵, 로마가 대제사장을 지명하기 시작하자, 유대인들은 더욱 분노했다. 그러나 로마는 노련한 군주국이었고, 다양한 방법으로 반대를 꺾거나 평정했다.

로마는 유대인들에게 황제 숭배를 강요하지 않고 그들의 종교를 허용했는데, 이러한 로마의 관행으로 긴장이 일부 누그러졌다. 그러나 칼리굴라 황제(Caligula, AD 12-41년)가 스스로 신이라 선언하고 로마제국의 모든 신전에 자신의 형상을 세우게 했을 때, 더는 이러한 실용주의가 먹히지 않았다. 크게 분노한 유대인들은 이 결

전투 개요

누가 : 티투스 플라비우스가 이끄는 로마군 약 3,500명과 유대 반란군 2만 4,000명이 맞붙었다. 티투스는 곧 베스파시아누스 황제가 된다.

무엇을 : 예루살렘이 전쟁 중에 상당 기간 포위당했고, 로마군의 급습에 마침내 함락되었다.

어디서 : 유대 지역에 자리한 예루살렘

언제 : AD 70년

왜 : 로마가 허용한 의식에 격분한 유대인들이 정복자에 맞서 저항하기 시작했다.

결과 : 유대인들이 처참하게 패했다.

▶ 헤롯 궁전의 잔해만 보더라도 웅장한 규모가 짐작이 간다. 로마는 유대인들에게 그들의 왕을 허락했는데, 그 지역의 긴장을 줄이려는 여러 방책 가운데 하나였다.

로마군 궁수

적을 무너뜨린 것은 단검과 창으로 무장한 병사들의 급습이었고, 중무장한 군단 병사들은 로마군의 척추였다. 그렇더라도, 발사 무기들이 동반될 때 공격은 한결 수월했다. 로마군은 발사 무기의 지원을 최대한 활용할 줄 알았고, 공성 대포뿐 아니라 무릿매꾼들과 궁수들을 지원군으로 활용했다. 궁수들은 특히 방어 진지의 적을 공격할 때 매우 효과적이었다. 그림의 보조군 궁수는 적의 화살로부터 자신을 보호할 뿐더러 백병전을 대비해 비늘 갑옷을 입고 금속 투구를 썼다.

정에 불복하기로 결정했다.

하지만 공개적인 반란이 일어날 만큼 거세지는 못했다. 로마에 맞서 무기를 드는 자들은 예외 없이 참혹한 응징을 당했기 때문에, 로마에 대한 반감이 봉기로 이어지지는 않았다. 로마는 불안한 상황을 여러 차례 해결했다. 예를 들면, 도둑떼를 잡는데 협조하지 않은 주민을 벌하는 부대의 한 로마 병사가 유대인의 신을 모독하고 종교 문헌을 훼손한 사건이 일어났다. 주민들은 극도로 분노했다. 그런데 총독은 그 병사가 지나치게 행동했으며, 유대인의 하나님을 모독했다고 인정했다. 그 병사는 분노한 군중 앞에서 공개적으로 참수되었고, 이로써 유대인들의 분노는 당분간 사그라졌다.

이런 식으로 여러 차례 기회가 흘러갔다. 그러나 서서히 강해지는 유대인의 분노를 막을 수는 없었다. 유대의 지방총독이 예루살렘 성전 금고에서 돈을 훔쳐 내자 사태는 더욱 악화되었다. 반로마 감정이 고조되었고, 열심당 운동이 인기를 얻었다. 열심당원들은 유대가 로마로부터 영적으로뿐 아니라 정치적으로도 독립하기 위해서라면 모든 수단이 다 정당하다고 믿는 급진주의자들이었다.

반란을 위한 준비가 진행되면서 몇몇 사건이 터졌다. 로마는 한동안 상황을 통제할 수 있었다. 그러다가 AD 66년에 본격적으로 반란이 시작되었다. 대제사장이 로마 황제에게 기도와 제물을 바치길 거부했고, 이것이 반란의 도화선이 되었다. 이것은 크리스천들이 회당 앞에서 새를 잡아 제사를 드리는데도 로마 수비대가 아무 조치도 취하지 않은 데 대한 항의 표시였다. 곧 사태는 악화되었고, 로마 수비대는 공격을 당했다.

반란

당시 유대 지역을 다스리는 유대인 왕 아그립바 2세Agrippa II는 매우 친로마적이었다. 반란이 일어나자, 아그립바는 자신의 안전을 걱정해 갈릴리로 도망쳐 로마군의 보호를 받았다. 싸움은 유대 전역에 번졌고, 처음에는 유대인들이 승승장구했다. 반란군은 채무 기록을 아주 신속하게 파기했고, 극적인 채무 탕감으로 가장

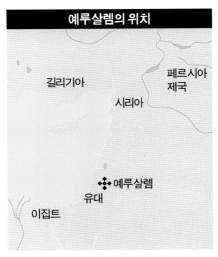

로마제국의 한 지방으로서, 유대는 사실상 조용할 틈이 없었다. 로마가 거의 반반씩 펼쳤던 유화책과 강경책에도 불구하고, 유대에서는 소요와 공개적인 반란이 여러 차례 일어났다.

▲칼리굴라 황제는 재위 기간이 4년이 채 되지 않았으나 이 기간에 말할 수 없는 타격을 입혔다. 자신의 형상을 회당에 두고 신으로 섬기게 함으로써 유대인들을 격분시켰다.

▶돌에 새겨진 근위대 병사들. 본래 엘리트 전투부대였던 근위대는 점차 부패했고, 전쟁을 위해 훈련하기보다는 뇌물로 부를 축적하는 데 관심을 두었다.

양측 병력

로마군(추산)
대부분 보병
합계　　　　　　　3만~4만 명

이스라엘군(추산)
비정규 보병
합계　　2만 3,000명~2만 4,000명

큰 혜택을 보는 빈민층에게 점점 더 큰 지지를 받았다. 이 방법은 매우 효과적이어서, 역사를 보면 반란군은 대부분 이런 방식으로 지지층을 넓혔다.

로마는 기본적으로 반란에 빠르고 단호하게 대응했다. 그래서 시리아의 로마 지도자 가이우스 세스티우스 갈루스(Gaius Cestius Gallus, AD 67년 사망)는 반란을 진압하기 위해 즉시 군대를 이끌고 출격했다. 과거에는 이 전략이 카이사르Caesar를 비롯해 여럿이 성공했으나 이번에는 달랐다.

갈루스의 군대는 12군단이 중심이었고, 세 정규 보조군(regular auxiliaries)에서 파견된 병력이 가세했다. 갈루스는 여기에 대규모 차출병을 추가했는데, 이들은 제대로 훈련하지도 않은 채 출정했다. 놀랍게도, 갈루스는 강력한 저항에 부딪혔고 몇 차례 저지를 당한 끝에야 마침내 예루살렘을 포위했다.

예루살렘은 고도로 요새화된 데다 잘 무장된 반란군이 장악하고 있었다. 이들 가운데 다수는 자신들이 죽인 수비대에게서 빼앗은 무기로 무장했다. 갈루스가 운용 가능한 병력으로는 예루살렘을 점령할 수 없을 게 분명해 보였다. 갈루스는 물러나기 시작했고, 허둥대며 벧 호론 길까지 밀려났다. 여기서 갈루스의 군대는 맹공을 당했다. 로마군 6,000여 명이 죽었고, 12군단은 자신의 독수리를 잃었다.

이 사건은 로마에게 심각한 타격을 주었고, 유대 지역에서 로마의 특권을 약화시켰다. 로마가 적은 수의 군단과 보조군으로 넓은 지역을 장악할 수 있었던 한 가지 이유는 로마군은 천하무적이라는 일반적인 믿음이었다. 유대인들은 이제 로마군도 전투에서 패한다는 사실을 알았기에 거리에 매복했다가 로마 수비대를 공격하는 등, 반란군의 사기는 높아졌다.

로마의 대응

네로 황제(Nero, AD 37-68년)는 유대 반란의 기세를 방치해서는 안 된다는 것을 알았다. 방치할 경우, 반란은 다른 지역까지 번질 위험이 있었다. 그래서 네로 황제는 로마 통치의 또 다른 원칙을 적용했다. 로마를 거스르는 반란은 곧 제국 전체와 싸우겠다는 뜻이라는 원칙이었다. 반란군은 지역의 로마 수비대에게 패배를 안길 수는 있겠지만, 그렇게 되면 로마가 철저하게 개입할 것이고 그 결과는 하나뿐이었다. 이것은 로마가 반란을 사전에 차단하는 또 하나의 방법이었다. 성공한 반란이라도 오래가지는 못했고, 반란 주도는 곧 사형 선고였다.

유대 반란을 진압하는 임무를 맡은 사령관은 티투스 플라비우스 베스파시아누스였는데, 그는 곧 베스파시아누스 황제(Vespasian, AD 69-79년)가 되었다. 그는 사

6 로마군은 마침내 최후 방어선을 뚫고 성전을 점령한다. 구 도시에서 마지막까지 저항하던 반란군은 흩어지거나 항복한다.

성전

안토니아 요새

2차 성벽

3차 성벽

5 로마군은 1차 성벽으로 진격해 성벽을 허물기 시작한다. 그러나 방어자들의 방해로 무산된다. 티투스는 다시 방해하지 못하도록 도시 전체를 에워싸는 야전 요새를 세우라고 명령한다.

4 방어자들이 2차 성벽으로 퇴각했고, 로마군은 닷새 만에 2차 성벽마저 허문다. 로마군의 공격에도 불구하고, 방어자들은 허물어진 성벽을 사흘 더 사수한다.

티투스의 예루살렘 공격 (AD 70년)
Jerusalem 70AD

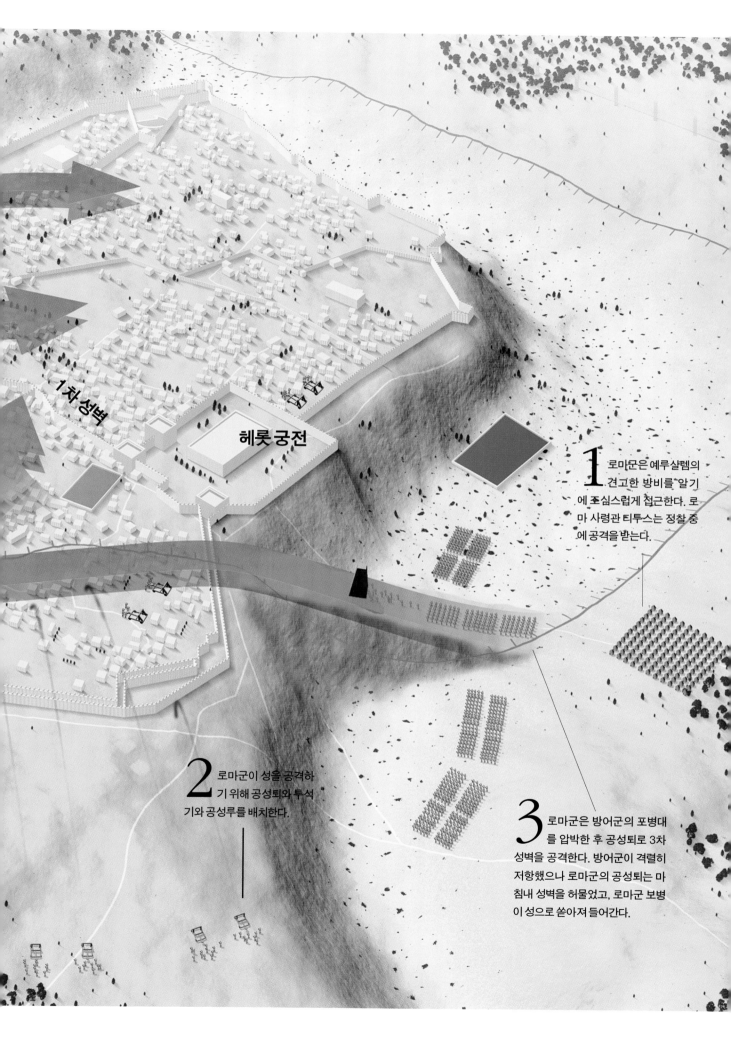

1차 성벽

헤롯 궁전

1 로마군은 예루살렘의 견고한 방비를 알기에 조심스럽게 접근한다. 로마 사령관 티투스는 정찰 중에 공격을 받는다.

2 로마군이 성을 공격하기 위해 공성퇴와 투석기와 공성루를 배치한다.

3 로마군은 방어군의 포병대를 압박한 후 공성퇴로 3차 성벽을 공격한다. 방어군이 격렬히 저항했으나 로마군의 공성퇴는 마침내 성벽을 허물었고, 로마군 보병이 성으로 쏟아져 들어간다.

태가 더 악화되기 전에 두 군단과 보조군을 포함해 6만 명의 병력을 이끌고 문제를 해결하러 나섰다.

당시 반란군은 크게 북쪽 진영과 남쪽 진영으로 나뉘었다. 몇몇 지역에서는 주민들이 격렬하게 저항했고 몇몇 성읍은 저항하지 않고 항복했다. 2년 후 북쪽 지역의 반란은 진압되었다.

내부 문제

당시 로마는 내부 사정이 좋지만은 않았다. 네로 황제는 중요한 정치적 난관에 봉착했고, 원로원의 지지뿐 아니라 근위대의 지지마저 잃었다. 네로는 절망에 빠져 노예에게 자신을 죽이라고 명령했고, 상속자 없이 죽었다. 따라서 제국은 지도자가 없는 혼란 상황에 빠졌다. 이후, 이른바 '네 황제의 해 Year of Four Emperors'가 일어나 경쟁자들이 차례로 황

제에 올랐으나 폐위되고 교체되었다.

첫 두 계승자 갈바(Galba, AD 68-69년)와 오토(Otho, AD 69년)는 뇌물로 권좌에 올랐으나 불과 몇 달을 버티지 못했다. 그다음은 게르마니아 인페리오르Germania Inferior의 총독 비텔리우스(Vitellius, AD 90년)였다. 그는 자신의 군대를 이용해 권좌에 올랐다. 비텔리우스는 라인Rhine 군단들을 등에 업고 이탈리아로 들어와 오토의 군대에게 패배를 안겼다. 이때 오토는 자살했다.

비텔리우스는 겨우 8개월간 권좌를 지켰다. 그의 군대는 또 다른 군부 도전자 베스파시아누스에게 패하고 말았다. 베스파시아누스는 유대에서 돌아와 비텔리우스에게 패배를 안기고 로마를 장악한 후 황제가 되었다. 당시 베스파시아누스의 군단들은 비텔리우스가 자신들을 위험한 라인 변경

◄신자들이 유월절에 예루살렘 성전 뜰에 모여 있다. 이곳에서 보이는 안토니아 성(또는 요새)으로 알려진 탑은 강력한 요새였으나 결국 공성퇴에 무너졌다.

▼기드론 골짜기에 있는 압살롬의 무덤과 사가랴의 무덤. 성소가 위협받지 않는다면 유대인들에게 점령은 견딜 만한 것이었다.

으로 재배치하고 그의 지지자들은 보다 안전한 동부 유럽 지역으로 보내려 한다는 소문을 들었다. 아마도 이 소문은 베스파시아누스 군단들의 결집을 강화하여 승리에 기여한 듯하다.

베스파시아누스는 강하고 훌륭한 황제로 드러났다. 그러나 AD 68-69년의 내전으로 로마의 관심이 분산된 덕에, 유대 반란은 생각보다 길게 계속되었다.

한편, 유대인들 내부에도 문제가 있었다. 열심당을 비롯한 급진주의 진영은 자기들끼리 싸웠으며, 로마에 대한 적대감이 부족하거나 항복을 생각한다고 보이는 자는 누구든지 죽였다. 이따금, 유대 반란군의 내부 갈등은 내전 수준까지 이르렀다.

예루살렘의 로마군

AD 70년 경, 예루살렘에는 분파가 셋 있었다. 둘은 열심당 그룹이었고, 나머지는 반란 지도자 기오라의 아들 시몬에게 충성하는 분파였다. 이들은 자기들끼리 다투느라 로마군에게 제대로 저항하지 못했고, 결국 보급로가 끊어지고 말았다. 로마군이 예루살렘에 이르렀을 때, 이들은 서로 손잡지 않을 수 없었다.

로마군 야전 사령관은 로마 기준으로 보면, 다소 어린 나이인 스물일곱 살의 티투스 플라비우스였다. 그가 이 자리에 오른 것은 결정적으로 베스파시아누스의 아들이라는 사실 덕분이었다. 그렇더라도, 티투스는 능숙한 지도자요 훌륭한 투사였다. 티투스는 정벌 초기에 두드러진 공을 세웠으나 예루살렘 정복은 그가 그때까지 맞닥뜨린 어느 도전보다 어려웠다.

티투스는 네 군단과 지원군을 거느렸다. 그의 아버지가 유대 정벌 초기 때 거느린 병력보다 큰 규모였다. 티투스의 병력에는 앞서 참패해 복수의 칼날을 가는 12군단도 포함되었다.

티투스가 이끄는 군단들은 질병과 전투, 안전

유지를 위한 병력 차출 때문에 전력에 큰 타격을 입어 정원을 채우지 못했다. 그러나 이집트에 주둔 중인 미숙한 두 군단에서 파견한 병력과 시리아에서 파견한 병력, 그 지역의 우호적인 통치자들이 파견한 보조군과 병력의 지원을 받았다.

그렇게 하여 티투스는 3만-4만 명의 병력을 거느렸으나 예루살렘은 방어가 견고했고 훌륭한 요새였다. 힘겨운 싸움이 될 터였다.

요새

예루살렘은 고지대에 건설되었고, 두 언덕이 천연의 방어 거점을 형성했다. 훌륭하고 견고한 벽으로 둘러싸인 성전은 그 자체로 가공할 만한 요새였다. 방어자들은 그동안 예루살렘의 방어를 강화했고 목숨 바쳐 예루살렘을 지킬 준비가 되어있었다.

로마 역사가 타키투스Tacitus에 따르면, 예루살렘에는 60만 명이 있었다. 유대인 역사가 요세푸스는 이보다 훨씬 더 많게, 100만 명에 이르렀다고 주

◀헤롯 대왕이 증축한 성전의 일부. 성전 산의 성벽은 아주 두꺼워 부수기 어려웠다. 로마군은 예루살렘을 함락하기 위해 모든 경험과 두뇌를 총동원해야 했다.

▼로마 병사들이 목재 울타리를 제 위치까지 밀고 간다. 이것은 이동하는 벽으로, 화살을 막았고 궁수나 공병이나 공성 무기를 보호해 주었다.

▼로마군은 북부 이스라엘에 위치한 요타파타 (Jotapata)를 포위해 공격할 때(AD 67년), 그림과 비슷한 형태의 공성퇴를 사용했다. 로마 군단 병사들은 밧줄을 이용해 공성퇴를 앞뒤로 흔들었고, 공성퇴는 가죽을 입힌 덮개로 보호했다. 궁수들과 무릿매꾼들이 이들을 엄호했다. 일단 성벽이 뚫리면, 다른 병사들이 뚫린 틈으로 밀려들어 갔다.

장한다. 이는 조금 높은 예상치인 듯하다. 예루살렘은 크고 인구가 많았으며, 주민의 상당수가 로마군에 맞서 무기를 들었다. 하지만 그렇더라도, 시몬 바르 기오라의 추종자들과 열심당원들이 유대 전력의 핵심이었다. 이들은 모두 합쳐 2만 3,000-2만 4,000명가량이었을 것이다. 이들은 잘 무장되고 노력하고 동기가 확실했다.

에루살렘은 오랜 세월에 걸쳐 성장했고, 성장과 더불어 방어도 견고해졌다. 기드론 골짜기 위쪽에 유서 깊은 예루살렘의 상부 도시와 하부 도시가 있었다. 헤롯 궁전과 그 탑들이 그 지역에서 가장 높이 솟아 있었다. 구 도시와 신도시는 1차 성벽으로 나뉘지고, 이 성벽은 요새 속의 요새인 대성전과 이어져 있었다. 2차 성벽은 신도시의 일부를 에워쌌고, 신도시는 모두 1차 성벽안에 있었는데, 1차 성

벽은 가장 최근에 쌓았으며 방어가 가장 취약했다.

초기의 충돌

티투스의 군대는 조심스럽게 목표물에 접근했다. 티투스가 직접 정찰대를 이끌고 정찰에 나섰으나 성을 몰래 빠져나온 방어자들의 급습으로 하마터면 스스로 무덤을 팔 뻔했다. 티투스는 무장을 하지 않은 데다 호위병들도 많지 않았다. 티투스는 화살이 비 오듯 쏟아지는데도 적진을 뚫고 빠져나왔다.

그 뒤 로마군은 예루살렘을 포위하고 마지막 공격을 개시할 준비를 했다. 할 일이 많았다. 공격을 개시하기 전에 안전한 진지부터 구축해야 했다. 그러나 로마군이 진지를 구축하는 동안, 대규모 유대 병력이 동쪽으로 성을 빠져나와 이들을 급습했다.

유대인들의 공격은 단호하고 강력했으며, 로마군은 예상치 못한 공격에 당황했다. 몇몇 부대는 혼란에 빠졌고, 몇몇 부대는 대놓고 도망쳤다. 이러한 혼란 속에서, 티투스는 군사들을 모아 불안정하지만 전투 대형을 갖추었으며, 기병대를 이끌고 적의 측면을 공격했다. 그의 공격에 반란군은 기드론 골짜기를 건너 퇴각했다.

전투가 다소 소강상태에 접어들자, 티투스는 전열을 재정비하고 일부 병력을 투입해 진지 구축을

재개했다. 유대인들은 이때를 기다렸다가 또 다시 맹공을 퍼부었다. 로마군은 또 다시 혼란에 빠졌다. 티투스는 병력을 최대한 끌어모아 반격에 나섰고, 직접 일반 병사처럼 싸웠다. 마침내, 로마군은 유대인들의 공격을 격퇴하고 상황을 장악했다.

포위망이 구축되었으나 방어군이 쉽게 물러설 것 같지는 않았다. 방어군은 다양한 책략을 사용했고, 항복하겠다며 로마 병사들을 성벽 가까이까지 유인하기도 했다. 이때 많은 로마 병사들이 유대인들의 화살과 돌에 맞아 죽었다. 티투스는 이 사건에 격노했으나 참모들의 간청을 받아들여 패하고 돌아온 이들을 처형하지는 않았다.

포위 공격

티투스는 3차 성벽을 뚫고 성에 진입하기로 했다. 과정은 길어질 테지만, 로마군의 베테랑들에게는 익숙한 일이었다. 로마군은 돌대포의 엄호를 받으며 성벽 주변을 장악했다. 유대 반란군은 로마 수비대에게서 노획한 소형 공성 무기인 스콜피온(scorpions, 소형 발사기)과 발리스로 끊임없이 공격했다. 이에 로마군도 공성 무기로 대응했다.

모든 것이 로마군의 뜻대로 되지는 않았다. 반란군은 로마군의 무기에 빠르게 적응했다. 그러나 포격전에서 로마군은 점차 승리를 거두었다. 대포로 성벽을 부수는 것이 불가능하자, 로마군은 공성퇴를 동원하였다.

공성퇴를 투입하려면 성벽까지 경사로 셋을 닦아야 했다. 경사로 쌓기는 성을 포위하고 공격할 때 일반적으로 사용하는 방법이었다. 경사로를 쌓으려면 엄청난 노력이 필요했다. 그러나 일단 완성되면 성벽을 부수는 것은 간단했다. 로마군이 고수한 전쟁 규범을 보면, 공성퇴가 성벽에 첫 타격을 가하기 전에는 상대가 적절한 조건에서 항복하는 게 가능했다. 공성퇴가 성벽에 이르는 순간이 포위 공격에서 결정적인 시점인 셈이었다.

포병대와 궁수들의 엄호를 받으며, 로마 병사들은 공성퇴로 성벽을 공격했고 성안의 주민은 두려움에 빠졌다. 방어군은 공성퇴를 끄는 로마 병사들을 향해 화살과 돌을 날리고 공성퇴에 불을 지르는 등, 최선을 다해 방어했다. 미숙한 이집트 군단들의 단호한 저항만 없었다면, 로마군은 한 번의 공격으로 성공했을지도 모른다.

예루살렘 진입

보름 만에, 성벽이 뚫렸다. 유대 반란군은 3차 성벽을 버리고 2차 성벽으로 퇴각했다. 그러나 로마군이 뚫린 성벽으로 밀려들어 올 때 끝까지 저항한 유대인도 적지 않았다. 짧은 전투는 유대 반란군의 완패로 끝났고, 로마군은 성안에 교두보를 확보

▼로마 병사들이 발리스타를 다루고 있다. 대형 무기들이 성벽을 허무는 동안 이러한 소형 공성 무기들은 꽤 빠른 속도로 탄환을 발사해 방어자들을 제압했다.

했다.

유대인들은 2차 성벽도 결연하게 방어했다. 어쩌면 3차 성벽보다 더 군건히 방어했다. 몇몇 그룹이 밖으로 나와 로마군을 급습했고, 신도시에서 소규모 전투가 자주 일어났다. 그럼에도 불구하고, 로마군은 다시 공성퇴를 투입했고, 닷새 후 2차 성벽마저 뚫었다.

티투스는 가려 뽑은 1,000명을 이끌고 뚫린 성벽으로 진격했다. 방어군의 저항은 점차 거세졌다. 로마군은 밀려났고, 시가전을 벌이며 퇴로를 열어야 했다. 방어군은 이후에도 뚫린 성벽을 사흘 동안 지켜 냈으나, 로마군이 다시 돌진해 왔다. 티투스는 성벽을 더 넓게 허물라고 명령했다. 그는 병사들에게 한동안 휴식을 주고는 최후의 공격을 개시했다. 곧 퍼레이드가 벌어졌고 병사들은 보상을 받았다.

1차 성벽

1차 성벽은 더 강력한 요새였고 방어도 튼튼했다. 1차 성벽을 무너뜨리기란 쉽지 않았다. 티투스도 이것을 알았다. 핵심 지점은 대성전이었는데, 이는 모서리에 세워졌으며 안토니아 요새로 알려진 탑이었다. 로마군은 이 탑을 향해 더 많은 경사로를 쌓았다. 방어군이 반격하며 돌과 화살을 퍼부었으나 경사로는 17일 만에 완성되었다.

그러나 유대인들도 이 기간에 가만히 있지는 않았다. 경사로 밑에 굴을 파서, 경사로가 완성되자 굴을 무너뜨려 경사로를 붕괴했다. 뒤이어 로마군 진지를 급습했다. 저항군의 투지가 아직도 만만하지 않다는 뜻이다.

로마군은 이러한 반전에 사기가 크게 꺾였다. 로마군 중에 1차 성벽 안의 저항군에 합세하는 자들까지 있었다. 티투스는 다양한 전술을 고려했고, 공격을 계속하기로 결정했다. 아버지의 권력을 공고히 하려면, 자신이 이곳에서 승리해야 했다. 그

래서 티투스는 아버지에게 승리를 안기려고 결심했으나 신중하게 진행하기로 했다.

포위 공격이 재개되었다. 로마군이 이번에는 자신의 요새를 구축했다. 다시 말해, 성 전체를 에워싸는 벽을 쌓았다. 거대한 작업이었지만 로마군은 사흘 안에 이 작업을 마쳤다. 성취감에 사기도 회복되었다.

이 포위 벽은 유대 반란군을 직접적으로 압박했다. 성에서 몰래 빠져나가 식량을 구해 오는 일이 훨씬 어려워진 것이다. 로마군은 경사로를 몇 개 더 쌓았다. 유대인들이 밖으로 나와 허물려고 했지만, 경사로는 21일 만에 완성되었다. 로마군은 마침내 공성퇴를 투입했다. 안토니아 요새의 거대한 탑은 공성퇴의 공격에 약해진 데다 열심당원들이 그 아래에 판 굴 때문에 기초마저 흔들려 무너지고 말았다.

무너진 틈은 넓었다. 하지만 유대인들은 임시로 벽을 쌓아 틈을 메웠고, 임시 벽이 로마군에게는 큰 장애물로 작용했다. 첫 번째 진입 시도가 실패한 후, 몇몇 보초병이 야간에 이 벽을 장악했다. 자발적으로 나선 용감무쌍한 병사들 가운데 하나는 나팔수였는데, 그가 적진에서 부는 나팔 소리에 티투스는 공격 부대를 편성해 공격에 나섰다. 성전 뜰에서 다소 혼란스런 전투가 벌어졌으나 로마군은 별다른 전과를 올리지 못했다.

로마군의 두 번째 공격은 조금 더 성공적이었고, 무너진 탑의 잔해를 치워 진입이 쉬워졌다. 티투스는 약 1,000명의 엘리트 병사로 진입 부대를 구성해 야간에 공격했고, 처음에는 성공을 거두었다. 그러나 저항은 곧 강해졌고 죽느냐 사느냐를 가늠하는 전투가 하루 종일 계속되었다. 로마군은 여러 날 더 전투를 벌인 끝에야 성전 뜰을 점령했다.

성전이 무너지다

티투스는 대성전을 무너뜨리고 싶지 않았으나 반

▼BC 67년, 폼페이는 예루살렘을 함락했을 때 성전은 그대로 두었다. 그러나 이번에는 아니었다. 로마군은 성전을 약탈하고 파괴했으며, 거치적대는 일반 백성들을 많이 죽였다. 프란체스코 하예즈(Francesco Hayez)의 1867년 작품의 일부.

란군이 거세게 저항했기 때문에 어느 정도는 훼손이 불가피했다. 마침내 치열한 전투가 벌어졌다. 유대인들은 로마 진영을 여러 차례 급습했다. 급습이 몇 차례는 꽤 성공했으나 대부분은 실패했다. 한편, 로마군은 서서히 성전에 진입했다. 기병이 말에서 내려 보병의 지원을 받으며 싸우기까지 했다.

마침내, 반란군은 고수하던 성전 안뜰에도 로마군이 밀려들었다. 백병전이 벌어지던 어느 순간, 성전에 불이 붙었다. 전에도 몇몇 구역이 불탄 적이 있었다. 하지만 이번에는 성전 전역에 불이 붙었다. 여기저기서 불을 끄려고 애썼다. 그러나 승리자들은 불을 끄기보다는 약탈에 몰두했다. 로마군이 마지막으로 성전을 공격했을 때는, 그곳의 일반 백성들도 많이 죽었다.

마지막 공격

이제 예루살렘에서 유대인에게 남은 구역은 구 도시 뿐이었다. 로마군은 무너진 성전을 통해 구 도시로 접근했다. 협상을 거부한 채, 티투스는 공격 명령을 내렸고 또 다시 경사로를 쌓았다. 로마군이 경사로를 완성했을 무렵, 방어군은 굶주린 데다 사기가 땅에 떨어져 있었다.

마지막 공격은 싱겁게 끝났다. 방어자들은 대부분 로마군이 들이닥치기도 전에 흩어졌다. 중요한 유대 지도자들이 여럿 사로잡혔고, 반란은 거의 종결되었다. 티투스는 군대를 이끌고 퍼레이드를 벌이고 병사들에게 많은 상을 내렸으며, 그 지역을 다니며 다양한 의식을 열고 유대에 대한 재정복을 확고히 했다. 그리고 마침내, 티투스는 로마로 돌아갔다.

어떤 사람들은 그가 권좌에 오르려 할 거라고 예측했다. 그러나 티투스는 그의 아버지 베스파시아누스와 함께 자신들이 유대에서 거둔 승리를 축하하는 승전 기념식의 주인공이 되었다. 기념식의 핵심은 시몬 바르 기오라를 공개적으로 교살형에 처한 것이었다.

티투스는 근위대를 통솔하며 아버지의 수족 역할을 했고, 적절한 때에 황제가 되었다. 그는 재위 기간이 짧았으나 의로운 황제였고, 그의 동생 도미티아누스Domitian이 뒤를 이어 황제가 되었다.

로마군이 바깥벽에 쌓은 넓은 경사로를 통해 성전 뜰에 진입하고 있다. 경사로 왼쪽에 안토니아 요새의 탑이 허물어진 잔해가 보인다.

마사다 항전

AD 73-74년

Masada

전투 개요

누가 : 엘리아살 벤 야일(Eleazar ben Ya'ir)이 이끄는 유대인 약 1,000명이 유대 총독 루시우스 플라비우스 실바가 이끄는 로마군 약 7,000명과 맞붙었다. 로마군은 10군단과 추가 병력으로 구성되었다.

무엇을 : 마사다는 사실상 난공불락의 요새였고 물자도 풍부했다. 그래서 로마군은 요새에 진입하기 위해 정교한 포위 공격을 펼쳤다.

어디서 : 이스라엘의 사해 근처에 자리한 마사다 요새

언제 : AD 73-74년

왜 : AD 66-72년의 유대 반란이 대부분 진압된 후, 남아 있는 열심당이 점차 소탕되었다. 마사다에 포위된 사람들은 열심당의 중요한 마지막 세력이었다.

결과 : 로마군은 오랜 준비 끝에 요새에 진입할 태세를 갖추었다. 그런데 요새 방어자들은 포로가 되느니 스스로 목숨을 끊는 쪽을 선택했다

AD 66년에 일어난 유대 반란은 처음에는 성공적이었으나 북쪽에서는 꽤 신속하게 진압되었다. 로마의 정치 상황과 황제의 자리를 두고 벌어지는 싸움 때문에 잠시 주의가 분산되었다. 그러나 AD 70년 무렵, 반란은 사실상 막을 내렸다. 예루살렘이 함락되고 대성전이 무너졌으며, 소규모 저항 세력들밖에 남지않았다. 그러나 이들의 항전 의지는 확고했다.

무엇보다도 반란군 중에는 열심당이 있었는데, 이들은 로마에 저항하고 유대 민족을 로마의 지배에서 해방하기 위해 수단과 방법을 가리지 않았다. 비록 민족의 영적 심장은 빼앗기고 많은 지도자들이 죽었으나 열심당을 비롯해 로마에 적대적인 집단들이 여전히 여러 곳을 장악하고 있었다.

그러나 노련한 로마군이 이들을 소탕하기란 어렵지 않았다. 헤로디움Herodium 요새와 마케루스Machaerus 요새마저 신속하게 함락되었다. 여기저기서 열심당의 소규모 무리들이 여전히 문제를 일으켰으나 점령지는 재건되었고 유대 지역은 또 다시 로마의 확고한 지배를 받았다.

▶ 마케루스 요새는 BC 2세기에 처음 건설되었으며, 헤롯 대왕이 다시 건축하고 복구했다. AD 70년에 예루살렘이 함락된 후, 소탕 작전 때 로마군에 곧바로 넘어갔다.

마사다 이야기는 지금껏 2천년 가까이 유대인들에게 감동을 주었다. 열심당은 비록 야전野戰에서는 패했으나 최후까지 저항했다. 수적으로 절대 열세였던 이들은 마사다 요새로 피해, 패배를 피할 수 없을 때까지 저항했다. 패배를 피할 수 없게 되었을 때도, 이들은 로마에 항복하지 않고 스스로 목숨을 끊었다.

그러나 관료들이 반란 기간에 걷지 못한 세금을 다시 거둬들이는 중에도, 단 하나의 요새는 여전히 로마군에 저항했다. 마사다였다 (마사다는 히브리어로 '요새'라는 뜻이다). 마사다는 사해 해변 근처에 자리했으며, 가공할 만한 천예의 장애물 위에 건설된 요새였다. 마사다는 반란 초기에 열심당의 손에 들어갔고 이제 이들의 마지막 보루였다. 마사다 요새에 거의 1,000명이 있었으나 이들 중에는 여자와 아이들이 많았다.

몇몇 기사는 마사다를 방어하는 자들이 열심당의 한 분파인 시카리Sicarii파였다고 암시한다. 이들의 광신주의 때문에 열심당조차 이들을 극단주의자로 여겼다. 이들은 목적이 실패로 돌아갔는데도 절대 항복하지 않았다. 마사다를 근거로 계속해서 주변 지역을 습격했다.

로마는 거의 완전히 승리했으며, 반란은 사실상 진압되었다. 그러나 황제는 이것으로 부족했다. 앞으로 로마를 거스르는 어떤 반란이 일어나더라도 철저히 진압한다는 본보기를 보이기 위해서라도 완전한 승리가 필요했다. 따라서 로마는

마사다의 위치

길리기아	페르시아 제국
시리아	
●예루살렘 유대	
이집트 ✛✛마사다	

나머지 지역에서 반란이 진압된 후에도, 마사다 요새는 저항을 계속했다. 최후의 보루로서, 마사다 요새는 그곳을 지키는 분파의 확신처럼 난공불락이었다.

로마 군단 병사들

로마 군단 병사들은 주 무기가 치명적인 칼이었는데, 한 손에 방패를 든 채 다른 손으로 칼을 썼다. 적들은 공격을 받기도 전에 주눅이 들거나 이들이 밀집대형으로 펼치는 창 공격에 무너졌다. '화력'(fire, 발사) 무기인 투창은 '타격' 효과를 높여 적의 대형을 더 쉽게 무너뜨리고 적을 더 쉽게 약화시키는 데 사용되었다. 화력과 타격의 결합은 수세기 동안 성공적인 전술의 기본이었으며, 로마군은 이것을 예술의 경지로 끌어올렸다.

마사다를 열심당에게서 반드시 탈취해야 했다.

　이 임무는 새로 유대 총독에 임명된 루시우스 플라비우스 실바 Lucius Flavius Silva 에게 돌아갔다. 그가 상대해야 할 적은 병력이 많지 않았다. 그러나 마사다 요새 자체는 사실상 난공불락이었다. 마사다는 한 세기 전에 헤롯 대왕이 왕가의 아성牙城으로 건설했다. 헤롯은 인기가 없었고, 로마 침입자들이 임명한 왕이었다. 그래서 헤롯은 절대 함락되지 않을 피난처가 필요한 순간이 오리라고 생각했다.

마사다 요새

마사다 요새는 해발 50미터에 노출된 자연 암석 위에 건설되었다. 동쪽으로는 사해가 가까웠는데, 지구상에서 가장 낮은 사해와 비교하면 고도가 450미터나 높았다. 동쪽은 100미터 절벽이었고, 어느 방향에서도 접근이 쉽지 않았다. 정상에 펼쳐진 평지로 오르는 길은 셋뿐이었는데, 셋 모두 아무 방해를 받지 않더라도 오르기 쉽지 않았다.

　정상의 평지 가장자리를 따라 쌓아 놓은 성벽 때문에 천예의 요새는 더욱 견고했다. 성벽은 길이가 1,500미터에 폭이 4미터였다. 정상으로 오르는 각각의 길에는 육중한 성문이 버티고 있었고, 다른 곳으로는 정상에 오를 수 없었다.

　성벽 안에는 일반인 가옥과 헤롯 대왕의 궁전이 있었다. 모든 건물은 돌로 지었고 벽이 두꺼웠으며, 주로 열기를 차단하기 위해 겉에 회반죽을 발랐다. 더욱이 요새에는 자체 상수도가 있었다. 산꼭대기의 바위를 파서 거대한 수조를 만들었고, 겨울 우기 때 이곳에 물을 저장했다. 수조는 아주 오랫동안 쓸 수 있을 만큼 담수량이 엄청났다. 창고에는 비슷한 기간을 버틸 만한 식량이 준비되어 있었다.

　열심당은 반란 초기에 마사다를 손에 넣었다. 급습 외에 다른 방법으로는 이처럼 강력한 요새를 손에 넣을 수는 없었을 것이다. 로마에 맞서는 마지막 요새로서, 마사다는 반란이 아직 완전히 끝나지 않았다는 상징이었다.

로마군이 다시 오다

플라비우스 실바는 10군단에 보조군까지 모두 7,000명의 병력을 거느렸다. 이들은 오랜 유대 반란기 내내 전투를 치른 노

마사다 항전 (AD 73-74년)
Masada 73-74AD

2 로마군이 여덟 개 진지와 이 것들을 연결하는 벽을 쌓 았고, 방어자들을 굶겨 죽이려 했다.

4 로마 포병대가 방어군이 머리 를 못 들게 하는 사이, 공성루 에 탑재된 공성퇴가 서쪽 성벽 일부를 무너뜨렸다.

3 로마군은 마사다를 공격해 함락하기로 했다. 나무와 모 래와 돌로 경사로를 쌓고, 그 경사 로를 따라 성을 공격하는 목제 무기 와 철제 무기를 밀고 올라갔다.

5 방어군은 안쪽에 벽을 쌓 았으나 로마군은 이 벽마 저 무너뜨렸다. 방어군은 절망에 빠져 몇몇만 빼고 모두 자결했다.

1 AD 66년 유대인들이 이 요새를 급습해 장악했다. 위치뿐 아니라 방어 시설 때문에, 요새는 난공불락으로 보였다.

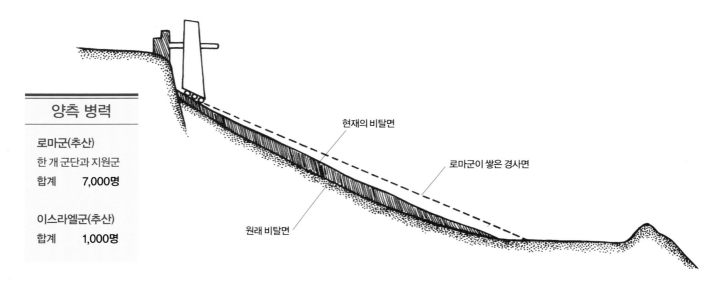

현재의 비탈면

로마군이 쌓은 경사면

원래 비탈면

양측 병력

로마군(추산)
한 개 군단과 지원군
합계   7,000명

이스라엘군(추산)
합계   1,000명

▲로마군은 마사다 요새로 이어지는 기존의 비탈면 위에 공격용 경사로를 쌓았다. 전문가들은 로마군이 공성루를 요새 성벽까지 이동시키려면 비탈면을 20미터는 돋우고 표면을 부드럽게 했어야 했다고 말한다.

▶마사다 요새 정상 북쪽에 자리한 궁전에서 내려다보이는 장관. 헤롯 대왕은 언젠가 백성이 자신에게 등을 돌릴 거라는 두려움 때문에 마사다 요새를 건설했으며, 안전한 은신처를 준비하는 데 비용을 조금도 아까지 않았다.

런한 군대였다. 예루살렘을 포위해서 공격할 때, 이들은 공성 무기를 능숙하게 사용해 유명해졌다. 예루살렘을 함락한 후, 이들은 헤로디움 요새와 마케루스 요새마저 함락했다.

루시우스 플라비우스 실바는 마사다 요새 기슭에 이르러 방어자들에게 항복하라고 요구했다. 방어자들은 그의 요구를 거부했다. 무력으로 요새를 함락해야 한다는 뜻이었다. 속임수나 은밀한 공격은 불가능했고, 급습도 현실적으로 불가능했다. 마사다는 전통적인 포위 작전으로 함락하는 수밖에 없어 보였다.

포위 공격은 로마군의 장기였다. 로마군은 마사다가 예루살렘보다 훨씬 더 강력한 요새라고 하더라도 로마군은 성공을 조금도 의심하지 않았다. 로마는 나머지 지역을 대부분 평정했고, 따라서 보급로가 위협을 받지도 않았으며, 마사다 요새의 방어군을 구해 줄 원정대가 올 가능성도 전혀 없었다.

이스라엘군에게 항복은 좋은 선택이 아니었다. 로마군은 경고의 뜻으로 이들을 모두 십자가형에 처할 게 분명했기 때문이다. 그렇다고 탈출 가능성도 없었다. 남은 선택은 자랑스러운 저항뿐이었다.

로마군의 준비

시간은 로마군의 편이었고, 로마군은 모든 것을 제대로 준비할 여유가 있었다. 로마군의 과제는 무엇보다도 먼저 자신을 안전하게 지키는 것이었다. 이를 위해, 주위에 벽을 쌓아 요새화된 진지를 더욱 견고히 했다. 오랜 시간이 걸리는 일이었다. 몇몇

자료에 따르면, 많은 유대인 노예들이 동원되어 작업을 도왔다고 한다. 마침내 진지 주위에 벽이 완성되었고, 이제 마사다 요새를 방어하는 자들이 탈출을 시도하거나 로마군을 급습하려는 그 어떤 시도도 헛수고로 돌아갈 터였다.

로마군에게 안겨진 또 하나의 어려움은 보급품 조달이었다. 마사다는 유대 광야 가장자리에 위치했다. 오래 포위 공격을 펼치는 동안 필요한 보급품은 어떻게 조달하겠는가? 수많은 노예들과 지역 평정이 해답이었다. 이로써 로마군은 자신들보다 100미터 높은 곳에 자리한 요새를 무너뜨릴 궁리만 하면 됐다. 로마군은 예루살렘을 공격했던 바로 그 방법으로 마사다를 공격하기 시작했다. 단지 규모만 더 컸을 뿐이었다.

포위 공격

마사다 공략의 열쇠는 거대한 경사로였다. 경사로는 부서진 바위로 기초를 놓고 그 위에 흙을 덮는 형태로 쌓았다. 가장 높은 지점은 높이가 100미터였으니, 참으로 엄청난 공사였다. 경사로는 AD 73년에 쌓기 시작해 이듬해 봄에 완성되었다.

몇몇 자료는 유대인 노예들이 경사로 공사에 투입되었고, 요새 방어자들은 이들을 죽이길 주저했다고 주장한다. 그러나 로마 군단 병사들이 직접 경사로를 쌓았을 가능성이 더 높다. 이들은 경사로 쌓기에 능했고, 자신들을 증오하는 자들이 쌓은 경사로에 자신들의 목숨을 맡기려 하지는 않았을 것이다. 작업은 훨씬 빠르고 효율적으로 진행되

었을 것이다.

로마군은 경사로를 통해 공성루를 성벽까지 밀고 올라갔다. 공성루는 거대한 경사로에 비하면 작아 보였으나 이마저 만드는 일도 결코 쉽지는 않았다. 30미터 높이의 공성루에 거대한 공성퇴를 장착했다. 공성루를 보호하는 병력도 배치되었다. 일단 공성루가 성벽에 접근하자, 성벽에 구멍을 뚫는 데는 그리 오래 걸리지 않았다.

공성퇴가 임무를 수행하는 동안, 공성 무기들이 엄호했다. 공성 무기들이 발사하는 돌은 성벽을 부술 만큼 육중하지는 않았으나 방어자들을 성벽에서 몰아내 공성퇴가 방해를 받지 않고 임무를 수행하게 하기에는 충분했다.

최후 저항

열심당은 로마군이 요새에 진입하지 못하도록 최선을 다해 방어했다. 충분한 시간을 갖고 어느 성벽이 공격을 당할지 살핀 후, 요새 안쪽에 2차 방어선을 구축했다. 2차 방어선은 하나의 벽이었는데, 육중한 나무 기둥들 위에 흙을 쌓은 형태였다.

마침내 로마군은 성벽을 뚫고 요새에 진입했다. 그러나 이들 앞에 마지막 장애물이 나타났다. 아무것도 잃을 게 없고 아무 데도 갈 곳이 없는 방어자들이 마지막 장애물을 사수하고 있었다. 이 장면에 관한 유일한 기록에는 요새 안에서 벌어진 전투에 관한 언급이 전혀 없다. 그러나 2차 성벽을 부순 방법을 볼 때, 2차 성벽이 상당한 장애물이었던 게 분명하다.

플라비우스는 마사다를 함락하려면 2차 성벽도 무너뜨려야 한다고 결정했고, 2차 성벽을 불태우라고 명령했다. 이것은 위험한 작전이었다. 비록 로마군의 공성 무기들이 제 역할을 끝냈다 하더라도, 여기에 불이 쉽게 옮겨 붙을지도 모르는 일이었다.

2차 성벽인 육중한 나무 기둥은 쉽게 불이 붙지 않는다. 그래서 방어자들도 로마군의 작전을 방해

하려 하지 않았을 가능성이 높다. 그러나 마침내 로마군은 작전을 완수했고, 임시변통으로 쌓은 성벽에 불이 붙었다. 한때, 불은 실제로 로마군의 공성 무기에 옮겨 붙는 듯했으나 바람의 방향이 바뀌어 오히려 방어자들의 무기가 불탔다. 로마군은 뒤로 물러나 불길에 무너지는 2차 성벽을 지켜보았다.

요새 방어자들의 최후

엘리아살 벤 야일은 자신을 따르는 자들에게 마지막 연설을 했다. 이들이 최후를 맞을 것은 분명했다. 곧 로마군이 몰려들 테고, 요새의 유대인은 모두 도륙당할 것이다. 살아서 포로가 되더라도, 십자가형을 당하거나 로마에 저항해 봐야 소용없음을 보여 주기 위해 잔인하게 죽임을 당할 터였다. 열심당은 로마에게 이런 식으로 승리를 안기려 하지 않았을 뿐더러 요새에 함께 들어온 아내와 자녀들을 이런 운명에 내어 맡기려 하지도 않았다.

◀마사다의 무너진 돌기둥 잔해들. 바깥 성벽뿐 아니라 내부 건축물도 대부분 매우 견고하게 건축되었다.

▼이러한 투석기와 같은 이동식 공성 무기들이 인명 살상용으로 사용되었다. 이런 무기는 활보다 유효 사정거리가 길었고 대부분의 방어벽을 뚫을 수 있었을 것이다.

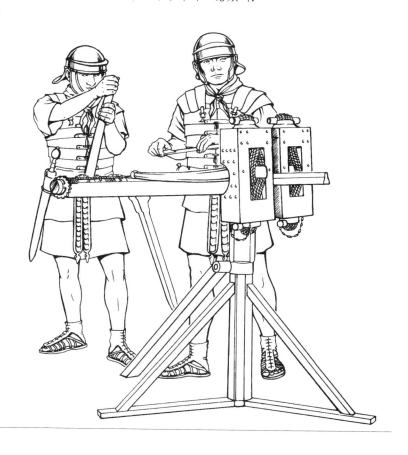

▲로마군은 26킬로그램 짜리 돌덩이를 발사할 만큼 거대한 발리스타를 만들었다고 한다. 역사가 요세푸스에 따르면, 로마군은 AD 67년 요타파타를 공격할 때 이런 무기를 사용했다. 비슷한 공성 무기들이 마사다 공격 때도 사용되었을 것이다.

▶로마군이 마사다 요새 아래 구축한 진지의 유적. 특히 포위 작전에서는 보급품을 안전하게 확보하고 병사들로 편안하게 휴식을 취하게 하는 게 더없이 중요했다.

대안은 하나뿐이었다. 집단 자살이었다. 제비를 뽑아, 나머지 모두를 죽일 열 명을 뽑았고, 열 명 중에 나머지 아홉을 죽일 한 사람을 뽑았다. 마지막 남은 한 사람도 로마에 항복하지 않고 스스로 목숨을 끊을 계획이었다. 이들이 이런 방법을 선택한 까닭은 이들의 종교가 자살을 안 좋게 여기기 때문이었다. 이런 방식을 선택하면, 열심당원 가운데 실제로 한 사람만 자살을 하는 셈이었다.

집단 자살을 실행에 옮기기 전에, 엘리아살 벤 야일은 식량 저장고를 제외하고 요새의 모든 시설에 최대한 불을 지르라는 명령도 내렸다. 그는 요새에 아직 식량이 넉넉하며 따라서 자신들이 굶주려서 패배한 게 아님을 로마군이 확인하길 바랐다. 이렇게 해서, 최후의 선택이 실행에 옮겨졌다.

로마 병사들은 2차 성벽의 잔해를 제거하고 안으로 진입했을 때, 눈앞에 펼쳐진 광경에 크게 놀랐다. 미리 몸을 숨겼던 여자 둘과 아이 다섯만 빼고, 유대인 생존자는 하나도 없었다. 최후의 공격에서는 승리도 없었고 항복도 없었다. 마지막 반란군이 무너졌고 더는 반란군이 마사다를 거점으로 점령군을 급습하는 일도 없을 터였다. 그러나 로마군이 취할 큰 영광도 없기는 마찬가지였다.

그후

마사다가 함락됨으로써 유대 반란도 끝났으나 저항 정신은 사라지지 않았다. 유대는 아주 시끄러운 지방이었다. 그래서 황제도 '유대인들의 끝없는 반란 성향'을 언급했으며, 때로 추가 반란을 막기 위해 가혹한 수단을 동원했다.

그러나 이런 방법이 늘 성공을 거두지는 못했다. 유대 지역에서는 AD 132-135년에도 반란이 일어났고, 로마군 10군단이 반란을 진압하기 위해 또다시 투입되었다. 예루살렘이 또다시 유린되었고, 반란이 다소간 진압된 뒤에도 마지막 요새가 끝까지 버텼다. 그때 마지막 요새는 베타르Betar였다. 유대 지역의 질서를 유지하기 위해 로마 군단이 하나 더 투입되었다. 이처럼 대규모 병력이 집결했다는 사실은 대개 로마군이 유대인을 제압하기가 아주 어려웠음을 암시한다.

마사다와 그 잔해는 유대 저항 정신의 상징이었다. 실제로, 거의 2천년이 지난 지금, 이스라엘군 병사들은 '결코 마사다를 다시 잃지 않겠다'고 맹세한다. 로마 황제는 오래 전에 사라졌으나 죽기까지 그에게 저항했던 사람들의 정신은 지금도 살아 있다.

| 참고문헌 |

Ben-Sasson, Hayim. *A History of the Jewish People*. Cambridge, Massachusetts: Harvard University Press, 1985.

Bright, John. *A History of Israel*. London: SCM Press Ltd, 1960. 《이스라엘의 역사》(은성)

Carey, Brain Todd. *Warfare in Ancient World*. Barnsley, UK: Pen and Sword, 2006.

Carmen, John. *Ancient Warfare*. London: Sutton Publishing, 2004.

Carson, David C. *Maccabee*. Parker, Colorado: Outskirts Press, 2007.

Edersheim, Alfred. *Bible History: Old Testament*. Peabody, Massachusetts: Hendrickson Publishers, 1995.

Free, Joseph P. and Howard F. Vos. *Archaeology and Bible History*. Grand Rapids, Michigan: Zondervan, 1992.

Fuller, J. F. C. *The Generalship of Alexander the Great*. New York: Da Capo Press, 1960.

Gabriel, Richad A. *The Military History of Ancient Israel*. Westport, Conneticut: Praeger, 2003.

Gichon, Mordechai and Chaim Herzog. *Battles of the Bible*. New York: Barners & Noble, 2006.

Gilbert, Martin. *Atlas of the Arab-Israeli Conflict*. Oxford: Oxford University Press, 1993.

Goldsworthy, Adrian. *In the Name of Rome*. London: Wiedenfield & Nicholson, 2003. 《로마 전쟁 영웅사》(말글빛냄)

Goodman, Martin. *Rome and Jerusalem*. London: Penguin Books Ltd, 2007.

Graetz, Heinrich. *History of the Jews*(Volume I). Philadelphia: The Jewish Publication Society of America, 1981.

Grant, Michael. *The History of Ancient Israel*. New York: Scribner, 1984.

Hackett, John, ed. *Warfare in the Ancient World*. New York: Facts on File, 1989.

Healy, Mark. *The Ancient Assyrians*. Oxford: Osprey, 1991.

Keller, Werner. *The Bible as History*. New York: William Morrow and Company, Inc., 1981. 《역사로 읽는 성서》(중앙북스)

Kern, Paul. *Ancient Siege Warfare*. Bloomington: Indiana University Press, 1999.

Kossoff, David. *The Voices of Massada*. London: Valentine Mitchell & Co Ltd, 1973.

Longstretch, Edward. *Decisive Battles of the Bible*. Philadelphia: Lippincott, 1962.

Price, Jonathan J. *Jerusalem under Siege*. Leiden: Brill, 1992.

Price, Randall. *The Stones Cry Out: How Archaeology Reveals the Truth of the Bible*. Eugene, Oregon: Harvest House Publishers, 1997.

Saggs, H. W. F. *The Might that was Assyria*. London: Sidgwick and Jackson, 1984.

Schomp, Virgina. *Ancient Mesopotamia: the Sumerians, Babylinians, and Assyrians*. London: Franklin Watts, 2005.

Shaw, Ian. *Oxford History of Ancient Egypt*. New York: Oxford University Press, 2004.

Ussishkin, David. *The Conquest of Larchish by Sennaherib*. Tel Aviv: Tel Aviv University Press, 1982.

Yadin, Yigael. *The Art of Warfare in Biblical Lands*(two volumes). New York: McGraw Hill, 1963.

| 찾아보기 |